우리나라
술의 기록

한국식경대전[1981] 이후 술 관련 자료해제 1
우리나라 술의 기록

초판 1쇄 발행 2025년 02월 10일

지은이 • 이상훈
펴낸이 • 고길섭
펴낸곳 • 섶나무
신고 • 2023년 9월 19일 제2023-000002호
주소 • 전북특별자치도 부안군 줄포면 후촌길 90-4
전화 • 010-7748-6645
전자우편 • pp640gho@gmail.com

ⓒ 이상훈 2025
ISBN: 979-11-984790-2-0 (93380)

섬나무

是說酒書曰酒가

한국식경대전 1981
이후 술 관련 자료해제 1

우리나라
술의 기록

이상훈 지음

섬나무

일러두기

1. 고 이성우 선생님이 쓴 역작 『한국식경대전』(1981년) 이후
발굴된 자료를 중심으로 정리했지만, 술에 대한 언급이 미흡한 자료에
한해 중복하여 수록하였다.

2. 이 책에 소개된 책이나 자료는 조리 관련서적 속의 술(76종), 의서와
구황서 속의 술(16종), <가정보감>류 속의 술(5종), 고문서 낱장 속의
술(12종), 일제 강점기 양조서적(42종), 해방 후 양조서적(11종)으로
구분하여 기술하였고, 부록으로 책의 내용을 확인하지 못한 일제강점기
양조서적 8종과 조선총독부 중앙시험소 보고 12종을 수록하였다.
총 182종의 자료다.

3. 이 책에 소개된 책 속의 술 빚는 법은 '양조법'으로, 누룩 만드는
법은 '조국법'으로, 술과 관련한 기록은 '기타'로 구분하였다.
예를 들어 『부인필지』의 경우 양조법은 12종, 잡록 등이 포함된 기타는
2종으로 표시하였다.

4. 모든 술과 관련한 기록은 항과 종으로 나누었다. 많은 서책에는
하나의 양조법이나 조국법 속에 '또', '우법(又法)', '우방(又方)' 등의
이름으로 추가된 술빚기가 있다. 이럴 경우 '항'의 분류 아래에 '종'을
두었다. 예를 들어 『산가요록』의 경우 '양조법 53항 62종, 조국법 2항
4종'이라고 기록했는데, 이는 양조법은 53개항이지만 그 속에 술 빚는
법은 62종이고, 누룩 만드는 법은 이화국 1항과 조국 1항 3종이
서술되어 총 2항 4종이 기록되어 있다는 의미다.

5. 각 서책마다 관련이 있는 책과 논문 그리고 관련 글을 게시하였다.
관련 논문은 연관이 깊은 것으로 한정하였다.

6. 부록 3에는 이 책 이전의 우리나라 술의 기록인
『한국식경대전』(1981년)과 『한국고식문헌집성1~7』(1992년)에 정리
또는 복사된 우리술 관련 자료목록을 첨부하였다.

차 례

책을 마무리하며
옛 조리서의 계보

1장 조리 관련서적 속의 술

2장 의서와 구황서 속의 술

3장 <가정보감>류 속의 술

4장 고문서 낱장 속의 술

5장 일제강점기 양조서적

부록 ① **내용을 확인하지 못한 일제강점기 양조서적**

6장 해방 후 양조서적

부록 ③ <한국식경대전>에 소개된 술 관련 자료 목록

■■■ 책을 마무리하며

우연히 시작한 『우리나라 술의 기록』은 뒤숭숭한 정국 탓에 예상보다
지체되었다. 틈나는대로 하다보니 기간이 늘어났고, 미흡하거나 잘못된
내용도 많다. 앞으로 부족한 내용을 함께 보충하였으면 좋겠다.

우리나라에는 필사자를 알 수 없는 수많은 의서가 있는데, 이를 확인하여
양조 관련 자료를 정리하는 것은 거의 불가능하다. 의서만이 아니라 <가정보
감>류, 일제하 양조서적 그리고 해방 후 양조서적 등의 분야 역시 능력
안에서 그리고 편의적인 수준에서 조사를 마쳤다. 능력과 시간 부족이
이유이지만, 젊잖게 다음 기회로 미룬다고 얘기하고 싶다.

『한국식경대전』은 이성우 선생님이 서지학적 자료를 방대하게 정리한
책이라 덧붙일 게 거의 없다. 그런데 술과 관련한 언급이 부족한 일부
자료를 보충할 겸 중복해서 실었다(<한국식경대전> 수록 여부 표시). 또
확인하지는 못했지만 존재가 분명한 자료는 나중 공부할 분을 위해 언급했다.
한국고서협회 등에서 정의하는 고서 · 고문서만이 아니라, 연활자본과
1960년대 초반까지 출판된 책도 자료집에 넣었다. 1912년 이후 약 백년
동안 수백종이 발행된 <가정보감>류, 일제강점기 농서와 조리서, 일제와
해방공간의 양조서적 등이 그것이다. 이들 자료를 조리서, 의서와 구황서,
<가정보감>류, 고문서(낱장), 일제시대 양조서적, 해방 후 양조서적 등
주제별로 나누어 실었다.

일제시대 양조서적은 오래전부터 관심있는 내용 위주로 조금씩 살폈던
책이 대부분이다. 그런데 표지조차 본 적이 없는 책은 부록으로 '내용을
확인하지 못한 일제강점기 양조서적'으로 묶었고, '조선총독부 중앙시험소
보고'도 별도 부록으로 수록했다. 그렇지만 이들 자료도 누락이 많을 것이어
서 역시 함께 완성해갔으면 한다.

이 작업이 짧은 시간에 가능했던 것은 김재형 님의 '한국술 고문헌 DB'가
있었기 때문이다. 지면으로나마 감사를 드린다. 또 이 책의 오류와는 상관없
음을 분명히 한다.

2025년 1월
이 상 훈

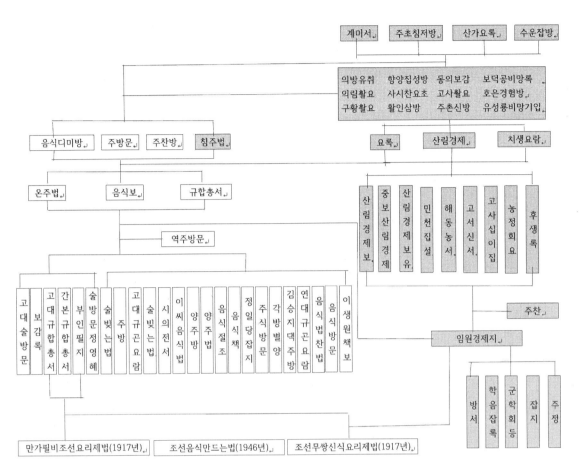

우리술학교 제공

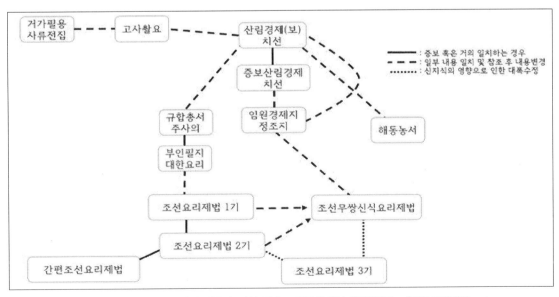

라연재, <근대 요리책의 계통과 지식 전승 : 출판인쇄본 『부인필지』, 『조선요리제법』, 『조선무쌍신식요리제법』을 중심으로>, 국립민속박물관, 2018.

1장

조리 관련서적
속의 술

1. 1786년 시헌서 이면지에 쓴 조리서

• 우리술학교 소장.

• 한글 필사본. 1786년의 날짜와 절기 등이 적혀 있는 시헌서(時憲書, 오늘날의 달력과 비슷)에 한글로 두견주방문, 소국주방문 등이 필사됨.

• 고서경매장이 작성한 판매글에 의하면 1786년 시헌서라 하는데, 실제는 갑오 시헌서(甲午時憲書)임. 갑오는 1774년, 1834년, 1894년으로, 조선이 시헌력(時憲曆)의 이름으로 출판한 시기와 일치됨. 보통 한 두해가 지나면 시헌서를 뒤집어 재활용했으므로, 실제 필사한 시기는 위 시기 보다 1~3년 후로 볼 수 있음. 1786년일 가능성은 있음(표지 뒷면에 5대조 할아버지의 기록이라는 추가글이 있음).

• 주방문 외에 결초점의 유래와 점치는 방법이 씌어져 있고, 괘상과 괘사가 수록됨. 표지 뒷장에 오래도록 간직하라는 당부글이 있음.

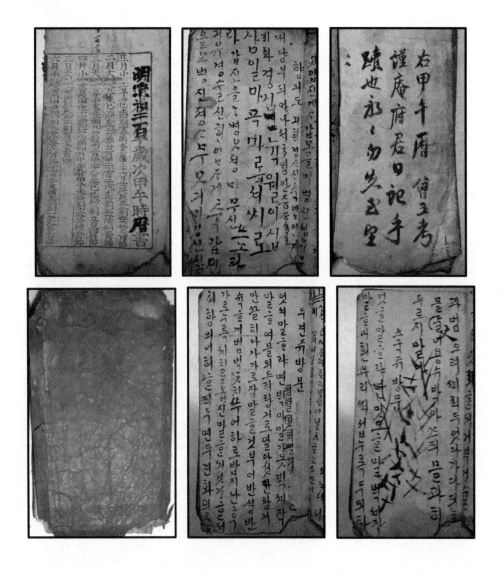

2. 1885년 시헌서 이면지에 쓴 조리서

• 우리술학교 소장.

• 한글 필사본.

• 표지에는 '大淸光緖十一年時憲書'라는 제목이 붙어 있음. 1885년 시헌서를 뒤집어 이면에 쓴 기록임.

• 19세기 후반의 기록으로 추정.

• 양조법 15종과 조국법 1종, 순창고추장 그리고 태 사르는 법이 수록됨.

• **양조법** : 두견주, 청명주, 절주당감주, 선초향, 도인주, 호산춘, 찹쌀술, 방문주, 송순주, 삼해주, 보리소주, 백수환동주, 희첨주진득찰술, 섬누룩약주, 녹두국주.

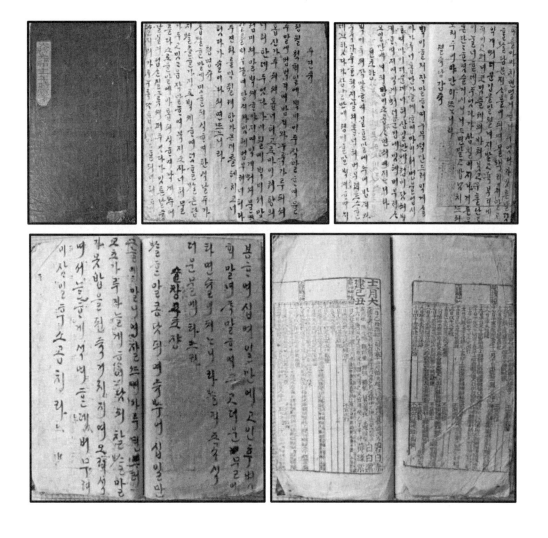

3. 각방별양 各方別釀

- 국립민속박물관 소장.
- 한글 필사본(1책, 표지 2장 포함, 27장, 54면).
- 21.0×31.4cm.
- **예산의 여류시인인 정일헌 남씨(貞一軒 南氏, 1840~1922)가 1896년에 쓴 조리서.** 앞표지 내면에 저자(著者)를 밝히는 글이 있는데, 정일헌의 양아들인 성낙호(成樂浩)가 쓴 것으로 추정.
- 표지 서명은 '各方別釀(각방별양)', 표지 오른쪽에 '丙申梧月 日(병신오월 일)'이라는 글이 적혀 있음. 병신년(丙申年)은 1836년, 1896년, 1956년인데, 저자의 일몰을 고려하면 1896년이고, 오월(梧月)은 오동나무 잎이 떨어지는 시기로 음력 7월을 가리킴.
- 술, 약과, 음식 등 조리법을 담은 책. 가철(假綴). 표지 2장. 내지 25장. 무계(無界).
- 가계 : 성대호(남편), 정일헌 남씨(부인), 성태영(양자), 성찬경(손자).
- 49종의 음식 수록(이중 술은 37항 42종, 약과와 음식 7종).
- **양조법** : 소국주, 소국주 또별방, 보리소주, 호산춘, 아소국주, 국화주, 집성향, 두견주, 석탄향주, 천금만화주, 삼오주, 옥점주, 천금주, 청명주, 백설주, 옥지춘, 송화주, 황금주, 방문주, 과하주, 과하주 또별방, 혼돈주, 녹파주, 절주, 삼일주, 구일주, 이화주, 송순주, 약과법, 백수환동주, 강정법, 오가피주, 창포주, 둥계법, 도인주, 신선고본주, 동화정과, 구기침주, 고본주, 소자주, 즙장법, 출주, 양찜법, 백화주, 창찜법, 황구주 등.

정일헌이 쓴 다른 책인 『정일헌시집(貞一軒詩集)』은 사후 양자 성태영(成台永)이 어머니의 유고 시를 모아 1923년 간행한 책이다. 본관은 의령(宜寧), 아버지는 돈령도정(敦寧都正) 남세원(南世元)이며 남편은 성대호(成大鎬)이다. 정일헌 남씨는 16세에 예산의 성씨 집안으로 시집와 20세에 남편을 잃었다. 남편을 여의고 슬픔을 견디지 못해 나뭇더미에 불을 붙여 분신하려 하였으나 시어머니가 구원하고 타일렀다. 이후 『주역』과 『시경』을 포함한 고전을 탐독하며, 도고산과 덕봉산 아래 있던 자신의 집을 도운각(道雲閣)이라 이름 짓고 정일헌(貞一軒)이라는 편액을 붙였다. 정일헌 편액의 '정일(貞一)'은 "사물의 변화는 무궁하나 그 이치는 하나로 돌아간다."라는 『주역』의 한 구절을 딴 것이다. 이에 남씨의 호가 '정일헌'이 되었다. 정일헌 남씨는 가정사를 돌보는 일 외에 시 짓기에 열중하여 많은 작품을 썼다. 그러던 1894년 11월, 간양리 앞에서는 북접 동학군과 관군의 관작리 전투가 치열하게 전개되었고, 정일헌은 피난을 하면서 자신의 일부 원고를 불태웠다 한다. 이후 남아 있는 원고를 모아 1896년경 시문집을 간행하고자 조선 말기의 학자 이건창(李建昌)의 서문까지 받아두었으나 뜻을 이루지 못했다.
*출처 : 디지털예산문화대전

· **관련 논문**

*문희순(2020), 조선의 마지막 여성문인 南貞一軒의 삶과 문학, 어문학연구학회 104.

· **관련 글**

*김재형이 자신의 블로그(한국술문헌연구소)에 쓴 관련 글.
  https://blog.naver.com/korean-sool/222977630932

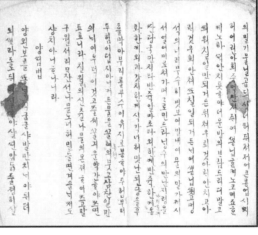

4. 계미서

- 궁중음식연구원 소장.
- 한문 행서 필사본.
- 21.0×25.0cm, 20장(40면), 15행, 행마다 약 20자.
- 초고를 새로 정서한 책으로 보임.
- 양조법 38항 39종, 조국법 1종, 기타(조국 길일 등) 5항 6종.
- "朝鮮開國一百六十三年 甲寅 六月 十四日 癸未書. 甲寅後 三百五十八年 辛亥 十二月二十五日 褙付"
  (조선 개국 163년 갑인 6월 14일 계미서. 갑인 후 358년 신해 12월 25일 배부)

조선 개국 163년인 1554년 갑인년 6월 14일 계미일에 만든 책을, 358년이 지난 신해년(1911년) 12월 25일에 겉표지를 새로 배접하여 만듦.

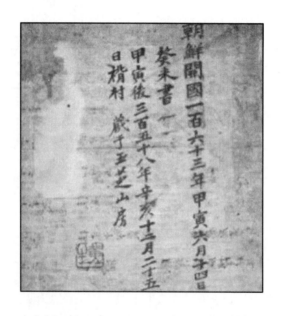

- 개장(표지를 다시 꾸밈) 당시 소장처는 옥지산방.
- 황우(黃牛)라는 낙관(도장)이 찍혔는데, 낙관은 배접한 이후, 최근에 찍힌 듯.
- 배접 등을 통해 작성된 시기 등을 구체적으로 알 수 있는 조리서.
- 17면 10행까지 : 嘉靖三十三年 甲寅 六月 十四日 癸未 畢書 (1554년 갑인년 6월 14일 계미날에 쓰다).
- 20면 끝까지 : 乙卯年 五月 初八日 辛酉書 (1555년 을묘년 5월 8일에 쓰다).
- 21~30면까지 : 2차로 추가(술 빚는 법 기록). 증보한 시기는 알 수 없음.
- 31면에서 34면까지 : 3차로 추가. 증보한 시기는 알 수 없음.

- 35면에서 40면까지 : 4차로 추가. 술과 누룩을 증보함.
- 서체가 같은 점으로 보아, 1554년 이후 추가한 것으로 보임.

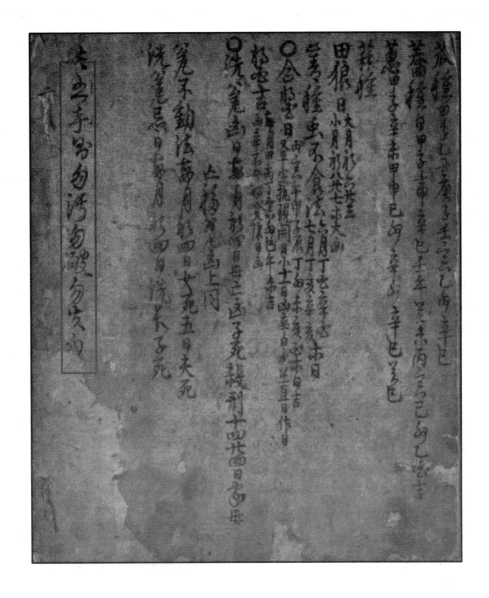

- 마지막장에는 장과 항아리에 대한 주의가 나오며 좌측 맨 끝줄에

  洗手(指)側五 勿汚 勿破 勿失 勿(毀) 勿(損).

"손가락을 잘 씻고 5가지를 지켜야 한다. 더럽히거나 찢어지거나 잃어버리거나 나른 나른해지거나 떨어져나가게 해서는 안 된다." 라고 적혀 있어 저자가 공들여지은 책을 자손에게 남기기 위해 당부의 말을 써 놓은 것으로 손을 잘 씻고 소중하게 다루어 보관해 전해줄 것을 당부(한복려, 2021).
- 개인적으로 한문을 다르게 보고 있음. 洗五手易 勿汚 勿破 勿失 勿(毀) 勿(損).
- **양조법** : 삼해주방, 세신주, 삼두주, 벽향주, 오두주, 십두주, 하일불산주, 열시주, 사절통용육두주, 하별소주, 별세신주 사절통용, 두강주법, 육두주 사시통용, 이미주, 예주법, 감주, 삼일주, 일일주, 하일주, 삼일주2, 감주2, 감주3, 과하주, 두강주2, 정향주, 하양주, 소주법, 하향주, 혜향주, 절주법,

삼일주법3, 조국길일, 조주기일, 하양좌청주, 조국법, 녹파주, 구두주, 모주, 수주, 치개미주, 벽향주2, 이화주, 하일절주 등 44종.

• 사절통용(四節通用) 또는 사시통용(四時通用)이 붙은 양조법이 3개가 있음. 사절통용(四節通用)과 사시통용(四時通用)이란 의미가 4계절 모두 사용이 가능한, 즉 4계절 모두 빚을 수 있는 양조법으로 보임.

• **관련 논문**
*한복려, 김귀영(2018), <계미서(癸未書)>를 통해 본 조선시대 초기의 음식문화에 대한 고찰, 韓國食生活文化學會誌 33(4).
*한복녀, 김귀영(2020), 조선시대 전반기의 두장류(豆醬類)에 관한 문헌적 고찰, 韓國食生活文化學會誌 35(1).

• **관련 서적**
*계미서(한복녀, 김귀영), 2021, 선일당.

• **관련 글**
*김재형이 자신의 블로그에 쓴 글.
https://blog.naver.com/korean-sool/222456039717
https://blog.naver.com/korean-sool/222471984977
https://blog.naver.com/korean-sool/222471988057
https://blog.naver.com/korean-sool/222471990062

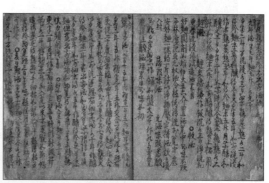
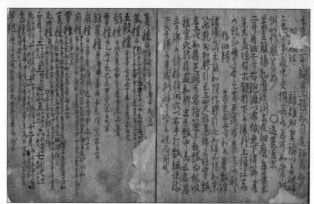

5. 구일주법 술 담그는 법과 '혼인궁합'에 관한 내용을 묶은 필사본

- 국립한글박물관 소장.
- 저자 미상의 한글 필사본(26.1×26.1cm).
- 1책(14장) : 무계, 8행 자수 부정, 무어미.
- **표지 제목** : 구일주법, 책의 맨 처음에 적힌 제목(**권수제**) : 구일쥬법.
- 제목은 <구일주법>이지만, 구일주법뿐 아니라 여러가지 술 담그는 법과 '혼인궁합'에 관한 내용을 묶은 한글 필사본.
- "한글로 필사한 '구일쥬법', '녓방문', '삼원츈법', '두견쥬법', '즙장법' 등 술 담그는 법과 권말에 '혼인궁합'이 합본되어 있음. '혼인궁합' 앞에는 육십갑자와 점괘가 나와 있음. 표지는 개장한 것임. 본문 가장자리에 박락 있음."(국립한글박물관 자료에서 옮김)
  https://www.emuseum.go.kr/detail?relicId=PS0100203400600169000000

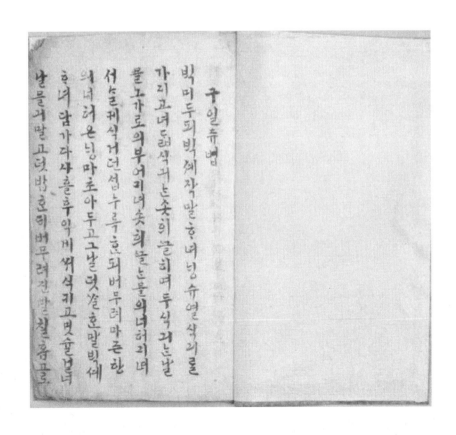

6. 규중세화 閨中世話

- 완주 대한민국술테마박물관 소장.
- 한글 필사본(연대 미상).
- 2013년 8월 하순경, 박록담이 완주군청의 최수웅씨로부터 <규중세화>를 건네받았다고 기록.('효주의 특징 및 술 빚는 요령', 2022년 10월 30일)
- 이 책은 처음 안성 대한민국술박물관에서 소장했다가, 2009년 완주로 이전하며 대한민국술테마박물관으로 소장처가 바뀜.
- 제목에서 알 수 있듯, 여성이 생활하는 규방에서 여성들이 세상 살아가는 이야기, 마땅하게 사는 방법을 모은 책.
- 삼해주, 송순주 등 20항 21종 술 빚는 법이 수록. 술 외에 음식 만드는 법, 규중칠우 이야기 등 여성들의 이야기 기록. 소리 나는대로 글을 적어 판독이 어려움. 소주를 '효주'라 기록한 것은 전라도 조리서에서 일부 보이는 표현임.
- **양조법** : 이퇴백효주법, 칠일주, 삼일주, 삼해주법, 이적선효주, 송순주방문, 송엽주, 호산춘주, 유감주, 두견주, 이화주, 석탄향, 소곡주법, 백일주방문, 상방문, 점주법, 효주, 효주(별법), 백화주법, 과하주법, 백일주법.

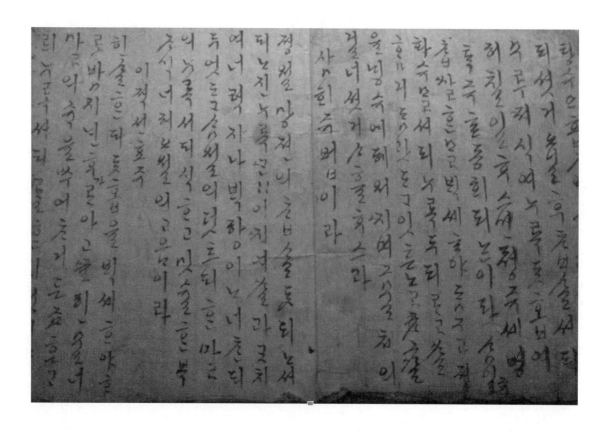

7. 규합총서 판본을 중심으로

• 이 글은 김영혜(2016), 규합총서의 편찬과 필사양상에 관한 고찰, 성균관대 석사논문과 라연재(2018), 근대 요리책의 계통과 지식 전승 : 출판인쇄본 『부인필지』, 『조선요리제법』, 『조선무쌍신식요리제법』 을 중심으로, 국립민속박물관 등의 글을 참조하여 작성함(별도 인용 표시하지 않음).

① <규합총서>의 구성

(상략) 우리의 총혜정숙(聰慧貞淑)한 빙허각이씨는 숙달된 한학의 소양으로서 우리의 가정생활에 좀더 법도와 양식을 바루잡아 후세까지 전할 뿐아니라 더 나아가서는 높이 천문지지로부터 떨어져 조수초목(鳥獸草木)에 이르기까지 사사물물에 긍하야 가정을 상대로 누구나 들치면 훤히 알도록 순수 우리말로 우리글에 옮겨 지식을 부어주는 동시 또한 생활의 지침이 되도록 정성스레 써 노흔 것이 총제 하에 빙허각전사로 3부 11책에 나누어 놓은 것인 바 제 1부는 규합총서 5책으로 주사(酒食), 봉임(縫紝), 산업, 의복(醫卜)을 가정실용의 견지로 유를 갈러 저술하였고, 제2부 청규박물지 4책으로 천문지리, 세시초목(歲時草木) 등 8부문에 나누어 상식적 해설미녀, 제3부 빙허고략(憑虛考略)은 자작시의 한글, 한문 대역 백수십수의 발, 묘문 등으로 이상이 모두가 순수 우리글로 된 것이어서 오늘 와서는 우리말 연구에도 좋은 자료가 되는 것이다.

*출처 : 정양완(2012), 역주 규합총서, 보진재. 1p.

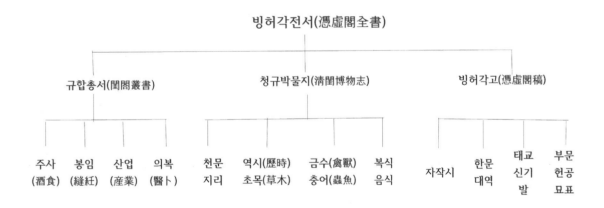

② <규합총서>의 저술시기

기사 가을에 내가 동호 행정에 집을 삼아, 집안에서 밥짓고 반찬 만드는 틈틈이 우연히 사랑에 나가 옛글이 인생일용에 절실한 것과 산야에 묻힌 모든 글을 구하여 보고 손길 닿는대로 펼쳐보아 오직 문견을 넓히고 심심풀이를 할 뿐이었다.

*출처 : 정양완(2012), <역주 규합총서>, 보진재, 19p.

번호	소장처	청구번호	표제	분량	비고
1	규장각 가람문고본	가람古396-G999	규합총서 전	1권 31장	1869년 목판본(친화실장판), 주사의
2	국립중앙도서관	古 536-1		1권 20장	목판본(연대 미상), 가람문고본을 축약한 판본
3	일본 동경대 오구라문고	-		1책 29장	1869년 목판본
4	국립중앙박물관	-	규합총서		869년 목판본(친화실장판), 4주단변 반곽, 12행 24자 주쌍행, 24.2×16.5cm
5	파리 동양언어 문화학 교본	-		1책	1869년 목판본(친화실장판)
6	국립중앙도서관	古536-3 古朝29-114	규합총서 單	1권1책 총68장	권지이(봉임측) 수록 수려한 궁체
7	정양완 가본		閨閤叢書 卷第一	2권1책 총54장	목록은 1,2,4권 있으나 내용은 1,4권만 현전 (1899년 10월 필사)
8	정양완 나본	-	규합총서	2권1책 총55장/총67장	권지일(주사의 하편만) 권지이(봉임측)
9	정양완 다본	-	閨閤叢書	2권1책41장/총67장	권지삼(봉임측 하편 앞, 산가락 일부), 권지사(봉임측 하편 뒤) 수록, 1910년 필사
10	일본 동경대 오구라문고	L174593-4	규합총서	3권1책 2책(72장/90장)	1책: 권지이(주사의 하편) 2책: 권지뉵, 권지팔(산가락, 청낭결, 술수략 수록)
11	일본 고마자와대 (영평사본)	濯足801-1 濯足801-2	閨閤叢書 乾	2책(건/곤) (84장/113장)	목록은 5권이나 본문은 주사의, 봉임측, 산가락수록
12	국립민속박물관	-	규합총서 閨閤總書		14행, 1행 22자 내외, 26.0×20.0cm, <간본 규합총서>를 저본으로 필사
13	국립한글박물관		규합총서	1책 81장	<규합총서> '주사의(酒食議)' 필사, 1930년 3월 20일 필사. <주중묘방(廚中妙方)>과 내용 유사
14	국립민속박물관	-	주중묘방 (廚中妙方)	표지 2장 본문 68장	한글박물관 <규합총서>와 유사. 1926년 필사(?)
15	서강대 로욜라도서관	고서 규91		1권1책 총88장	권지삼(산가락)만 수록
16	조선대도서관	O/G039ㄱ	규합총서	1권1책 총60장	권지이(봉임측)만 수록 1962년 또는 1922년 필사
17	국립민속박물관	094670	규합총서	1책26장	목판본의 필사본
18	서울대 규장각 한국학연구원	古2900-1	부인필지 단권 婦人必知全	2권1책 27장	1915년 필사, 목판본을 재편집. (주사의, 봉임측 일부)
19	고려대 신암문고	신암C5 A20	술방문	1책 97장	필사시기는 10번과 비슷. <부인필지> 목판본을 재편집(주사의, 봉임측 일부)
20	백두현본	-	보감록	1책	<부인필지> 목판본을 재편집

*출처 : 김영혜(2016), 라연재(2018) 등.

• 빙허각 이씨는 <규합총서>를 '**기사(己巳, 1809년) 가을**'에 썼다고 함. 이때 기사(己巳)를 어떻게 해석할지 2가지 견해가 있음.

　·기사년을 용산으로 이사간 후 <규합총서>를 쓰기 시작한 때로 보는 경우.

　·기사년을 <규합총서> 편찬이 완료된 때로 보는 경우.

• 두 가지 설이 있지만, <청규박물지>는 <규합총서>를 쓴 다음에, <산해경> 등을 읽고 썼다고 저자가 밝히고 있는데, <청규박물지> 끝에 기록된 '긔스세일지일의셔ᄒ다(己巳歲一之一에 書하다)'라는

26

기록이 있음. 즉 <규합총서>를 편한 다음에 쓴 <청규박물지>도 기사년에 쓴 것이므로, <규합총서>는 1809년에 쓴 것이 옳을 듯.

③ <규합총서> 이본

• 연구자에 따라 <간본 규합총서>와 <부인필지>도 이본으로 봄.

• 빙허각 이씨가 직접 쓴 원고본은 전해지지 않지만, 개인소장의 이본은 많음.

• 여러 필사본과 필사본의 필사본이 널리 퍼짐.

• 재편집되어 1869년, <간본 규합총서>가 간행된 이후 <간본 규합총서>도 필사되어 퍼짐.

• 1908년 명신여학교(현 숙명여고) 교사 이숙에 의해 재편집된 <부인필지(婦人必知)>가 우문관에서 연활자로 출판. <부인필지>도 필사되어 퍼짐.

• 제목을 달리한 재편집한 책들도 등장(<술방문>, <보감록> 등) : 이들 저본은 <부인필지>임.

• 일부 내용을 선택하여 편집한 뒤, 제목을 달리하여 필사한 <주중묘방> 등도 등장.

• 일제강점기 이후, 상업적으로 같은 내용을 필사한 경우도 있는 듯함.

• 제목도 다양한 이들 책은 모두 <규합총서>(1809년)을 저본으로 하지만, 어디까지를 이본으로 볼 지는 연구자들에 따라 다름. 즉 일부 내용이 빠지거나 추가된 <간본 규합총서>나 <부인필지> 그리고 다른 서명을 가진 필사본류를 모두 이본이 아닌 다른 책으로 봐야 한다는 주장도 있음. 개인적으로 다른 책으로 보는 것이 맞다고 봄. 단 여기서는 이들 사이의 상호관계성을 밝히고자 모두 이본으로 보고 서술함.

1) 목판본

① 가람문고본(가람古 396-G999) : 규장각 소장

• 목판본, 20.6×13.7cm, 有界, 12행 24자.

• 총 31장(<규합총서> 5권 중 1권 <주사의>를 주로 요약).

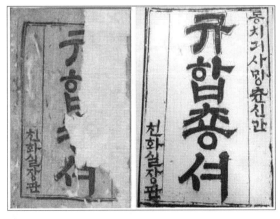

*가람본과 마이크로필름본 속표지

- '동치 기사 맹춘 신간' : 동치(同治)는 청나라 연호, 기사(己巳)는 1869년, 맹춘(孟春)은 3월임.
- 가람문고본은 친화실장판본으로, 이경선 소장본, 국립중앙도서관본1, 파리동양어학교본, 일본동양
문고본과 동일함.
- 술 빚는 길일, 연엽주, 화향입주방, 두견주, 일년주, 약주, 과하주, 소주법, 술 신맛 구하는 법.

② 국립중앙도서관 소장 가본(古536-1)

- 총 20장으로 가람본과 내용이 동일. 몇몇 항목이 누락되고, 본문 내용을 일부 축약해서 목판으로 발행.
- 간행시기는 알 수 없음.
- 가람문고본과 같이 술 빚는 길일, 연엽주, 화향입주방, 두견주, 일년주, 약주, 과하주, 소주법,
술 신맛 구하는 법이 수록됨.

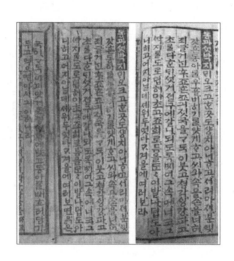

- 왼쪽 가람문고본과 오른쪽 국립중앙도서관본(古536-1)을 비교하면, 같은 목판본임에도 일부 내용이
다름. 즉 목판본도 1종이 아닐 수 있음. 국립중앙도서관본(古536-1)은 가람문고본을 축약한 목판본임.

③ 동경대 오구라문고본

- 1869년 목판본.
- 1책 29장, 반곽, 有界, 12행 23자, 상하향 흑어미.
- 26.8×17.0cm.

④ 규합총서

- 국립중앙박물관 소장.
- 표지 서명은 음식법(飮食法), 권수제는 규합춍셔.
- 친화실장판 목판본(1869년 간행)으로 오구라문고 소장본과 유사.
- 24.2×16.5cm.

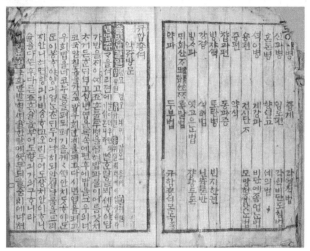

⑤ 파리 동양언어문화학교본

• 1869년 목판본.

• 같은 목판본임에도 장(張)과 크기가 달라서, 같은 곳에서 출판된 것인지 알 수 없음.

목판본 <규합총서>의 판본 정보

번호	명칭	형태	간행년도	형태정보	관련정보
1	규장각 소장 가람문고본	목판본	1869년	1책(30장): 4주단변 반곽 20.6×13.7cm, 유계, 12행 24자, 주쌍행, 상흑어미: 25.0×17.0cm	친화실장판 (가람古396-G 999)
2	국립중앙도서관 소장 가본	목판본	미상	1책(20장): 4주단변 반곽 20.5×13.8cm, 유계, 12행24자, 주쌍행, 상흑어미 25.2×16.0cm	표지낙장 (古 536-1)
3	오구라문고 소장본	목판본	1869년	1책(29장), 4주단변 반곽, 유계, 12행 23자, 상하향흑어미: 26.8×17.0cm	
4	국립중앙박물관 소장본	목판본	1869년	4주단변 반곽, 12행 24자 주쌍행 24.2×16.5cm	친화실장판

*라연재(2018), 근대 요리책의 계통과 지식 전승 : 출판인쇄본 『부인필지』, 『조선요리제법』, 『조선무쌍신식요리제법』을 중심으로, 국립민속박물관.

2) 필사본

① 국립중앙도서관 소장 나본(古朝 29-114)
• 필사본, 30×22cm, 10행 16자 내외, 無界.
• 총 68장(속겉장 1장, 목록 2장, 내용 65장).

② 정양완 소장 가본
• 필사본, 25.4×21.4cm, 24.7×20.8cm, 2권 1책(총 54장), 無界, 12행 22자 내외. 필사 시기는 1899년 10월(디한광무삼년긔히십월).
• '권지1 주사의'와 '권지4 청낭결'만 필사됨.

③ 정양완소장 나본

• 2권 1책으로 편철. 1권(주사의)은 총 54장, 2권(봉임측)은 67장(겉장 포함).
• 1권 주사의는 샹편과 하편이 있는데, 이 필사본은 '주사의' 하편만 있음.

*정양완소장 나본 1권 하편

*정양완 다본 속표지

④ 정양완소장 다본
• 필사본, 23.2×24cm, 24.0×19.5cm(2권 1책), 14행 24자 내외, 無界.
• 다권 1권은 총 41장, 2권은 몇 장인지 확인 안됨.
• 경술 팔월에 필사한 것으로 경술년은 1910년임.
• '봉임측' 일부와 '산가락' 수록.

⑤ 규합총서
• 국립한글박물관 소장.
• 빙허각 이씨의 <규합총서> '주사의(酒食議)' 부분의 요리법 등을 필사함.
• 필사자 미상, 81장. 20.2×32.6cm.
• 표지 서명과 권수제 : 규합총셔.
• 무변, 무계, 9행 자수 부정.
• 필사기 : 경오삼월염일셔다(1930년 3월 20일로 추정).
• 목록에는 규슈의제일, 니측반션, 쟝초제방 등이 표기되어 있으나 본문은 '녜측ㅅ의 니측반션'부터 시작함.

- 국립민속박물관 소장의 <주중묘방(廚中妙方)>과 내용 유사함. 두 서책의 첫부분이 '규수의제일'로 같은데, 이를 '규 의 제일'로 해석할 수 있지만, <규합총서>가 저본임을 고려하면 '주사의 제일(酒食議 第一)'의 오자 또는 의도한 필사로 보임. 두 서책은 이같은 오자까지도 같음. 즉, 같은 곳에서 같은 사람이 필사한 것으로 추정.
- 이처럼 필사자와 필사 시기가 같은 유사한 책이 발견되는 것은 상업적 전사를 했던 것임. 대표적인 것이 <주방문요람>(민속박물관 소장), <주방문조과법>(중앙도서관 소장), <주방문釀酒方文>(한글박물관 소장), <주방문釀酒方文>(민속박물관 소장)임.

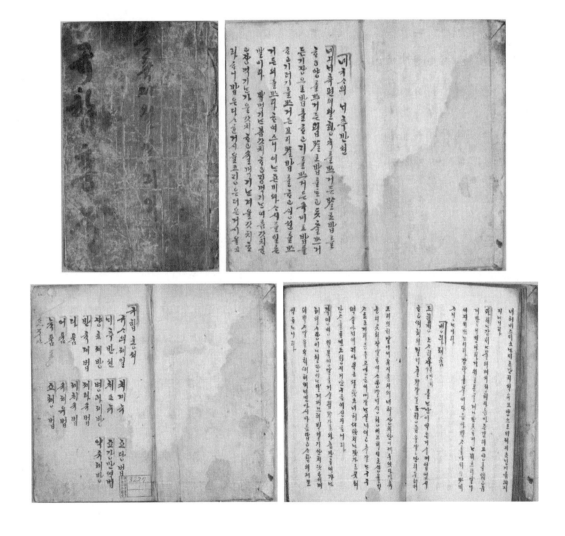

⑥ 규합총서 閨閤叢書

- 국립민속박물관 소장.
- 표지서명 : 규합총셔 閨閤總書, 권수제 : 규합총셔.
  규합총서의 표지 서명이 閨閤叢書가 아닌 閨閤總書로 되어 있음.
- 14행, 1행 22자 내외, 26.0×20.0cm.
- **양조법(양조법 6종, 기타 2종)** : 술 빚는 길일, 연엽주, 화향입주방, 두견주, 일년주, 약주, 과하주, 소주, 술 신맛 구하는 법.
- <간본 규합총서>를 저본으로 필사.

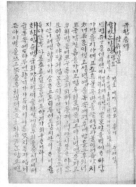

⑦ 주중묘방 廚中妙方

- 국립민속박물관 소장(책의 내용은 확인하지 못함).
- 각종 음식의 조리법을 담은 한글 규합총서. 필사본. 순한글본.
- 표지 2장. 본문 68장.
- 표지 서명은 '주중묘방 단(廚中妙方 單)', 권수제(책 앞부분의 제목)는 '규합총셔'으로 목록에 '약주제방'이 보임.
- 본문 각 항목의 첫머리에 붉은색 낫표로 구분하여 표시함.
- 국립한글박물관 소장 <규합총서>와 내용이 유사. 같은 곳에서 같은 사람이 필사한 것으로 추정.
- 뒤표지 안쪽에 '丙寅仲春旣望 西峴'라는 간기가 있음. <규합총서>는 1809년에 저술되었기 때문에 병인년은 1866년, 1926년 중 하나. 중춘 기망(仲春 旣望)은 음력 2월 16일을 가리킴. 서현(西峴)은 서쪽 고개로 지역 또는 호 등을 나타낼 수 있음.

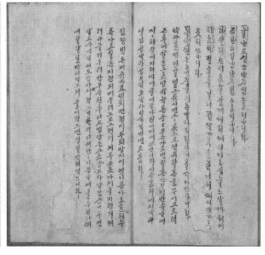

⑧ 서강대학교 소장본(고사규91)

- 필사본, 30.0×21.7cm, 10행 22자 내외, 無界.
- 1권 1책, 총 88장.
- 필사 시기는 알 수 없음.

⑨ 조선대학교 소장본(O/G 039ㄱ)

- 필사본, 23.5×20.3cm, 10행 16자 내외, 無界.
- 필사본, 1권 1책. 총 60장.
- 겉장 오른쪽에 '임슐윤팔월팔 일', 끝에는 '임슐윤팔월일총'이라 씀.
- 필사시기는 1862년 또는 1922년이고 총은 모두를 뜻함.
- 봉임측 일부만 수록됨.

⑩ **동경대학교 소장본[(新)L174593-4]**

• 필사본, 無界, 11행 22자 내외.

• 3권 1책으로 편철.

• 1권에는 '주사의' 일부와 '술수략' 일부 수록, 2권에는 '산가락'과 '청낭결' 일부 수록, 3권은 '청낭결' 수록.

⑪ **영평사 소장본**

• 필사본, 20.9×14.3cm, 10행 22자 내외, 無界.

• 건(총 89.5장)과 곤 2책.

• 주식의, 봉임측, 산가락 수록.

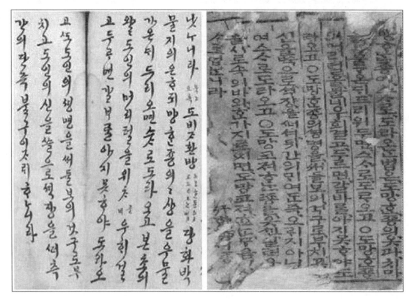

도망훈 종 스스로 도라오는 법

• 영평사본과 조선대본에는 '도비주환방'이라 쓰고, 주석으로 '도망훈 죵 스스로 도라오는 법'이라 하는 같은 내용이 실려 있음. 19세기 조선의 계급 사회가 균열되고 있음을 보여줌.

⑫ **술방문(신암C5 A20)**

• 고려대 신암문고본.

• 필사본, 23.9×20.4cm, 10행 15자 내외, 無界.

• 표지 제목이 '술방문'.

• 총 97장(주사의와 봉임측 일부).

• '동치미국에 국수를 넣고'가 추가됨. 이처럼 새로운 내용을 여럿 덧붙인 것은 <부인필지>가 저본인 것으로 보임.

• 필사시기는 20세기.

⑬ 부인필지(古 2900-1)

- 서울대 규장각 소장.
- 1915년 필사본(1908년 목판본 <부인필지> 출판. 명신여학교(현 숙명여고) 교사 이숙에 의해 인용·보완되어 <부인필지(婦人必知)>라는 이름으로 우문관에서 연활자로 출판. 규장각본은 이 <부인필지>의 필사본임).
- 기존 <규합총서>에 일부 내용을 빼고 새로운 내용이 추가됨.

편	완사본		초록본						첨삭본		미정		합계
	동경대본	영평사본	정가본	정나본	국중나본	조선대본	가람본	국중가본	술방문	부인필지	정다본	서강대분	12
주식의	○	○	○	○			○	○	○	○			8
봉임측		○		○	○	○	○	○	○	○	○		9
산가락	○	○									○	○	4
청낭결	○			○									2
술수략	○												1
5	4												

- <규합총서>는 원래 5편 8권 체계를 가짐. 완사본이란 빙허각 이씨의 저서를 충실하게 필사한 것으로 추정되는 책.
- 양조법은 '약주제방'에 실려 있는데, **'약주제방'이 있는 책은 목판본, 정양완 가본, 영평사본, 술방문, 부인필지**(<부인필지>와 <술방문>에는 일부 양조법 추가되고, 일부 양조법이 누락됨).

⑭ 보감록(寶鑑錄)

• <규합총서>의 이본 중 하나로 백두현 소장.

• 필사자 미상의 1927년(추정)의 한글조리서.

• 필사기 : 졍묘졍월십구일등셔 각방셔등녹긔(졍묘년은 1867년과 1927년인데, 글과 <규합총서>와 내용적 유사성을 고려하면 1927년이 맞을 듯).

• 양조법(12종) : 구기주, 과하주, 과하주 본법 외, 감향주, 우일 감향주, 삼일주, 송절주, 송순주, 송순주, 오가피주법, 두견주, 도화주.

• 백두현은 승부리안 관련 논문에서 <보감록>과 유사한 점이 많다고 함.

• <보감록>과 <규합총서>는 일부 내용이 정확히 일치함. <보감록>에는 일부 누락된 내용 등이 있는데, <보감록>은 <규합총서>를 보고 필사·유전되며 일부 내용이 선택과 추가되는 과정을 거친 것으로 보임.

• **관련 문헌**

　*김영혜(2016), 규합총서의 편찬과 필사양상에 관한 고찰, 성균관대 석사논문.

　*라연재(2018), 근대 요리책의 계통과 지식 전승 : 출판인쇄본 <부인필지>, <조선요리제법>, <조선무쌍신식요리제법>을 중심으로, 국립민속박물관.

　*그외 <규합총서> 관련 논문은 너무 많아서 별도 언급을 하지 않음.

• **관련 서적**

　*윤숙자 역(2014), <규합총서>, 백산출판사.

　*정양완 편(2008), <규합총서>, 보진재.

8. 극상품주방문 極上品酒方文

• 한글 필사본.
• 서울대학교 중앙도서관 고문헌자료실 소장.
• 필사한 곳, 필사한 사람은 알 수 없음.
• 1책(22장, 44면), 1면 9행, 11자 내외, 28.4×20.0cm.
• 두 부분으로 나누어져 있음(앞부분은 오륜가, 뒷부분은 극상품주방문) 표지 서명은 없지만, 권수제(책 앞부분 제목)은 <오륜가·극상품주방문>으로 볼 수 있음.
• 집안 내 문서의 이면지에 붓으로 작성. 주방문 옆에 세필 한자로 양조법명 뿐 아니라, 설명 중에도 한문으로 일부 병기됨. 병기한 한문 필사자는 원래 한글 필사자와는 다름.
• 필사기가 2곳에 있음. 앞부분('오륜가' 앞면)에는 '한국 광무 육년 팔월', 주방문 뒤에는 '정미오월 이십삼일 중화당 필서'라는 필사기가 있음. 즉 1902년 8월과 1907년 5월 중화당이 쓴 글임을 알 수 있는데, 앞부분과 뒷부분을 쓴 필사자는 동일인인지는 정확하지 않음. 앞부분과 뒷부분의 필사 시차는 5년임을 고려하고, 서체의 변화와 함께 동일인의 기록 여부에 대해 검토한 결과 동일인으로 추정.
• 권수제인 '극상품주방문'에서, '극상품'이란 오래전부터 자신의 집안에 내려오던 술빚기라는 의미 보다, 어딘가에서 들어서 기록한 느낌이 있음. 주방문에는 '진말 진말'이 반복되는 글도 있어, 다른 글을 보고 필사했을 가능성도 있음.

• **양조법(9종)** : 호산춘방문이라, 고산춘방문이라, 칠일주방문이라, 과하주방문이라, 송순주방문이라, 두견주방문이라, 절주방문이라, 벽향주방문이라, 삼해주방문이라.

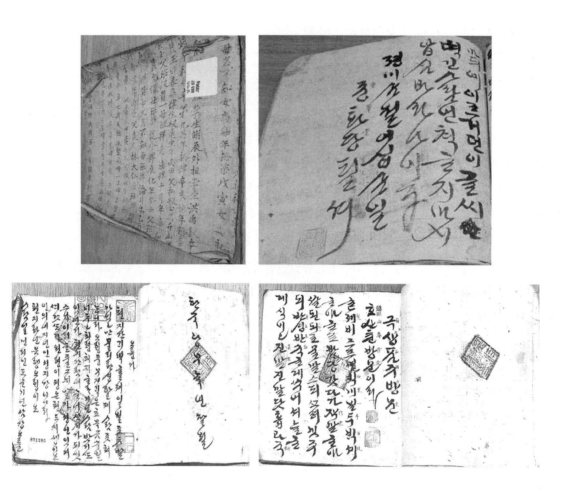

9. 단방문 單方文 안정복 종가(광주 안씨)의 고문서

• <고문서집성 8(광주 안씨, 경주 김씨편)>, 한국정신문화연구원, 1990 수록. 경기도 광주군 덕곡에 세거하는 광주 안씨 안정복(1712~1791) 가문과 충남 보령군 천궁의 경주 김씨 학주공파 김면주(1740~1807) 가문에서 소장하고 있는 고문서 영인본이 <고문서집성 8>임.

• 이 책에는 광주 안씨 고문서가 37종 272점(17세기 이후)이 수록되어 있는데, '단방문'은 치부기록통(置簿記錄通)에 포함되어 있는 인정복 종가의 고문서임. 필사자는 미상.

• 이 문서들은 17세기 초부터 20세기 초까지 작성됨.

• **양조법 12종, 조국법 3종** : 요국(蓼麴), 오거피삼투주, 국화주, 지황주, 백출주, 황정주, 산우(마)주, 포도주, 창포주, 송화주, 양고주, 오향소주, 도원주, **국류(麴類)** : 백국(白麴), 내부비전국방(內府秘傳麴方).

• 관련 논문
*함영대(2022), 광주안씨 고문서의 경학자료 연구 — 삶의 저변과 경학자료 및 서목을 중심으로, 장서각 48(48).

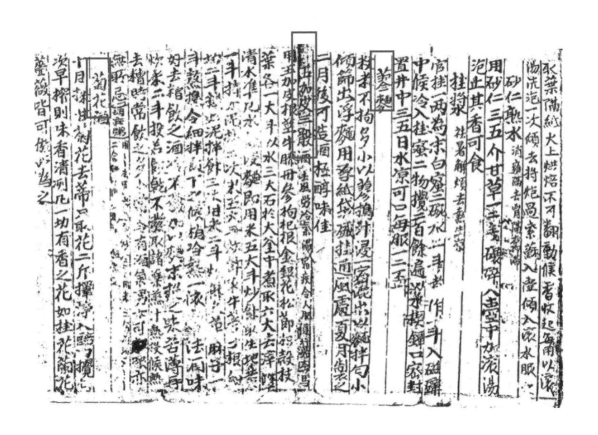

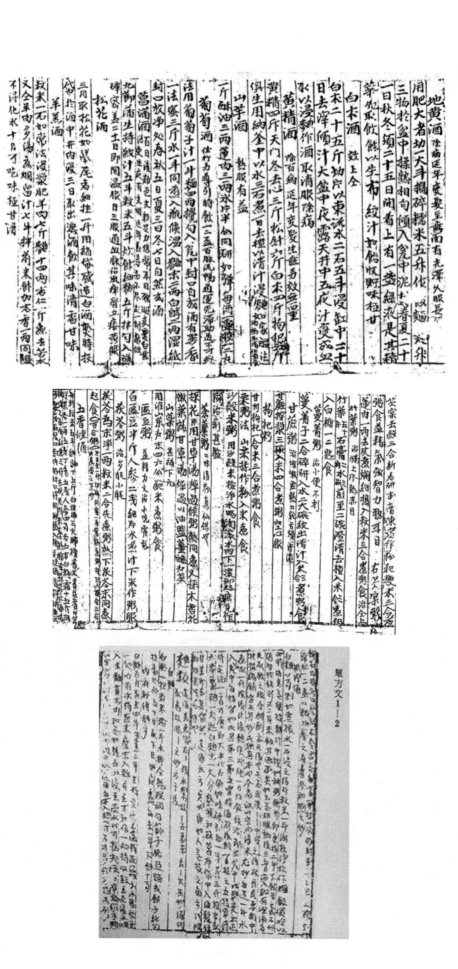

10. 동춘당 음식법

• 은진 송씨 종가 소장(대전시 대덕구 송촌동 동춘당 송준길(1606~1672) 종가).

• 은진 송씨 종가에는 <주식시의>와 <우음제방>의 조리서도 있음.

• 운진 송씨 종가에는 무형유산으로 송준주도 있음.

　(기능보유자 : 윤자덕, 무형문화재 제9호, 2000. 2. 18. 지정).

• 한글 필사본 조리서로, 총 10면에 32종 조리법(1종은 제사 지내는 법).

• 19.0×28.5cm.

• 주식류 3종, 부식류 7종, 발효음식 13종, 음청류 3종 등 총 32종.

• 1910년 이후 일제강점기 시대 기록으로 추정.(조리 용어로서 조림과 설탕의 사용, 소다와 콩기름 용어의 등장, 서양력인 주일의 사용, 정종병과 골로(곤로) 그리고 사시(沙匙)라는 계량 단위 사용 등).

• 2012년 농진청의 종가음식 조사 과정에서 발굴.

• <동춘당 음식법>이라는 서명은 종가와 농진청의 협의로 정한 임시 제목.

• 과하주, 청국장방문 등은 별도 낱장에 필체도 다름.

• 양조법 7항 8종, 조국법 1종 : 가량주, 과하주, 과하주, 백국, 보리탁주, 삼해주, 소주조미법, 송로쥬(송순쥬), 소주 술 빚는 법.

• 관련 논문

　*권용민·김자현·강승연·최은옥·박채린, 은진송씨 종가소장 「동춘당 음식법」 내용과 가치, 동아시아식생활학회, 2016년.

　*권용민·박채린, 은진송씨 종가소장 「동춘당 음식법」의 내용과 특징, 한국식생활문화학회 5, 2016.

 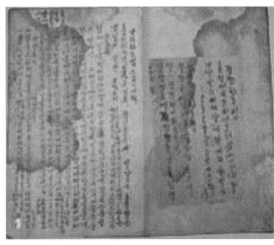

11. 류성룡 비망기입 대통력 柳成龍備忘記入大統曆

- 국립고궁박물관 소장.
- 20.0×38.0cm.
- 책력이란 일년동안의 월일, 월식과 일식, 절기 등을 기록한 오늘날의 달력과 같은 것. 조선시대는 중앙에서 간행(시대에 따라 5천부~30만부 발행).
- 시기별로 대통력(大統曆, 1370~1652), 시헌력(時憲曆, 1653~1897), 명시력(明時曆, 1898~1908) 순으로 이름을 달리함.
- 류성룡이 비망기를 기입했던 당시 책력은 7종(5종은 2022년 일본에서 환수). 이중 경자년(1600년) 대통력(大統曆, 1599년 금속활자로 간행)에 쓴 비망기는 16장 분량으로 표지에 이순신 장군의 전사 장면이 적혀 있고, 여기에 술 9종과 조청 1종이 수록됨.
- **양조법 7종, 기타 3종** : 감주, 급주, 백자주, 부의주, 음주불취법, 점감청주, 점주, 조주법(치국법임), 치악주법.

술 제조법과 기타
구급주(救急酒)를 만드는 방법(急酒方)
감주(甘酒)
향기로운 탁주(香醪)
찹쌀술(粘酒)
도인주(桃仁酒)
백자인 술(栢子酒)
서청법(黍淸法)
술을 제조하는 법(造酒法)
악기를 다스리는 술을 만드는 방법(治惡酒方)
술에서 깨는 방법(醒酒方)

*아래 관련 논문에 실린 도표(9개 양주 관련 내용)
번역의 여러 부분에 오류가 보인다.

- **양주 관련 내용**(책력 앞부분에 기록)을 살펴보면,

① 급주(急酒)는 속성주 빚는 양조법인데, 논문의 저자는 구급주(救急酒)라 해석하여 '사람이 위급할 때 구급용으로 사용하는 술'이라 해석함.

② 감주(甘酒) : 논문의 저자는 '열흘이 지나도 변하지 않는 술'이라 함(술을 모르는 분의 번역). 그런데 여기서 더 눈여겨 봐야 할 것은 그 내용임. "白米七八升, 釀如常酒法, 待三四日, 不至辛烈, 釜中沸水, 將酒缸沉, 煮出之, 則千日不變味." 즉 술을 빚은 뒤 술이 아직 단맛을 띠고 있을 때, 가마에 물을 넣고 끓이다가 항아리 채 가마에 담아 끓이면 알코올농도가 낮은 단맛의 술(감주)이 오래되어도 변하지 않는다는 설명임. 이 내용은 당시 술의 살균법, 즉 살균주에 대한 이해를 표현한

42

것임. 우리 문헌에서 저온살균법은 자주법(煮酒法)과 화박주법(火迫酒法)으로 나누어 볼 수 있는데, 자주법은 술에 약재 등을 넣고 끓인 보양주라 할 수 있음. 3세기 장화가 쓴 <박물지>, 6세기 가사협의 <제민요술>, 7세기 손사막의 <천금익방> 등에도 그 방법이 기록되어 있음. 당연히 우리 고조리서에도 자주에 대한 기록이 많음. 이에 비해 화박주법(火迫酒法)은 불로 술을 핍박하는 즉 약재가 들어가지 않은 술의 살균법임. 이색(1328~1396)의 <목은시고>에 실린 '嘗大舍家新煮酒(큰아들의 집에서 금방 데운 술을 맛보다)'라는 시는 제목과 달리 자주가 아닌 화박주를 얘기하고 있음.

> 술맛이 좋아도 오래도록 보관하기 곤란한데
> **끓여 놓으면 한여름에도 상하지 않는다네**
> 우리 집은 빚자마자 금방 모조리 마시는데
> 오늘에야 오래 두고 마실 계책을 알았도다
> 가라앉기 이전이니 색깔을 어떻게 따지랴만
> 술을 따라 올릴 적에 벌써 향기가 진동하네
> 석 잔을 냉큼 들이켜니 정신이 날아갈 듯
> 동순과 빙어의 맛도 아마 이보단 못하리라

여기서 알 수 있듯, 제목은 자주이지만, 약재를 넣지 않고 술을 끓이는 화박주법임. '류성룡의 비망기'에는 이와 유사한 감주의 살균법(화박주법)을 통해 알코올농도가 낮음에도 오래도록 술을 보관할 수 있다고 함. 파스퇴르의 저온살균법보다 약 250년 전의 기록임.

③ 향료(香醪) : 밑술과 덧술용 쌀을 3일간 침지하는 전형적인 향료 레시피.

④ 점주(粘酒) : 논문 저자는 '백미로 만든 건병을 삶아 누룩과 함께 4개월 재워' 빚는다는 알 수 없는 번역을 함.

⑤ 도인주 : <산가요록> 등 여타의 문헌에서는 부의주인데, 류성룡은 이 양조법을 도인주라 한다. 착오일 수도 있지만, 그의 양조법에 대한 이해 정도를 나타내는 것으로 볼 수 있음. 이는 다른 술 관련 기록에서도 나타남.

⑥ 백자주 : 잣을 넣고 빚은 술임.

⑦ 서청법(黍淸法) : 秋牟蘖 先備乾 正置之 粘黍米一升細末 水三瓶 米三升則水一瓶烹熟 又麥蘖作細末 以篩下二升 米三升 蘖七升 眞麴末一升 冷曲末三合 水一瓶 米三升水一瓶 浸之. 이 양조법은 별로 언급이 안되는 듯함. 아주 특이함.

⑧ 조주법 : 누룩 법제법과 술독 관리법 그리고 술빚을 때 금기를 적고 있음(造忌染人, 爲孕婦月經, 喪人, 僧人. 凡此類勿近).

⑨ 치악주방 : 측백나무 열매를 이용하여 나쁜 술을 고치는 방법을 기록.

⑩ 성주방(醒酒方) : 갈근과 생강을 이용하여 술에 취하지 않는 방법을 기록.

• 관련 논문

*노승석(2023), <경자년(庚子年) 대통력(大統曆)>에 관한 고증 연구 : 비망 기록을 중심으로, 헤리티지 : 역사와 과학 56(2), 국립문화재연구원.

・관련 글

*김재형이 자신의 블로그(한국술문헌연구소)에 쓴 관련 글.
https://blog.naver.com/korean-sool/223005033667

노승석 논문 초록

최근 조선 선조 때 유성룡의 『경자년 대통력』(1600)이 국외 소재 문화재재단에 의해 일본에서 국내로 환수되었고, 이 책의 여백에 초서로 작성된 비망기록 4천여 자를 노승석이 해독하였다. 이는 203일 간의 대부분 새로운 내용들로서 그 당시 유성룡의 생활과 교유 양상을 이해하는 데 중요한 것이다. 각 날짜별 날씨와 하루 일과, 당시 인물, 질병과 한약 처방등이 적혀 있다. 특히 표지에 적힌 83자의 이순신의 전사 기록에는 당시의 상황이 상세하게 담겨 있다.

이순신이 전사한 후 1년여 기간이 지난 뒤에 그 전사 내용을 적은 것은 선조의 전교를 받아 이순신의 공적을 현창하려는 조정의 여론에 부응하여 그의 전공을 오랫동안 되새기기 위해 적은 것으로 추측된다. 이 기록은 두 가지로 정리된다. 첫째, 이순신이 고금도에서 유성룡의 파직 소식을 듣고 탄식하고 왜교성 전투 이후 항상 배안에서 맑은 물을 떠놓고다짐한 것 둘째, 노량해전에서 부장들이 간언하여 만류함에도 끝내 부하들의 말을 듣지 않고 직접 나가 전쟁을 독려하다가 날아온 탄환을 맞고 전사한 것이다. 이는 오직 결사적인 각오로 싸우다가 전사했다는 의미로 작성되어 전사설에 중요한 근거가 된다.

그 외 세간에 알려지지 않은 술을 만드는 법 9건과 기타 방법 1건이 있는데, 당시 유행한 양주법과 새롭게 고안한 것으로 보인다. 또한 『동의보감』 저자인 허준이 유성룡에게 약품을 소개했다는 내용이 있고, 그외 빈민을 구제하고 집안의 제사에 참석하지 못한 경우를 주서(朱書)로 표기하였다. 일본에 잡혀간 강항(姜沆)의 귀환 소식과 귀갑선도(龜甲船圖)를 선조에게 올린 이덕홍(李德弘)의 아들 내용도 있다.

요컨대 『경자년 대통력』은 현존하는 문헌에 없는 새로운 사실들을 다수 담고 있어서 유성룡과 관계된 인물 연구는 물론, 그 당시 시대 상황을 실증적으로 고증 연구하는 데 중요한 사료가 될 것이다. 특히 이순신의 전사 기록을 통해 항간에 잘못 알려진 자살설을 바로 잡고, 허준이 유성룡에게 의학 정보를 제공했다는 새로운 사실을 밝힌 점은 이번 연구의 큰 성과라고 할 수 있다. 이 점에서 이 책은 앞으로 조선 선조 때의 유성룡과 관계된 역사와 인물을 연구하는 데 시금석이 될 것이다.

12. 반찬등속

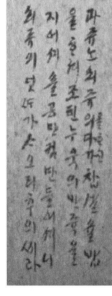

과주

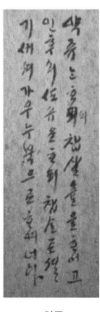

약주

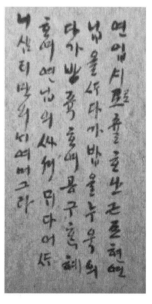

연잎주

- 국립청주박물관 소장(2019년 7월 5일 충청북도 유형문화재 제381호로 지정).
- 한글 필사본(1913년).
- 크기는 19.3×20.5cm, 가는 붓으로 필사.

- 총 30장(60면), 면당 세로로 9행 내지 12행, 글자수는 10~14자.
- 책의 뒤표지에 **청주서강내일상신리(淸州西江內壹上新里)**라 적혀 있음. 책 중, 친정아버지에게 보내는 편지 등을 연구하여, 흥덕구 상신동의 진주 강씨 집안의 며느리 저술로 추정함. 이후 지역 조사 등을 거쳐 19세기 후반, 강귀흠(1835~1897)의 부인 밀양 손씨(1841~1909)가 자신의 요리법을 며느리에게 전하기 위해 쓰고, 1913년 손자 강규형(1893~1962)이 새로 정서하여 최종 완성한 것으로 확인.
- 적어도 다른 시기에 2명이 기록한 것으로도 추정.
- 청주의 음식문화를 연구하는 데 귀중한 자료.
- 겉표지 왼쪽에 '반춘ᄒᆞᄂᆞᆫ등속'이라 적혀 있고, 한자로 '찬선선책(饌饍繕冊)'이라 씌여짐. '반춘ᄒᆞᄂᆞᆫ등속'에서 등속(等屬)은 '나열한 사물과 같은 종류의 것들을 몰아서 이르는 말'(국어사전)이므로 여러가지 반찬(포괄적으로 음식)을 만드는 방법이라 할 수 있고, '찬선선책(饌饍繕冊)'이란 반찬을 포함한 모든 음식책이란 의미. 오른쪽에는 '문자책(文字冊)'이라 적혀 있어 이 책에는 음식과 문자, 두가지 내용이 수록됨을 알 수 있음.
- '찬선선책(饌饍繕冊)'과 '문자책(文字冊)'으로 나누어져 있음을 볼 때 두 부분을 쓴 시기가 다른 것으로 보임.
- 표지 제목은 '반춘ᄒᆞᄂᆞᆫ등속', 책 첫부분에 적힌 제목(권수제)은 '반춘등속'.
- 책 표지에 필사기 : '계축 납월 이십사일'(1913년 12월 24일).
- 음식 총 46종 수록(이중 술은 3종 : 과주, 약주, 연잎술).

- **관련 도서**
  *청주시 편(2013), <반찬등속>, 청주시(비매품).
- **관련 논문**
  *권선영(2010), <반찬등속>의 식재료 사용을 중심으로 본 1910년대 청주지역의 식문화, 한국식생활문화학회지 25(4).
  *김의환(2013), <반찬등속>의 역사, 문화 연구와 앞으로 연구과제, 중원문화논총 21권.
  *박경래(2016), <반찬등속>에 나타난 식재료와 음식 어휘, 언어학연구 46호.
  *박경래(2020), <반찬등속>에 나타난 한자표기 음식 어휘와 생활 어휘, 언어학연구 54(54).

13. 방서 方書

*이성우, <한국식경대전>, 134p.에 간단히 언급됨.
*이성우, <한국고식문헌집성> 4권, 1352p.에 언급됨.

- 성암고서박물관 조병순 소장. 조병순이 사망한 뒤 소장처를 정확히 알 수 없음. 상속자가 관리하는 것으로 추정. 고조리서인 <학음잡록>도 같은 상황.
- 신석근(辛碩根)이 1867년에 쓴 한문 필사본. 흔히 방서(方書)는 처방서(약방문)나 신묘한 술법을 기술한 책을 가리킴.
- 4절(折) 1첩(帖), 크기는 17.8×10.8cm, 닥종이 배접 한문으로 필사한 문서.
- 염색법, 장, 고추장, 배추김치, 造醋法(식초 만드는 법), 조주법(造酒法, 술 만드는 법)이 적혀 있음.
- 필사자인 신석근에 대해서는 알려진 바가 전혀 없음.

> **<방서>의 조주법(술 빚는 법)에 대한 의견 : 후수법**
> <방서>에 기록된 술 빚는 법은 고두밥을 찐 뒤, 물을 넣지 않고 누룩을 섞어 빚은 뒤, 5~6일 지나 탕수를 식혀 후수하는 술빚기다. 고조리서의 후수법은 2종류가 있지만, 이같은 반고체 발효법에 의한 후수법은, 전형적으로 온대 남부지방의 술빚기다. 소동파가 중국 해남에서 빚은 '동파주경'의 술빚기와 유사하고, 해남 진양주와 전남 정걸장군 종가댁 백세주에서도 보인다. 고조리서에서는 <음식보>(나주)의 진향주, <하심당가 음식법>(담양)의 청명주 등에서 보이는데, 이같은 술을 빚었던 지역은 온대 남부지역이라는 공통점을 가진다.

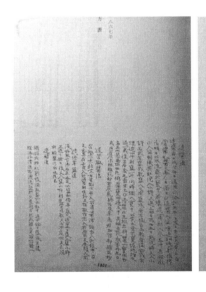
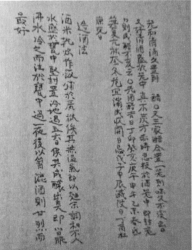

14. 보감록 寶鑑錄

- 백두현 소장.
- <규합총서>의 이본 중 하나.
- 필사자 미상의 1927년(추정)의 한글조리서.
- 필사기 : 졍묘졍월십구일등셔 각방셔등녹긔(정묘년은 1867년과 1927년인데, 글과 <규합총서>와 내용적 유사성을 고려하면 1927년이 맞을 듯).
- 양조법 9항 13종, 조주길일 등 기타 2종 : 구기주, 과하주, 과하주 본법 외, 감향주, 우일 감향주, 삼일주, 송절주, 송순주, 송순주, 오가피주법, 두견주, 도화주.
- 백두현은 승부리안 관련 논문에서 <보감록>과 유사한 점이 많다고 함.
- <보감록>과 <규합총서>는 일부 내용이 정확히 일치함. <보감록>은 <규합총서>를 보고 필사·유전되며 일부 내용이 선택과 추가되는 과정을 거친 것으로 보임.

<보감록>	<규합총서>
슐 못 빗는 날은 무즈 갑진일 멸울일 슈흔일 뎡유일은 두강이 죽은 날이니 두강은 옛젹 슐 잘 빗는 〻람이라 긔ᄒᆞᄂᆞ 고로 핑조 빅긔일의 유불회직이니라. 무릇 술을 비즈미 물을 힐지니 물이 사오나오면 슐이 역 아람답지 아니ᄒᆞ니라 쳥명일 곡우일의 강물노 술을 비즈면 빗과 마시 즈별이 아룹다오니 이ᄂᆞ 씨 긔운을 밧기 그러ᄒᆞ니 ᄀᆞ을 이슐이 셩히 ᄂᆞ릴 젹 그릇슬 노하 바다 슐을 비즈면 일흠이 츄ᄂᆞ빅이니 마시 향얼ᄒᆞ기 즈별ᄒᆞ니라	슐 못 빗는 날 무즈 갑진일 멸믈일 슈흔일 뎡유일은 두강이 죽은 날이니 두강은 녯젹 슐 잘 먹던 〻룸이니라 긔흔는 고로 핑죠 빅긔일의 유불회직이니라 므릇 슐을 비즈미 믈을 굴힐디니 믈이 〻오나오면 술이 역 아룹답지 아니ᄒᆞ니라 쳥명일 곡우일의 강믈노 슐을 비지면 빗과 마시 즈별이 아룹다오니 이는 씨 긔운을 밧기 그러ᄒᆞ니 ᄀᆞ을의 이슬이 셩히 ᄂᆞ릴 젹의 그릇슬 노햐 바다 슐을 비즈면 일홈이 츄노빅이니 마시 향녈ᄒᆞ미 즈별ᄒᆞ니라
슐 빗는 길일 뎡묘 경오 게('계미癸未'의 오기로 보임) 갑오 을미 츈져 하항 츄규 동위 칙녁의 이십팔 슈	슐 빗는 길일 뎡묘 경오 계미 갑오 을미 츈져 하항 츄규 동위【칙녁의 이십팔 슈】 만셩긔일【칙녁의 건제만평】을 진허 보라

48

15. 보덕공 비망록 輔德公備忘錄

- 고령 도진 마을 박돈헌 소장.
- 18.5×26.7cm.
- 64장(128면)으로 중간에 낙장이 여럿.
- 소장자 박돈헌이 복사본을 만들어 배포하면서 앞표지에 <보덕공비망록(輔德公備忘錄)>이란 서명을 붙임. <보덕공 비망록>은 박광선(1569~1631)의 저술. 박광선은 고령 출신으로 왕세자의 교육을 담당했던 세자시강원의 보덕(輔德, 세자시강원에서 세자를 가르치던 관직임).
- 한글과 한문을 함께 사용한 필사본 1책(본문은 대부분 한문이고, 사이에 한글 문장이 섞여 있음).
- 필사연대는 1605년~1623년으로 추정.
- 음식, 의약, 생활 등과 관련한 다양한 내용이 기록됨.
- 양조법 4종 : 백하주, 삼해주, 소합주(한문), 점감주.

- **관련 논문**
*배은혜·안미애(2022), 박광선의 친필본 <보덕공 비망록> 한글자료 연구, 언어과학연구 100.
file:///C:/Users/LSH/OneDrive/%EB%AC%B8%EC%84%9C/Downloads/KCI_FI002831876.pdf
- **관련 글**
*김재형이 자신의 블로그(한국술문헌연구소)에 쓴 관련 글.
 https://blog.naver.com/korean-sool/223002786293

<보덕공 비망록> 한글 자료의 방문과 어휘류 구분

주방문	1. 백하주법 서울방문(百霞酒法, 24면) 3. 삼해주양법(三亥酒釀法, 61면)	2. 소합주법(蘇合酒法, 59면) 4. 점감주법(粘甘酒法, 82면)
음식방문	1. 좋은 청수와 묵은 누룩(21면) 3. 신술환 제조법(神術丸劑法, 60면) 5. 우무와 오미자 또는 석류(69면) 7. 개고기 짓는 법(85면) 9. 증계법(蒸鷄法, 97면) 11. 메밀 김치(127면)	2. 육일 침장법(六日沈醬法, 34면) 4. 어만두법(69면) 6. 동아 적 꽂이(69면) 8. 닭채(85면) 10. 붕어찜법(鮒魚蒸法, 97면)
병·치료 방문	1. 후주증 치료(後主證, 5면) 3. 목에 걸린 물고기 가시 치료(16면) 5. 산증 치료(産症 혹은 疝症, 35면) 7. 복중 종기 치료(腹中 腫氣, 36면) 9. 음창 치료(陰瘡, 82면)	2. 목에 걸린 꿩뼈 치료(16면) 4. 냉기 치료(16면) 6. 두꺼비로 약 만드는 법(36면) 8. 종기에 자귀나무 처방(瘡疹方, 37면)
고유명사: 지명·인명	1. 희여고개(晉陽, 27면) 3. 덩우리(加應蔚里, 30면)	2. 멀방산(案山, 63면)
보통명사: 동·식물명	1. 목욕에 필요한 식물(沐浴法, 34면) 3. 너삼(大麻子, 51면) 5. 지네(烏公, 82면)	2. 댑싸리(42면) 4. 역병에 웃드랏 뿌리(56면) 6. 잇비(馬繩勒, 33면)

*출처 : 배은혜·안미애(2022)

보론▪ 고령박씨 소윤공파의 <보덕공 비망록>을 생각한다

고령박씨 소윤공파는 고령군 우곡면 도진리에 세거했다. 재지사족으로 경상도의 걸출한 사상가인 퇴계 이황(1501~1570)과 남명 조식(1501~1572)의 문인으로서 경상도 유림과 관계를 맺는다. 그중에서도 합천이 고향이었던 조식의 남명학파와 더 밀접했던 이들은, 남명학파의 영향으로 임진란 때 다수가 창의에 참여한다. 당연히 남명 조식의 수제자인 정인홍과의 관계도 깊었다.

박광선(1562~1631)은 박종주(1591~1623)와 박종윤(1594~1646)이라는 두 아들을 두었다. 이중 박종윤은 임진란 때 창의한 소윤공파의 장손인 박원갑의 아들로 입양된다. 두 아들은 1615년(광해군 7년) 식년시에서 나란히 문과 급제하는데, 이는 고령박씨 소윤공파의 첫번째 문과 급제였다. 형제가 함께 문과급제를 하고 3년 후, 1618년 두 아들의 이버지인 박광선도 증광시에 급제하니 아마 고령박씨로서는 가장 영광된 순간이었을 거다.

서울로 올라간 이들 3부자는 남명학파와 관계가 깊었던 탓에, 당시 이이첨과 남명의 수제자 정인홍의 대북정권 하에서 승승장구한다. 그러다 얼마되지 않아 1623년 인조반정이 일어나며 집안은 풍지박살이 난다. 큰아들인 박종주는 이이첨의 심복으로 지명되어 참형되고, 1631년 광해군 복립모의 사건으로 박광선과 박종주의 두 아들 등은 멀리 유리안치된다. 그리고 얼마되지 않아 박광선은 유배지에서 사망하며, 그나마 제명대로(?) 산 것은 둘째아들인 박종윤 밖에 없다.

박광선이 서울에서 생활한 것은 채 5년이 되지 않는다. 그동안 왕세자를 가르키는 보덕이라는 직위까지 이르는 것을 보면 상당히 능력을 인정받은 것으로 보인다. 그는 5년여 동안 그때그때 생각이나 들은 얘기를 지면의 여백에 한글이나 한자로 기록한다. 음식·의학·민간요법·술빚기 외에 생활기술, 건강법 등 여러 분야에 걸친 다양한 정보다. 이후 후손인 박취신(朴就新)이 필사 자료를 책으로 매는 과정에서 후손들이 쓴 글이 중간에 삽입되기도 하고, 앞뒤의 내용이 흐트러지기도 한 것으로 추정된다.

예를 들어 '백하주법 서울방문'이 그것인데, 이는 한글로 쓰여진 방문이다. 그런데 제책을 하는 과정에서인지 세월 탓인지 뒷장이 탈각되어 앞부분의 제법만이 설명되어 있다. "백하주법 서울 방문. 백미한 말을 여러 번 씻어서 가루 찧어 더운 물 세 병으로 풀을 쑤어"... 이것이 이 제법의 전부다. 그렇지만 이것만으로도 나머지 문장의 내용을 예상하는 것은 가능하다. 그런데 여기서 몇 가지 생각이 뒤따른다. 먼저 박광선은 일상적인 언어생활을 한문으로 했을텐데, 왜 한글로 주방문을 기록했을까? 다음은 왜 서울방문이라 했을까? 이를 그럴듯하게 추정하여 박광선의 생각을 읽는 것은 재미있는 일이다. 어쨌든 고령의 고향집에서는 백하주 레시피가 없었거나 다른 레시피가 있었다는 글로 보인다.

작성 이상훈

16. 봉상사 일년향수진배책 奉常司一年享需進排冊

*<태상지>에 대해서는 이성우(1981) 707p. 참조

• 장서각 소장.

• 작성시기 : 1897년.

• 27.6×17.9cm. 필사본(筆寫本) 1책(115장), 계선(界線), 반곽(半郭) 1면 10행, 20.3×13.9cm.

• '봉상시(사)'가 편찬한 책(봉상시는 국가 차원의 제사나 왕의 묘호(廟號)와 시호(諡號)의 제정 등을
맡아보던 기관으로 태상시(太常寺), 태상부(太常府), 전의시(典儀寺) 등으로 불림).

• 이 책은 봉상시(종묘·능·원·사 등)에서 1년 동안 거행하는 각종 제사의 물품 내역과 비용을 월별로
정리한 책.

• 봉상시의 연혁과 업무 내용 등을 수록한 책으로는 <태상지>가 있음. 조선시대에 두 차례 <태상지>가
출판됨(1766년, 1873년).

• '종묘춘향대제'(조선왕조 역대 왕과 왕비의 신주를 모시고 올리는 제례 의식) 중에 '紫霞酒每位一甁
式合二甁'(자하주는 위패 마다 1병씩 합 2병).

• 이처럼 종묘 삭제(朔祭, 초하루마다 지내는 제사), 종묘 망제(望祭, 보름날 아침에 지내는 제사),
종묘 춘향대제(18실, 7사2위, 14실), 경효전 삭제, 경효전 망제, 홍릉 삭제, 홍릉 망제 등 수많은
제사에 많은 량의 술이 사용됨. 이때 사용된 술은 자하주가 가장 많고 그 다음이 울금주와 기주.

• 자하주, 울금주, 기주의 제조법은 언급이 없음. <태상지>는 봉상시의 매뉴얼이므로 <태상지>에
적힌 양주, 예주, 울금주 등과 유사한 술로 볼 수 있음.

• <태상지>에 대해서는 이성우(1981) 707p. 참조.

•관련 논문
 *이현진(2014), 조선시대 奉常寺의 설치와 기능, 그 위상, 진단학보 122(122).
 *김동영(2022), 조선초기 봉상시의 업무와 관제 운영 실상 (조선초기 奉常寺의 업무와 官制 운영 실상), 한국사학보
88(88).

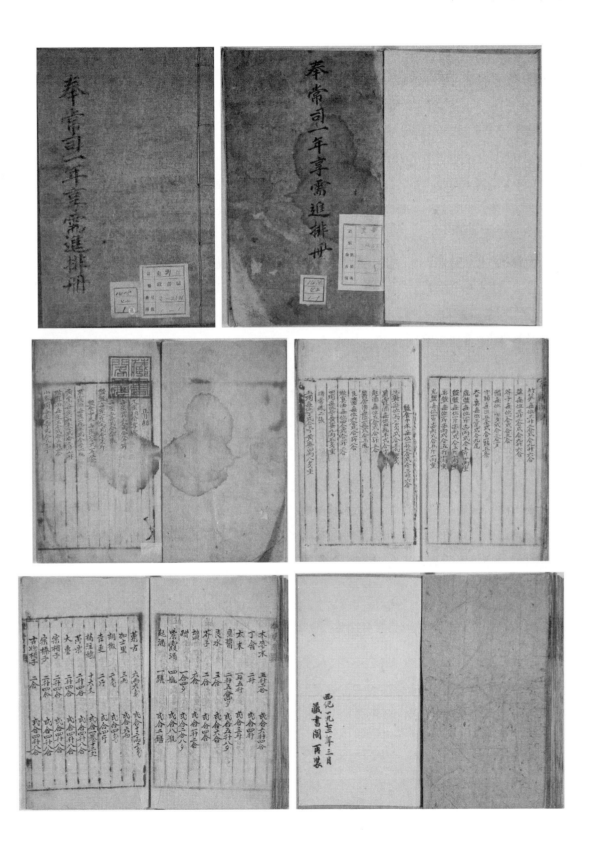

17. 봉접요람

• 충남 예산 한산 이씨 종가의 조리서.

• 목은 이색의 7대손인 이산보(1539~1594) 문중의 이병연(1671~1751, 토정 이지함의 조카)가 고조리서.

• 음식법 등으로 볼 때 19세기 중후반 문헌으로 추정.

• 40장(80면)의 한글조리서(18종의 술을 포함하여 126종의 음식 수록).

• **양조법 18종과 조국법 1종** : 두견주법, 삼칠주법, 과하주법, 보원주법, 유하주법, 송순주법, 절주법, 석탄향법, 경액춘법, 녹두누룩술법, 황금주법, 하향주법, 번주법, 소곡주법, 호산춘법, 삼일주법, 녹파주법, 진상주법.

• **봉접(捧接)**이란 받들고 섬기며 접대한다, 즉 봉제사와 접빈객을 의미.

• 혼례 후 신행 때 대접하는 접대음식과 야참을 비롯해 아침과 저녁 반상차림, 제사 등 의례음식, 잔치 큰상차림, 절기별 시절음식 등 기록.

• 접대와 제사를 통해 오랫동안 체득한 음식을 수록.

• "이 책을 정신 캄캄하여 정신없이 써서 빠진 것이 많다."

• 음식 조리법만의 기록이 아니라, 자신의 생각도 일부 기록.

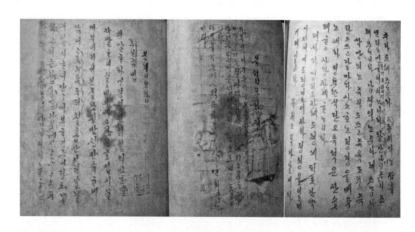

• **관련 도서**

*한복려·이소영(2021), 『봉접요람』, 선일당.

• **관련 논문**

*한복려 등(2017), 한글 종가 조리서로 추측되는 「봉접요람」의 의미와 내용, 한국식생활문화학회지 32(6).

*최배영(2023), 1800년대 반가의 혼행 음식 및 관련 공예품 연구 —『증보사례편람』과 『봉접요람』을 중심으로, 차문화학 59.

• **관련 글**

*김재형이 자신의 블로그(한국술문헌연구소)에 쓴 관련 글.

https://blog.naver.com/korean-sool/222516286967

https://blog.naver.com/korean-sool/222516288677

https://blog.naver.com/korean-sool/222516290605

18. 부인필지

*이성우(1981), <한국식경대전>, 향문사, 71p. 참조.

• 연활자본(1908년)은 연세대와 고려대 소장, 필사본은 규장각본과 개인소장본(1915년) 등이 있음.
규장각본에는 양조법이 없음.

연세대학교에서 소장하고 있는 『부인필지』는 "대한요리와 재봉의 필요흔 법"이라는 부제가 달려 있다. 표지에는
'융희 2년(1908년) 5월 우문관 신간'이라고 적혀 있어 1908년 초판이 출간되었음을 확인할 수 있다. 판권
서지사항을 참고할 때 발행소와 인쇄소는 우문관, 분매소는 광학서포, 대동서시, 중앙서관, 고금서해관, 회동서
관, 박학서포, 광동서국, 신구서림이며, 가격은 20전(錢)이다.
*출처 : 라연재(2018).

• <부인필지>를 <규합총서>의 이본으로 볼 수도 있고, 전혀 다른 책으로 볼 수도 있음.
• 명신여학교(현 숙명여고) 교사 이숙에 의해 연활자로 출판.

저자 이숙 관련
• 명신여학교 교사 이숙(李淑, ?~?).
• 명신여학교는 숙명여중·고등학교의 전신.
• 1906년 순헌황귀비에 의해 개교한 명신여학교의 최초의 한국인 여교사(한문).
• 개교 두 달 후인 1906년 7월부터 학교에서 한문을 담당하여 가르치다가 1908년 남자 교사가 부임
하자 그 후에는 재봉을 가르침.
• 40을 넘어 여학교에 부임.
• 전주 이씨 임영군파 후손으로 증조부가 참판을 지냈고, 청빈한 양반의 집안에서 무남독녀로 자란 한
학에 능한 여성. 독실한 불교신자로 학교 근처의 각황사(覺皇寺)에 자주 다님. 10년 가까이 봉직하면서
1914년경 사임.

• 출판하면서 <규합총서>에 없는 '동치미국에국수를 넣고' 등을 추가하기도 하고, 일부는 생략함.
• 연활자본 <부인필지>를 저본으로 필사한 <부인필지>(1915년), 술방문(고려대 신암문고본) 등이
있음. 이중 '규장각' 소장의 <부인필지>는 필사본으로 판본보다 장수가 적고, 약주 부분이 생략됨.
모든 필사본 <부인필지>가 같은 제목임에도 같은 내용이 아니고, 양조법도 꼭 실려 있는 것은 아님.
• **양조법 12종, 잡록 등 기타 2종** : 구기주법, 도화주법, 연엽주법, 와송주법, 국화주법, 두견주법,
소국주법, 과하주법, 감향주법, 일일주법, 삼일주법, 송절주법.

· 관련 서적
*이효지 등(2010), <부인필지>, 교문사.
· 관련 논문
*이효지·차경희(1996), 보문 /「부인필지」의 조리과학적 고찰, 한국식생활문화학회 11(3).
*라연재(2018), 근대 요리책의 계통과 지식 전승 : 출판인쇄본『부인필지』,『조선요리제법』,『조선무쌍신식요리제법』을 중심으로, 국립민속박물관.
*이효지(1996), 부인필지(夫人必知), 한국생활과학연구 14.
*이 외에도 연구논문이 너무 많아 생략함.

도화주 양조법 : 상호 문헌의 유사성

산림경제 치선	임원경제지 정조지	규합총서	부인필지	『조선요리제법』 초판
桃花酒. 元月. 將精鑿粳米二斗五升. 百洗作末. 活水二斗五升湯沸. 和均候冷. 調麯末眞末各一升 入瓮. 待桃花盛開. 復以粳米粘米各三斗. 百洗經宿合蒸. 活水六斗湯沸. 候冷均調. 又待飯冷. 取桃花二升. 先納瓮底. 並前釀和入. 以桃花二三枝揷其中. 待熟上槽. 本方雖如此. 初釀減水五升. 合釀亦減三四升. 味尤佳. 常置寒冷處待熟. 上同(攷事)	元月, 將精鑿粳米二斗五升, 百洗作末, 活水二斗五升, 湯沸和勻, 候冷, 調麯末真麵各一升, 入瓮. 待桃花盛開, 復以粳米糯米各三斗, 洗浸經宿, 合烝, 活水六斗, 湯沸候冷, 均調, 又待飯冷, 取桃花二升, 先納瓮底, 并前釀和入桃花二三枝揷其中, 待熟上槽. 一云 : 初釀減水五升, 合釀減三四升, 味尤佳. 常置寒冷處待熟 《聞見方》	졍월의 됴흔 쌀 두 말 닷되룰 빅셰 작말ᄒ고 물 두말 닷 되룰 ᄯ흘혀, 기야 어름갓치 ᄎ거든 됴흔 누록ᄀ로 ᄒ되, 진말 ᄒ되 섯거 항의 너허 두엇다가 도화가셩히 픠거든 쌀과 춥쌀 각 셔말을 빅셰ᄒ야 밤 재와 합ᄒ야 ᄶ고, 물 뉵두룰 ᄯ흘혀 밥과 ᄒ가지로 치와 도화 두되룰 몬져 독 밋히 너코 몬져 ᄒ 술밋치 밥을 버무려 너흔 후 도화가지 셔너흘 그 가운디 너허ᄡ라. 본방이 이러ᄒ나, 젹게 ᄒ랴면 이 방문을 가지고 쌀과 누록과 물을 헤아려 ᄒ고, ᄎ ᄃ 두어 닉히라.	졍월에 빅미 두 말 닷 되룰 졍히 씨셔 작말ᄒ고 물 두말 닷 되룰 ᄯ흘혀 기야 어름 갓치 ᄎ게 ᄒ야 조흔 누록 ᄒ 되룰 엿 말 ᄒ 되 셕거 항아이에 너허 어두엇다가 도화 픠거든 빅미와 졈미 찹쌀 각 슴두룰 졍히 씨셔 합ᄒ야 ᄶ고 물 엿 말을 ᄯ흘혀 밥과 물이 다 식은 후 몬져 민든 슐 밋에 버무러 도화 두 되룰 몬져 독 밋에 넛코 버무린 것을 다 넛코 도화 셔 너 가지룰 그 가운디 너어 닉히ᄂᆞ니라 본방이 이러ᄒ니 젹게 ᄒ랴면 등분ᄒ야 ᄒ 지니라 디져 빅미ᄂᆞ 메쌀이요 졈미ᄂᆞ 찹쌀이요 물 ᄒ되ᄂᆞ ᄒ 사발이라 ᄒ니라	ᄯ흘여 밥과 물이 다 식은 후 몬져 민든 슐 밋에 버무러 도화 두 되룰 몬져 독 밋에 넛코 버무린 것을 다 넛코 도화 셔 너 가지룰 그 가운디 너어 닉히ᄂᆞ니라 본방이 이러ᄒ니 젹게 ᄒ 랴면 등분ᄒ야 ᄒ 지니라 다져 빅미ᄂᆞ 메쌀이요 졈미ᄂᆞ 찹쌀이요 물 ᄒ 되ᄂᆞ ᄒ 사발이라 ᄒ니라 다 넛코 도화 셔너가 디룰 그가온디 너어 익히ᄂᆞ니라 본방이 이러ᄒ나 젹 게ᄒ랴면 등분ᄒ야 ᄒᆯ지니라 대져 빅미ᄂᆞ 메쌀이오 졉미는 찹쌀이오 물ᄒ되ᄂᆞ ᄒ사발이라

*출처 : 라연재(2018), 58~59p.
*도화주에서 보듯, 조리서 사이에 상호 관련성을 찾을 수 있다.
*<임원경제지>를 쓴 서유구는 <(증보)산림경제>를 많이 인용하고 있고, <규합총서>를 쓴 빙허각 이씨는 서유구의 형수이기 때문에 상호 유사성이 큰 것임.
*<조선요리제법> 초판(1917년)과 재판(1918년)에 실린 대부분의 술빚기는 <규합총서>와 내용이 유사하다.

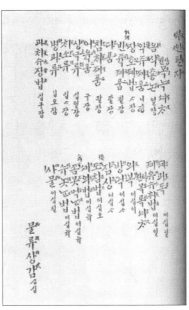

*서울대 규장각 소장의 <부인필지>와 1908년 6월 16일 황성신문에 실린 <부인필지> 광고
(책 광고가 거꾸로 실린 것이 특이하고 유명하다).

19. 사전사례편고 祀典事例便考

• 장서각 소장.

• 1799년 예조(禮曹) 편(編)(1795년 정조의 명에 의해 예조에서 편찬하여 1799년 출판).

• 필사본 1책(정서된 책), 선장, 반곽(半郭) 24.3×17.2㎝.

• 표지 서명은 <사전사례편고(祀典事例便考)>.

• 총 106면(105면에 내용 기재), 1면당 10행 22자. 25개 항목으로 구성.

• 맨 앞에 목록이 있는 것에서, 초고본을 만든 뒤 잘 정리된 책임을 알수 있음.

• 조선 왕실이 행하는 각종 제사의 규범이나 규정을 기록(제수품의 내용을 종합하여 기록한 책으로 각종 제례에 관한 사례 수록).

• 각 릉·원·묘·전·궁·묘의 원제·기신제(忌辰祭, 죽은 사람의 기일에 지내는 제사) 때의 제물 감봉 일수 및 각 제향의 신위의 숫자, 철따라 새로 난 과실 곡식을 신위에 올리는 횟수 등에 대하여 자세히 적혀 있고 제수를 진설하는 상차림의 그림이 있음.

• 이 중 '양주식(釀酒式)'에 양조법 3종(양주, 청주, 자주)과 기타(일년각처원 제향봉진주도수 一年各處元 祭享封進酒都數) 1종이 수록됨.

• 관련 글
*김재형이 자신의 블로그(한국술문헌연구소)에 쓴 관련 글.
https://blog.naver.com/korean-sool/222806987290

釀酒式
每一本以中米六斗交粘米一斗六升洗春作末蒸餠和麯屑一斗二合中米一斗麯一升七合式納瓮醅熟後又以米十六斗淨洗蒸飯和麯屑三斗二升米一斗麯二升式拌句於酒本分納二瓮密封瓮口以亂藁積擁掘地深尺許而置瓮其中至六七日成熟夏月則以井水洗飯極淨置瓮地上醅釀如法至五六日成熟後上槽倒淸進供

淸酒一瓶半入中米一斗作本米一升交粘米一升麯末一升七合準折

一年各處元 祭享封進酒都數二千七百八十九瓶
入中米一千八百五十九斗三升作一百二十三石十四斗三升作本米一百八十五斗九升三合作十二石五斗九升三合合中米一百三十六石五斗二升三合交粘米一百八十五斗九升三合作十■石五斗■升三合麯末三百十六斗六合作二十一石一斗六合每一圓所入六升五合式四百八十六圓一升六合

煮酒式
淸酒一瓶入黃蜜二錢胡椒二錢以酒瓶納於釜中橫木作架結淨中湯煮半日到淸進供封進瓶數在淸酒都數中

20. 산가요록

- (사)우리문화가꾸기회 소장.
- 2001년 청계천 8가 고서점 폐지 더미 속에서 발견했다는 설(?).
- 18.0×26.0cm, 31장, 무괘 백지, 한문 묵서.
- 양잠 등 28면, 식품 47면, 염색 2면 등 모두 77면이다. 면당 12행, 행당 40자 내외.
- 조리 부분, 염색법 뒷부분에 책명과 지은이, 베낀이 기록이 있음.
- 1450년경, 세종·문종·단종·세조의 어의 전순의가 찬함.
- **산가** : 산림과 같은 의미.
- 총 229종의 음식법. 이중 식초 17종과 김치 38종 등 수록.
- 술 빚는 법과 관련하여 양조법 53항 62종, 조국법 2항 4종, 수주불손훼 등 기타 4항 등 총 70종 수록.

- **관련 도서**
  *허민영(2021), <산가요록(자연을 품은 깊은 맛)>, 백산출판사.
  *한복려(2011), <다시 보고 배우는 산가요록>, 궁중음식연구원.
  *한복려(2016), <음식고전(옛책에서 한국음식의 뿌리를 찾다)>, 현암사.
- **관련 논문**
  *한복려(2003), <산가요록>의 분석 고찰을 통해서 본 편찬 연대와 저자, 농업사연구 2(1).
  *김영진(2003), <농상집요>와 <산가요록>, 농업사연구 2(1).
  *한복록(2008), 고서탐구 : 우리나라 식생활사를 새롭게 쓰게 만든 전순의 산가요록. 한글한자문화 160.

- **<산가요록>에 나오는 도량형**(모든 것을 이 도량형으로 해석할 수 없음).

계량단위	량	유사표현
1동해(東海)	5鐥=10되(升)	동이, 盆
1병(瓶)	3鐥=6되(升)	
1선(鐥)	2되(升)	복자, 대야
1작(爵)	2잔(盞)=4홉(合)=0.4되(升)	
1잔(盞)	2홉(合)	

*二合爲一盞 二盞爲一爵 二升爲一鐥 三鐥爲一瓶 五鐥爲一東海

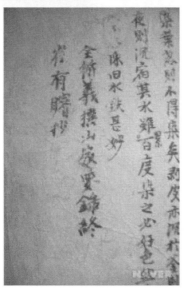

*전순의 찬(全循義 撰) 산가요록 종(山家要錄 終) 최유준 초(崔有濬 抄).

21. 산림경제보

*이성우(1981), <한국식경대전>, 향문사, 41p. 참조

• <산림경제> 필사본 중에서 임의로 내용을 보충한 책을 <산림경제보>라 하는데, 당시 이같은 책이 많았을 것으로 추정. 그렇지만 현재까지 남아 있는 <산림경제보>는 거의 없음. 이와 관련하여 몇 가지 <산림경제보>를 소개함.

① 고려대학교 도서관 신암문고본 <산림경제보>
• 영본(완전한 책이 아니고, 빠진 책이 있음) 4책. 22.9×17.7cm, 필사본.
• <산림경제>에 약간만을 보충한 책.

② <임원경제지> 속 <산림경제보>
• <임원경제지>와 <과농소초>에서는 인용서로 <산림경제보>를 언급함.
• 이렇게 인용된 <산림경제보>는 현존하지 않아서 찬자와 시대는 알 수 없음.
• <임원경제지> '정조지'에서 <산림경제보>를 인용했다는 양조법은 맥국속방, 백하주 2조, 삼해주법, 호산춘, 도로양방, 천금주, 과하주, 치다수주법 등. 이중 백하주 2조, 삼해주, 호산춘, 천금주, 과하주는 <산림경제>에도 있지만, 나머지 양조법인 맥국속방, 도로양방, 치다수주법은 기존 <산림경제>에 추가된 내용임. 이처럼 내용이 증보된 <산림경제보>가 있었음을 추론할 수 있음.

③ 개인소장본 <산림경제보>
• <산림경제>에 유실된 문헌인 <삼산방>의 기록이 추가된 책.
• 특히 양조법 분야에서는 유하주, 소국주 우방, 약산춘 우방, 경액춘, 동정춘, 봉래춘, 두강춘, 죽엽춘, 하향춘, 송복양, 인유향, 집성향, 벽매향, 석탄향, 죽엽청, 하삼청, 급수청, 소주, 송자주 등 20여 종 이상의 양조법이 추가됨.
• <임원경제지>에서 <삼산방>으로 인용하는 양조법과 일치. 단 <임원경제지>에서는 죽엽주(죽엽청이 아닌), 와송주(송복양이 아닌), 벽매주(벽매향이 아닌) 등으로 기록됨. 이를 통해 <삼산방>은 조리서일 가능성이 크고, 많은 양조법이 수록된 책으로 보임. 또 <삼상방>이 오랜시간에 걸쳐 필사, 유전되는 과정에서 내용적 차이가 생긴 듯.

<임원경제지>에서 문헌 출처를 <삼산방>으로 한 양조법(일부)	<산림경제보>에서 문헌 출처를 <삼산방>으로 기록한 양조법(일부)
죽엽주	죽엽청
와송주	송복양
벽매주	벽매향

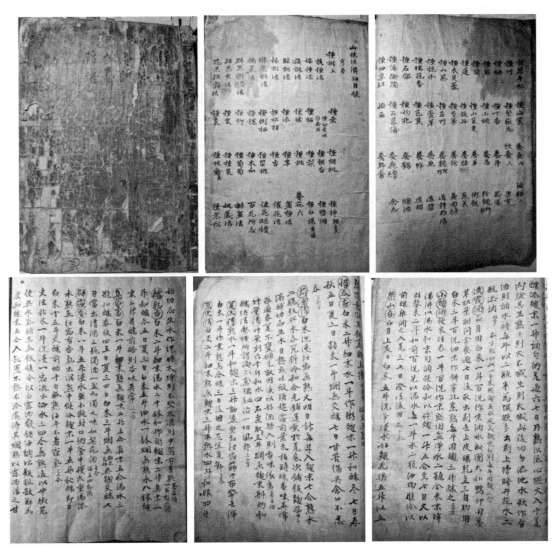

*개인소장본 <산림경제보>.
이 책은 <산림경제>에 일실문헌인 <삼산방>이 추가된 것이다.
이렇게 인용된 <삼산방>은 <임원경제지>에서 인용한 <삼산방>과 일치한다.

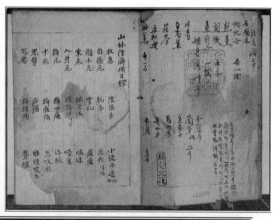

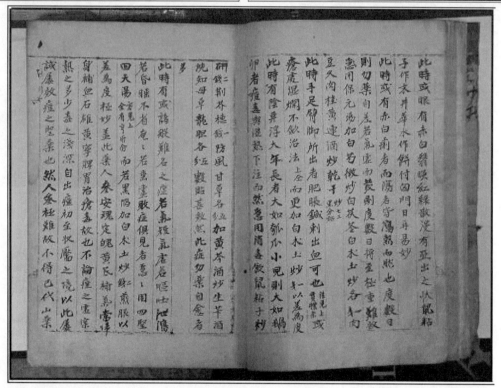

*고려대 신암문고본 <산림경제보>

22. 송남잡지

• 조재삼(1808~1866)이 쓴 백과사전적인 유서로 규장각 소장.

• 호 송남, 자 중기.

• 3종류의 책이 존재(임씨
본, 규장각본, 청주 프린트
본) : 임씨본이 초고본.

• 잡지(雜識) : <성호사
설>의 '사설'이나 <반계수
록>의 '수록'과 같은 의미
임. '수록'이란, 책을 읽다
가 생각이 미치면 수시로
기록했다는 의미고, '사설'

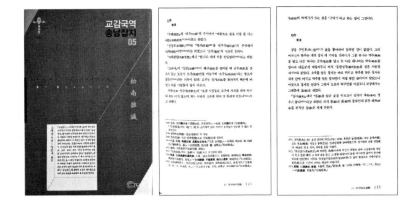

이란 세쇄(細碎: 매우 가늘고 작음)한 이야기, 쓸데없이 자질구레한 이야기란 의미로 많은 지식을 모아놓은 백과사전과 같은 책을 가리킴.

• 구체적인 술의 레시피가 아닌, 당대 술에 대한 안목을 이해할 수 있는 백과사전식의 언급(<성호사설>과 유사하게 술에 대해 설명).

• 일숙주, 소주, 약주, 탁주 등 수록.

• **관련 논문**

  *임형택(1986), <송남잡지> 해제, <송남잡식>, 아세아문화사.

  *임기중(1987), <송남잡지> 해제, <송남잡식>, 동서문화원.

  *강민구(2008), 조선후기 유서의 오류 양상 :『송남잡지』의 경우 (조선후기 類書의 오류 양상 :『松南雜識』의 경우) 한문학보, 우리한문학회 19권.

  • **관련 도서**

  *강민구 역(2008), 교감국역 <송남잡지> 6권, 소명출판.

약주(藥酒)

약봉 서성이 술을 좋아하여 특별히 거듭 빚은 술을 만들었기에 '약주'라고 불렀으니 약주는 약봉가에서 시작된 것으로 금으로 장식한 술독에 넣고 약을 섞는 술과는 다르다. 운서에서 "술밑을 매(酶)라고 한다"라고 하였는데, 밥을 더한 것을 '공림'이라 한다. 산곡 황정견의 시에, 회푸르게 둥둥 뜬 옥구더기 술잔 속에서 매끄러운데 정현의 범양론을 생각한다고 하였다. 진후주의 <망강남사>에서 "거르지않은 술의 향기로운 쌀 옥구더기 차다"라고 하였으니 지금 청주의 찌꺼기가 뜨는 것을 '구더기'라고 하는 말이 그것이다.

*출처 : 조재삼 지음, 강민구 엮음(2008), <교감국역 송남잡지>, 소명출판, 144p.

23. 수운잡방 需雲雜方

1) <수운잡방>

• 계암(김령) 종택 소장.

• 2021년 8월 24일 보물로 지정.

• 1책 2권(상, 하)의 한문 필사본. 상권은 행서, 하권은 초서.

• 19.5×25.5cm, 표지 포함 25장.

• 사주 계선 없음, 반엽 14향 1행 20자 내외.

• 상권은 김유(1481~1552)의 친필, 하권은 김유의 손자인 김령(1577~1641)의 친필로 추정(한국국학진흥원, 김형수), 김령은 김유의 셋째 아들인 설월당(雪月堂) 김부륜(金富倫, 1531~1598)의 아들(김령은 김유의 손자).

• 총 121개 항중 상편 86항, 하편 35항. 양조법 49항 63종, 이화국 등 조국법 2종, 식초류 6종, 채소 절임 및 침채류 14종, 장류 9종, 조과 및 당류 5종, 찬물류 6종, 탕류 6종, 두부 1종, 타락(우유) 1종, 면류 2종 등.

• 속표지 위쪽에는 '탁정공 유묵', 하편에는 '계암선조 유묵'이라 적힘.

• **'공'과 '선조'의 의미** : '공'은 방계를, '선조'는 직계를 의미.

• **수운(需雲)** : 주역에서 온 단어로 해석하기 쉽지 않은 단어. 그 의미는 '구름이 비가 되어 땅에 내리도록 성숙된 여건을 기다리면 크게 형통하다' 즉 '저절로 익어 떨어질 때까지 기다린다'는 의미. 의역하면 '하늘 위의 구름처럼 초연한 듯, 초월한 듯, 담백한 마음의 여유를 가지며, 천천히 음식을 즐기듯이 인생의 때를 기다려라'는 의미. 생존을 위해 먹는 음식을 넘어, 문화적 측면에서 음식을 바라봄. 즉 풍류.

• **잡방(雜方)** : 여러 가지 방법을 기록한 글.

2) 탁청정 김유

탁청정(濯淸亭)의 의미

• 주돈이의 애련설(愛蓮說)의 한 구절 : '出於泥而不染(출어니이불염). 濯淸漣而不妖(탁청련이불요)'. 즉 연꽃은 진흙에서 나왔지만 더럽혀지지 않고, 맑은 물에 씻겼으나 요염하지 않다는 의미(광산 김문 탁청정파 도록, 2018).

• '香遠益淸(향원익청) 亭亭淨植(정정정식)' 즉 향기는 멀어질수록 더욱 맑고, 우뚝한 모습으로 깨끗하게 서 있다.

• 김유가 살고자 한 기품 있는 모습을 형상화.

3) 계암 김령

• <계암일록>(김령이 38년간 쓴 일기)에는 인조반정 후 "돌아와서는 식음을 전폐하고 세수도 하지 않고 바지도 입지 않은 채 이불을 뒤집어쓰고 앉았다 누웠다 하기를 2~3년, 그 뒤 6~7년은 일체 문밖 출입도 하지 않았다"고 함.

• 19년동안 재야 생활.

• **관련 도서**

*김유, 김채식 역(2015), <수운잡방>, 글항아리.

*김유, 윤숙경 역(1998), <수운잡방·주찬>, 신광출판사.

*윤숙자 역(2020), <수운잡방>, 백산출판사.

*한복려·한복진·이소영(2016), <음식고전>, 현암사.

*이성원(2019), <수운잡방>, 민속원.

• **관련 논문**

*배영동(2014), 16~17세기 안동문화권 음식조리서의 등장 배경과 역사적 의의 ―『수운잡방』과 『음식디미방』의 사례, 남도민속연구 29(29).

*이숙인(2014), 현존하는 가장 오래된 요리책『수운잡방』, 국기기록원.

*백두현(2016), 수운잡방, 중층의 문화를 담은 조리서, 안동학연구 15권.

*김춘희(2016), 『수운잡방』의 음식철학 연구, 안동대 석사논문.

*윤숙경(1986), 수운잡방에 대한 소고, <안동문화> 7, 안동대학교 안동문화연구소.

*설월당의 장서인이 보인다.

24. 술방문 부인필지 이본

*이성우(1981), <한국식경대전>, 향문사, 59p.에 <규합총서>와 함께 설명.

- 고려대 도서관 소장(신암문고본).
- 표지 제목 <슐방문>, 내지 제목 <규합총서>.
- 한글 필사본 1책으로 빙허각 이씨의 <규합총서> '주사의'의 이본이지만, 내용은 <부인필지>를 보고 필사했을 가능성이 큼.
- 23.9×20.4cm, 무괘 10행 행당 15자 내외, 無界.
- 1책 93장(주사의와 봉임측 일부만 수록됨).
- <부인필지>와 내용이 유사. 1908년 이후 <부인필지>를 참조하여 필사했을 가능성. <규합총서>에는 없지만, <부인필지>에는 있는 '동치미국에 국수를 넣고'가 <슐방문>(고려대본)에는 들어 있기 때문.
- 필사 시기는 <부인필지> 이후로 추정(20세기).
- **양조법(9항 11종)** : 구기주, 오가피주 우일방, 화향입주방, 도화주, 송절주, 송순주 우일방, 두견주, 소국주, 과하주, 백화주, 감향주.

68

25. 술방문

*이성우(1981), <한국식경대전>, 378p. 참조

- 국립중앙도서관 소장.
- 필사본(의산古8882-1).
- 23장, 24.0×22.5cm.
- 권수제(책의 맨 앞쪽에 적힌 제목) : **술방문이라**.
- 책의 맨 뒤에 필사기 '**신유 원월 초칠일**'(신유는 1801년, 1861년).
- 고려대 신암문고본 <술방문>과 다른 책임 : 신암문고본은 <규합총서> 이본.
- **술 만드는 법 7종과 함께 안동지방 사투리**로 가사와 서간문이 붙어 있음.
- **양조법** : 송순주법이라, 백화주법이라, 향훈주방문이라, 진장주법이라, 석탄주법이라, 홍나주법이라, 두견주방문이라.

26. 술방문

• 완주 대한민국술테마박물관 소장(내용을 확인하지 못함).

• 권수제는 슐방문.

• 절첩본.

27. 승부리안 주방문

• 규장각 소장의 <승부리안> 이면지에 한글로 필사한 주방문.
• <승부리안>은 1812년과 1813년에 안동부에 소속된 향리의 원안에 들지 못한 정원 외의 향리들을 가리키는데, 이들의 이름과 직임 등을 한자로 기록한 문서. <승부리안 주방문>이란 서명은 <승부리안>의 이면지에 대부분 주방문이 실려 있어 백두현이 편의상 붙인 이름.
• 한글 필사본, 1첩의 절첩본(8절 16면).
• 41.4×20.0cm.
• 이 문서의 절목에 나오는 임신은 1812년, 계유는 1813년에 씌여진 것이므로 주방문은 1813년 이후에 기록된 것(19세기 전기의 기록).
• 향리인 중인층의 기록으로 볼 수 있음.

> **<승부리안>**
> 1812년 직전에 중앙정부는 이서의 정원을 감축하는 조치를 취했으며, 이에 따라 안동에는 이서의 정원을 130명만 안정하고, 그 나머지는 도태시켰다. 1812년에 정원에서 배제된 이서들은 감영에 청원하여 자신들의 성명을 따로 등재한 이안(吏案)인 <승부리안>을 만들어 <원안>에 빠지면 <승부리안>에 실린 순서대로 <원안>에 이름을 올려 이서에 진출할 수 있는 기회를 달라고 했다. 이에 감영에서는 <원안>과 <승부리안>을 따로 만들더라도 이임(吏任)은 두루 차정(差定, 업무를 맡김)하도록 허용한다고 결정하였다. 당시 <원안>에는 130명이 그리고 <승부리안>에는 134명이 올라 있어, 1812년 당시 안동에서 이서 자리를 맡고 있거니 맡을 자격을 가진 이들은 모두 264명에 이르는 셈이다. 한편 <승부리안>에 수록된 134명 중 이방이나 호장까지 승진한 사례는 없는데, 이것은 <승부리안>에 수록된 이들의 위상을 단적으로 보여준다.
> *출처 : 이훈상(2006).

• 양조법 12종과 조국법 1종, 별약과법, 동화정과법 수록(총 15종).
• **양조법** : 송순주방문, 삼일주방문, 과하주방문, 옥지춘법, 석탄향주법, 옥정주법, 혼돈주법, 오가피주방문, 소자주방문, 백수환동법, 구기자주법, 감향주법.

• **관련 논문**
*백두현·송지혜(2012), 19세기 초기 안동부(安東府)의『승부리안(陞付吏案) 주방문(酒方文)』연구, 영남학 22.
*백두현·송지혜(2012), 안동부(安東府) 향리 문서『승부리안(陞付吏案)의 주방문(酒方文)』주해, 어문론총 57.
*이훈상(2006), 조선후기 경상도 감영의 영방과 안동의 향리사회, 대동문화연구 55.
• **관련 서적**
*백두현(2021), 주방문 정일당잡지 주해(부록 : 승부리안 주방문), 글누림.

28. 식미방

- 안동시립민속박물관 소장(자료 확인을 하지 못하고 소장만 확인함).
- 22.0×23.0cm.
- 총 78종의 조리 가공법을 기술함. 이중 28종이 술에 대한 것.
- 귤정과, 인삼정과, 들죽정과, 연근정과 등 정과류 등의 조리법이 필사됨.

29. 양조법서 釀造法書

- 국립중앙도서관 소장.
- 국한문 혼용 필사본(중요 단어에는 한자를 함께 적음).
- 필사 시기 : 일제강점기로 추정.
- 표지를 새로 꾸미면서, 편의상 <양조법서(釀造法書)>라 칭함.
- 20.5×21.4cm.
- 수정과 보충한 부분이 많아 다른 문헌을 보고 베낀 것으로 추정.
- 중반의 '조곡법' 이후는 <증보산림경제> 양조 부분을 번역함.
- 양조법만이 아니라 뒷부분에는 식품 금기가 수록됨.
- 양조법 37항 59종, 조국법 5종, 구산주법 등 기타 11항 16종.
- **양조법** : 두견주, 삼합주, 일년주, 소국주, 송순주, 과하주, 보리소주법, 소주법, 소맥(밀) 소주법, 두견주, 소국주, 백화주, 오래 두면 변미 안난 법, 송순주, 조곡법, 조요곡법, 조녹곡법(녹두), 조미곡법, 조부법, 주부법, 백로주법, 삼해주, 도화주, 연엽주, 소곡주, 경면녹파주, 벽향주, 부의주, 지주법, 일일주, 삼일주, 과하주, 소주, 하향주, 이화주, 청감주, 하엽주, 포도주, 곡미주, 와송주, 백화주, 화향입주, 죽통주, 두강주, 수잡주방, 하월수중양주법, 약산춘법.

- **관련 글**
*김재형이 자신의 블로그(한국술문헌연구소)에 쓴 관련 글.
https://blog.naver.com/korean-sool/222658639260

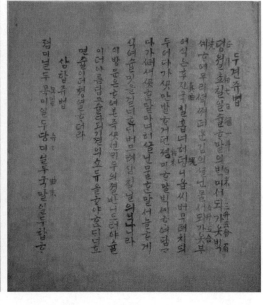

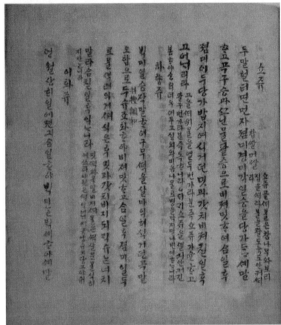

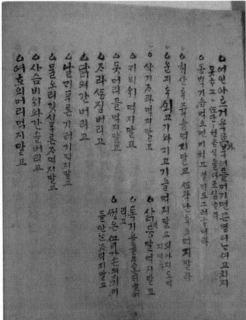

30. 양주방법 釀酒方法

- 전주 전통술박물관 소장.
- 저자 불명의 한글 필사본(절첩본 : 일정하게 접어서 만든 책).
- 10.0×13.5cm, 전체 길이 210cm.
- **양조법(13종)** : 삼해주, 호산춘, 세심주, 부의주, 과하주, 보름주, 백하주, 감주, 점주, 절주, 절세주, 육두주, 오승주.

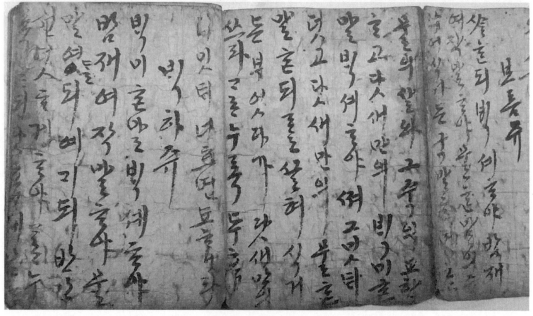

31. 양주법 남도향토음식박물관 소장본

- 남도향토음식박물관(광주광역시 북구시설관리공단) 소장.
- 저자 미상의 한글조리서.
- 화금주, 도화주, 벽향주 등 전통주 제조법 수록.
(실물 확인 필요)

32. 양주법 양두법

• 연민 이가원 소장본(현재 소장처는 확인하지 못함).

• '한국한의학연구원'에 소개된 적이 없는 <양주법>이라는 책이 있는 것으로 확인되는데, 이 책일 가능성이 있음.

• 이 책을 처음 소개한 전수연(1993)은 이 책의 제목을 '<양주방> 해제'라 함. 그렇지만 실제 권수제(책의 첫머리 제목)는 <양주법>임.

• 1837년경 전라도 문헌인 <양주방>과는 다른 책.

• 한글 필사본 1책.

• 총 22매, 반엽 12행.

• 작성 시기와 저자는 미상.

• 양조법 35항 42종, 조국법 1항 2종.

• 독특한 이름의 술이 5종(급용주, 노송주, 백점주, 속주, 유객주) 수록됨.

• 양조법에 술 빚는 량이 많이 언급됨(예 : 소국주 닷말 빚기, 소국주 네 말 빚기).

• 관련 논문
*전수연(1993), <양주방> 해제, 열상고전연구 6.

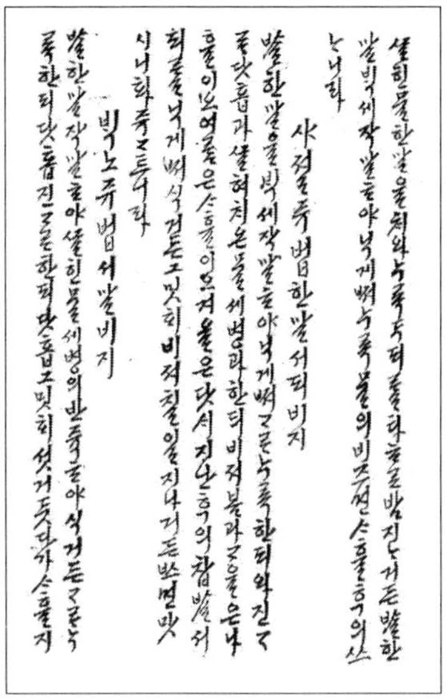

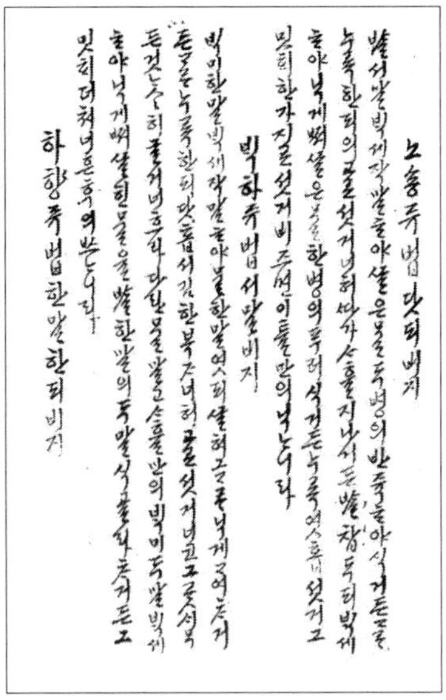

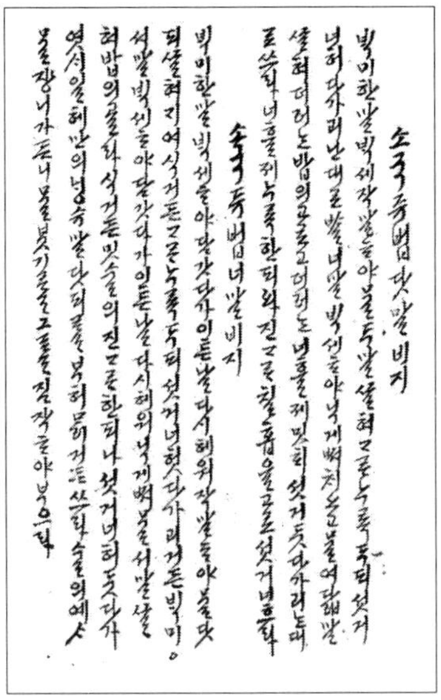

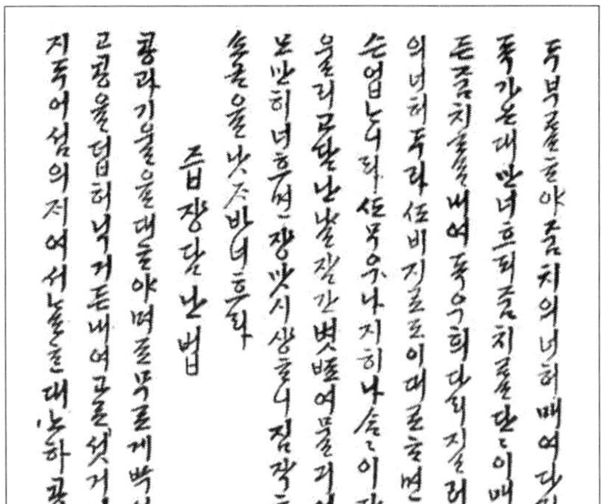

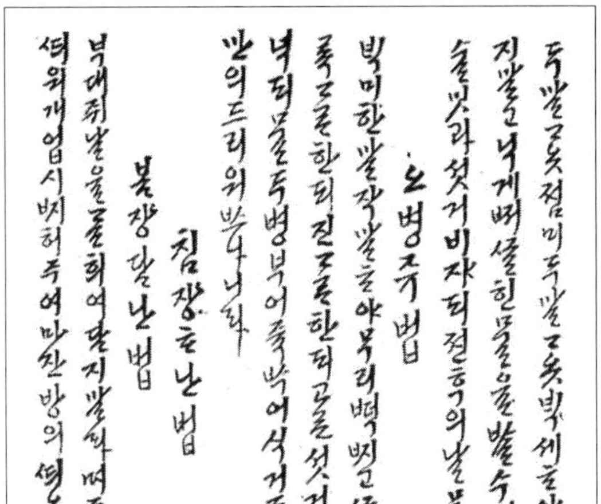

소고쥭법

하향쥭법

노동쥭법

빅두쥭법

송고쥭법

즙장 담난법

오병쥭법

침장 담난법

봉장 담난법

33. 양주집 釀酒集

- 이윤후(고서점 운영)가 2002년 박록담에 제공한 고조리서.
- 박록담 소장본.
- 표지 제목의 첫 자가 훼손되어 읽을 수 없었음(<○酒集>). 이를 <양주집>으로 해석함.
- 약 40종의 양조법 수록(탁주류 6종, 청부류 28종, 약주류 3종, 증류주 3종).
- 고두밥에 끓는 물을 부어 진밥으로 술을 빚는 경우가 많음.
- 양조법(33항 40종) : 감향주, 피모소주(皮牟燒酒), 우피모소주(又皮牟燒酒), 과하주, 녹파주, 점미녹파주(粘米綠波酒), 모미주(牟米酒), 우모미주(又牟米酒), 백오주(百五酒), 백일주(百日酒), 백자주(栢子酒), 우백자주(又栢子酒), 약백자주(藥栢子酒), 백화주(白花酒), 우백화주(又白花酒), 우백화주(又白花酒), 벽향주(碧香酒), 사시주(四時酒), 사오주(四午酒), 삼두주(三斗酒), 삼양주(三釀酒), 삼오주(三午酒), 삼일주(三日酒), 삼해주(三亥酒), 우삼해주(又三亥酒), 우삼해주(又三亥酒), 서향주(暑香酒), 소국주(小菊酒), 소주(燒酒), 오병주(五甁酒), 일두육병주(一斗六甁酒), 일일주(一日酒), 죽엽주(竹葉酒), 칠일주(七日酒), 하시절품주(夏時節品酒), 하시주(夏時酒), 하향주(霞香酒), 호도주(胡桃酒), 황금주(黃金酒).

· 관련 도서
*박록담 외 5인(2005), 양주집, 코리아쇼케이스.

34. 언문후생록

• 장서각 소장 : 1979년 7월, 고서수집가 안춘근이 3,499책을 한국정신문화연구원(현 한국학중앙연구원)에 매각하여 소장처가 장서각으로 변경.

• 붓으로 적은 한글 필사본 1책(일부 한자 병기).

• 총 40장(80면), 크기는 24.6×17.1cm.

• 권점이 표시되어 있음. 일부 주점도 보임.

• 표지 제목은 없고, 속표지(권수제)는 '諺文厚生錄(언문후생록)'이라 적힘(푸른색 볼펜). 볼펜 표제어 아래에 '1968. 8. 5 남애(南涯)' 표기됨. 남애는 안춘근(1926~1993)의 호.

• 19세기 후반에서 20세기 전반기의 자료로 추정.

• 책의 서두에 세책본(대여료를 받고 빌려주는 책) 소설의 목록을 3장(6면)에 걸쳐 기록(세책본 소설의 광고 목적인 듯). 세책 49종의 이름을 적은 뒤 요리법(36종, 22면), 염색법 등 생활지식을 기록한 책(64%가 음식 관련 내용).

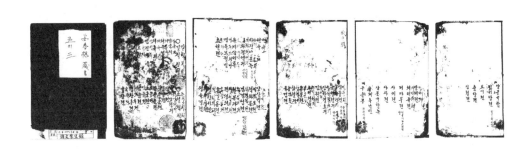

• 필사자가 남성일 가능성이 큼.

• 실생활에 도움이 되는 생활 정보를 종합적으로 수록.

• 술 만드는 법, 강정, 김치, 잔칫상, 기제사의 찬물식(饌物式), 진찬식(進饌式), 제물(祭物) 배설도(排設圖), 혼인예법, 염색법 등이 기록됨.

• 양조법 4항 5종, 기타(술이름을 적은 술총명) 1종.

• 양조법 : 소주, 일년주, 약주, 삼복의 약주, 칠일주, 그외 술 이름 술총명 기록.

• 관련 논문
*정명기(2005), 세책본 소설에 대한 새 자료의 성격 연구 : 『언문후생록』 소재 목록을 중심으로, 고소설 연구.
*오필애(2023), 「언문후생록」에 대한 국어학적 고찰 — 표기와 어휘 특징을 중심으로, 청계사학.

• 관련 도서
*주영하 외(2023), 조선요리 비법(주영하 외), 한국학중앙연구원 출판부.

安春根 藏書
五의三

○ 약쥬방문 藥酒方
빅미 샹슝으로 오숭...

○ 삼복약쥬방문 三伏藥酒方

○ 쇼쥬방문 燒酒方
빅미 일셕

참쑬 두 시울
밉가로 김되 죠일숭

○ 일연쥬방문 一年酒方

빅미 시오노오로숭
졈구록 일동
가로누록 집되료 일숭
참쑬 두 시울

○ 침일쥬방문 七日酒方

빅미 한말 빅셰ᄒᆞ여 물의 담가 흐로 한되 한되반 ...

든 쎠 뉘여 진말...

삼일후 빅ᄆᆡ 셔되 ...

참ᄭᆡ 지름ᄂᆞᄂᆞᆫ법
든 길음ᄂᆞᄂᆞᆫ법 法油法
참ᄭᆡ 한말의 기름ᄂᆞ 셔되 ...

들쎄 한말의 ...

슈면 김음 아말 고 그림이 업ᄂᆞ니라

○ 녹말법 菉末法

○ 녹두 할말의 녹말 셔되 나ᄂᆞ니라

빅면법 白糆法

모밀은 한말의 ...

赤豆 ... 菜豆 ...

餅
○ 빅미 한말의 가료 두말 되고 가 웃 드 ...

白米
○ 빅미 한말의 맛쳐되 고 ○ 녹두 난타 면 ...

○ 酒슌 홍명

燒酒 一伏子 소쥬 일션
濁酒 一缸 타쥬
藥酒 一瓶 약쥬
松笋酒 숑슌쥬
甘紅露 감홍노
藥山春 약산쥰
桂糖酒 계당쥬
梨薑膏 이강고
竹瀝膏 쥭녁고
一年酒 일연쥬
菊花酒 국화쥬
七日酒 칠일쥬
杜鵑酒 두연쥬

○ 乾肴 바른안쥬감

大蝦 대화
魚쟉 어란
金鱗 젼복
藥脯 약포
魚脯 어모
鹽民魚 념민어
大口 대구
廣魚 광어
北魚 북어
文魚 문어

○ 약포 말리는법
성숭 진말
쳥슝 진슝
호쥬말 감샹

---

35. 여범 女範

• 국사편찬위원회 소장.

• 여범(女範)이란 '여성이 지켜야 할 규범'을 가리킴.

• <여범(女範)>(1912) : 독립운동가 한계(韓溪) 이승희(李承熙, 1847~1916)가 중국에 망명하여 활동하던 시기에 편찬한 여훈서. 사도세자의 친모인 선희궁 영빈 이씨(1696~1764)가 쓴 <여범(女範)>도 있음. 흔히 <여범>이라 하면 영빈 이씨의 저술을 가리킴. 이승희의 '여범'은 <한계유고>에 실려 있음.

• 중국에서 유교적 가치가 무너지는 것을 목도하고, 편찬을 기획.

• 단순한 교훈적 여훈서를 넘어 여성백과사전적 성격을 가진 책.

• <여범> 하권의 '음식지찬(飮食之饌)' '음품(飮品)'에 양조법이 있음.

(국사편찬위원회 전자사료관에서 **원문보기** 가능)

https://archive.history.go.kr/image/viewer.do?catalogId=DMI006_02_06R1387

• **양조법(10종)** : 주얼(술 빚는 법), 백주, 석주, 법주, 도화주(실제 두견주), 소국주, 감향주, 소주, 현주, 과하주.

• 관련 논문
*성민경(2016), 韓溪 李承熙의 女訓書 편찬에 대한 고찰, 어문논집 78.
*임미정(2009), 20세기초 여훈서의 존재 양상과 의미, 한국고전여성문학연구 19.
*황수연(2012), 19~20세기 초 규훈서 연구, 한국고전여성문학연구 24.

• 관련 글
*김재형이 자신의 블로그(한국술문헌연구소)에 쓴 관련 글.
https://blog.naver.com/korean-sool/222806989545

36. 연향주방문

• 연세대학교 국문과 교수였던 홍윤표교수 소장본.

• 2021년 5월 1,775책의 개인문고를 국립중앙도서관에 기증하면서 소장처가 변경된 듯. 현재 국립중앙
도서관 검색에는 나오지 않음.

• 표지 제목이 <연향주방문>.

• 제목의 연향(宴饗)은 손님을 접대하는 접빈객과 같은 의미로, '손님을 접대하기 위한 술 만드는
방법'이라 할 수 있음.

• 크기는 14.4×20.5cm, 총 7장으로 표지를 제외하고 일부 빈 면을 제외하면 7면에 걸쳐 양조법이
수록됨.

• 양조법(4종) : 두견주방문, 지주방문, 겨울지주방문, 녹파주방문.

37. 온주법 蘊酒法

• 안동 천전리 의성 김씨 종가 소장.

• 작자 미상의 한글 필사본.

• 표지서명은 온주법(蘊酒法), 권두서명은 '술법'. 온주법(蘊酒法)이란 술 빚는 방법을 모아놓은 책이란 의미. 보통 온(蘊) 보다 온(醞)을 많이 사용하는데, 여기서는 특이한 사용임.

• 1700년대 후반 문헌으로 추정,

• 40.0×32.0cm, 11매(22면).

• 총 약 130종의 요리법 수록(양조법 43항 55종, 조국법 3항 5종, 기타 1종, 장 4항, 병과류 14항, 반찬류 32항, 약 만드는 법 10항 등).

• 술을 양반문화와 접빈객, 봉제사의 시선에서 서술.

• 관련 도서
*교남문화 역(2012), <온주법>, 안동시.
• 관련 논문
*이성우, 김귀영(1988), <온주법>의 조리에 관한 분석적 고찰, 한국식생활문화학회지 3(2).
*서보월(2006), <온주법>의 표기법 연구, 어문론총 45(45).

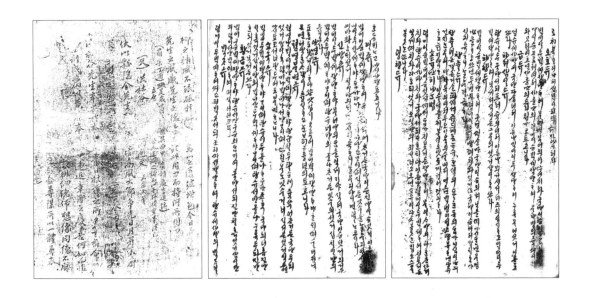

38. 우음제방 禹飮諸方

• 대전 은진 송씨 동춘당 송준길 가의 조리서로 대전선사박물관에 기탁.
 (송준길의 둘째 손자인 수우재 송병하 가문의 조리서)
• 우음(禹飮)이란 '긴장을 풀고 느긋하게 마신다' 또는 '신발 끈이 풀리듯 정신을 몽롱하게 한다'는 낭만적인 표현.
• 종부 윤자덕(1938년~)의 6대 할머니인 청풍 김씨와 5대 할머니인 연안 이씨부터 여러 대에 걸쳐 기록된 것으로 보임(19세기 이후 필사된 책).
• **호접장**(胡蝶裝, 낱장을 본문이 마주 보도록 가운데를 접어 판심 부분의 뒷면에 풀을 발라 하나의 표지를 반으로 꺾어 접은 안쪽에 붙여 만든 장정 형식, 위키백과), 17.5×33.5cm. 14장(28면)의 얇은 책.
• 한글 민체로 양조법 23항 24종, 조국법 1종 기록.
• **양조법** : 소국주, 호산춘, 청화주, 두견주, 추향주, 송순주, 삼해주, 소주 삼해주, 일년주, 녹파주, 청명주, 화향주, 송화주법, 점감주, 감향주, 삼칠주, 보리소주, 이화주, 방문주, 구일주, 백일주.
• 동춘당 가문의 종부인 윤자덕(1938~)은 송순주의 기능보유자.

• **관련 도서**
 *대전역사박물관(2015), 조선 사대부가의 상차림, 비매품.
• **관련 논문**
 *배영환(2012), 19세기 대전지역 음식 조리서의 국어학적 연구, 언어학연구 25.

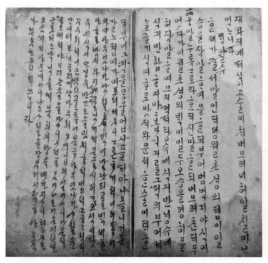
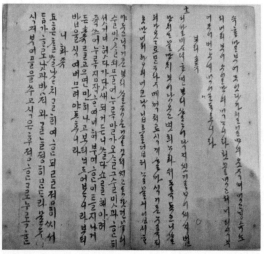

86

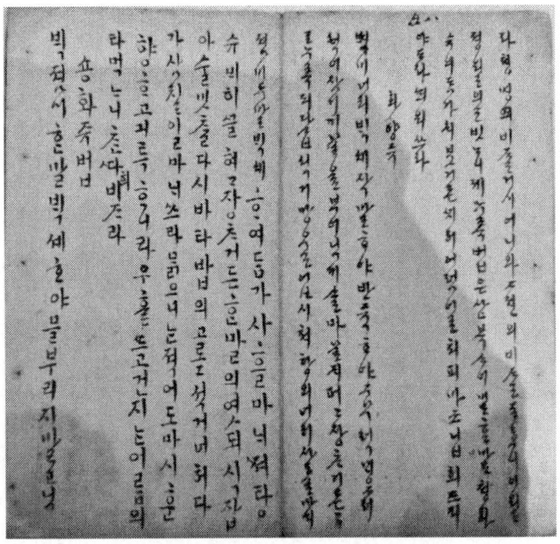

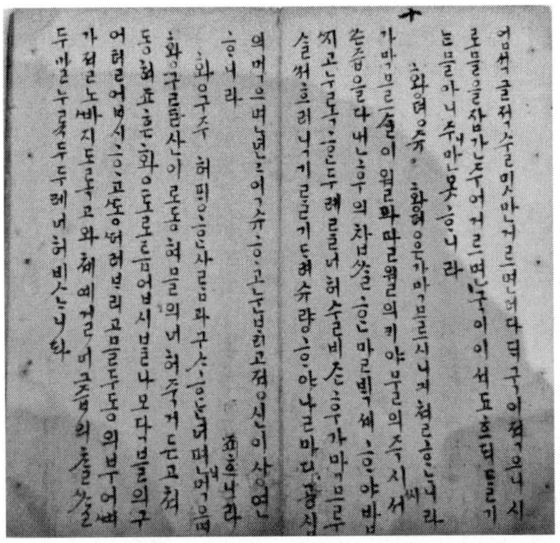

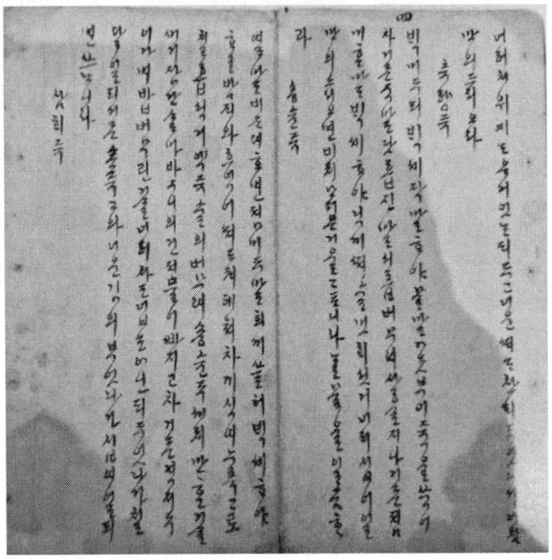

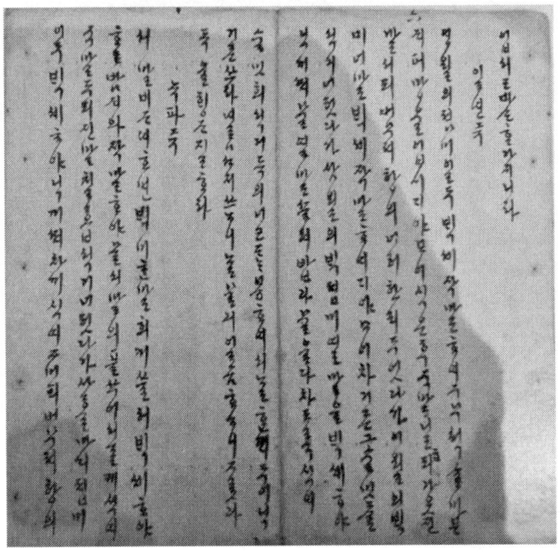

39. 윤씨음식법 饌法

- 충남 부여의 조씨 가문 후손이 9대째 보관하다가 현재는 윤서석 교수 소장.
- 한지에 옛글 붓글씨로 쓰여진 한글 필사본 1책(한문 이면지 이용).
- 10행 15자, 20.0×31.0cm의 75장.
- 표지 서명은 표지 좌측에 '饌法', 우측에 '음식법'이라 기록. 원래 제목은 <음식법(饌法)>이지만, 같은 이름의 책과 구분하기 위해 처음 발견하여 소개한 윤서석의 성을 따서 <윤씨음식법>이라 함.
- 필사 시기 : 책 끝장에 '갑인 5월'은 음식의 내용으로 보아 1854년으로 추정.
- **양조법(4종)** : 도인주, 국화주, 송엽주, 인동주(금은화).
- 조선 후기 부여의 반가에서 혼례를 맞이한 손녀에게 할머니가 써준 조리서.

 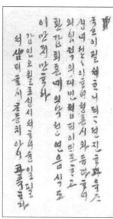 

- 책의 마지막 부분에 책을 쓴 이유와 상황을 설명하고 있음.

  "급하게 써놓았으니 대를 이어 전하도록 하고, 아들딸 선선히 낳아 길러 성혼시킬 때나 벼슬에 등과하고 외지에 부임하여 큰손님을 대접할 때는 이대로 하고, 회갑연, 회혼례 같은 큰 잔치를 할 때의 음식도 이만큼만 하여라. 갑인 오월 초순에 쓰기 시작하여 10여 일에 끝내다. **삼대의 글씨가** 고르지 못하여 좋지 않다."

- 위의 '**삼대 글씨**'라는 글을 볼 때 어머니나 고모 등도 보태어 쓴 것으로 보임.
- 가정에서 잔치 음식을 만들어 선물하거나 손님을 대접할 때 필요한 음식 예의범절에 대해서 쓴 지침서.

• 관련 서적
*한복려·한복진·이소영(2016), 음식고전, 현암사.
*윤서석(2008), 음식법 할머니가 출가하는 손녀를 위해서 쓴 책, 에이치이엠코리아.
• 관련 논문
*윤서석 등(1993), 조선 후기 조리서 조리서인 <음식법>의 해설1, 한국식문화학회지 8(1), 8(2), 8(3).
*박미자(1996), 「음식법(饌法)」의 조리학적 고찰, 대한가정학회지 34(2).

40. 음식방문 동국대 소장본

• 동국대학교 도서관 소장.

• 한글 필사본 1책 16장(32면).

• 無界(계선界線이 없는 것. 즉 책의 경계를 나타내는 선이 없음), 半葉(서엽書葉의 반면), 즉 1면에 11행 20자, 註雙行(註를 표시할 때 본문 사이에 소자(小字), 두 행(行)으로 기록한 것).

• 29.0×20.6cm.

• 19세기 후반 고조리서로 추정.

• <음식방문(飮食方文)>은 음식을 만드는 방법을 적은 글이라는 의미.

고조리서 <음식방문>의 종류

*현재 확인된 <음식방문>은 총 7종임.

*정영혜 소장본 : <음식방문>, 장서각에 마이크로필름으로 보관.
 (정영혜는 분당구 서현동 거주, 시어머니로부터 물려받아 소장).

*안동 김씨 가문 소장본 : 장서각에서 마이크로필름으로 보관. 앞부분은 사라지고 동치미, 붕어찜, 게찜, 아저찜, 연사과, 밤주악, 산사편, 앵두편 등의 조리법 일부분만 남아 있고, 술 빚는 법은 없음.

*동국대 중앙도서관 소장본 : <음식방문>.

*국립한글박물관 소장본 : 술 빚는 법이 없음.

*충주 우리한글박물관 소장본 : <음식방문>.

*경기도박물관 소장본 : <음식방문(是議)>.

*전주역사박물관 소장 : <한글 음식방문>, 낱장(문서).

*이 외에도 '농심식문화전문도서관'이 소장하고 있는 <음식방문>은 2000년 복사한 책으로 보임. 동국대 중앙도서관 소장본일 가능성이 있음(확인 필요).

• 음식방문과 부록으로 술방문이 필사됨.

• **양조법**(15종, 연수함춘주 제외) : 부의주, 오병주, 황감주, 하향주, 감향주, 청강주(청감주), 이화주, 석탄향, 목욕주, 삼일주, 동과주, 호산춘, 소곡주, 사절주, 보혈익기주.

음식방문

자료유형	고서
서명/저자사항	음식방문/ [編者未詳].
판사항	筆寫本.
발행사항	[韓國]: [刊寫者未詳], [朝鮮朝末期]寫.
형태사항	不分卷1冊(16張): 無界, 半葉 11行20字, 註雙行; 29.0 x 20.6 cm.
일반주기	紙質: 楮紙
서지주기	附錄: 술방문
비통제주제어	음식방문
분류기호	641.5951

*동국대 중앙도서관 소장 <음식방문>의 서지

자료유형	단행본
서명/저자사항	음식방문 [著者未詳].
판사항	複寫本
발행사항	[刊寫地未詳] [刊寫者未詳] 2000
형태사항	1冊(16張) ; 29 ×21cm.
일반주기	열구[자]탕, 잠탕, 생선탕 등 각종 탕류와 찜, 정과, 전, 편, 적, 화채 등 각종음식, 술을 만드는 비법을 소개한책.
분류기호	641.5901
언어	한국어

*농심식문화전문도서관'이 소장하고 있는 <음식방문>의 서지.
(동국대 중앙도서관본과 서지가 거의 같다)

41. 음식방문 충주 우리한글박물관 소장

- 충주 우리한글박물관 소장(충주시 중앙탑면 가곡로).
- 32.6×19.0cm.
- 표지는 훼손되어 떨어져 나감. 권수제(책 첫부분에 적힌 제목)은 <음식방문>.
- <음식방문>은 '음식의 만드는 방문'이라는 의미.
- 필사시기는 19세기로 추정.
- 현재 남아 있는 부분은 81면.
- 총 55종의 음식방문(방문주로 시작, 주식류 3종, 부식류 21종, 병과류 20종, 방류 3종, 주류 8종).
- 책의 뒷면에는 지방 아전들에게 월급으로 지급되었던 목록인 <관름총목>이 적혀 있음. 원래 책을 뒤집어 <음식방문>을 적고 다시 장정한 것.
- 음식명을 먼저 쓰고, 행을 바꾸어 제법을 설명.
- <소문사설>(이시필)에 순창 고추장이 나오는데 여기에도 한글로 순창 고추장이 보임.
- 약주방문에는 필사자의 집안에서 전해오는 방문으로 추정되는 '집에서 자전하는'이란 내용이 덧붙여 있음.
- **양조법**(7항 8종) : 방문주1, 방문주2, 소국주, 송절주, 송순주, 삼일주, 칠일주, 약주(집에서 자전하는 법이라).

- **관련 논문**
 *김영(2020), 우리한글박물관 소장 『음식방문』의 특징과 문화사적 의미, 인문사회21 42.

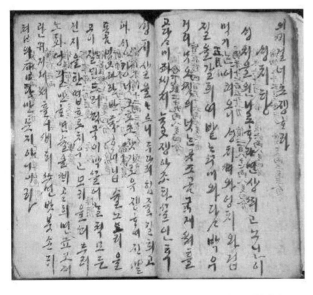 

<음식방문> 첫면과 31~32면.

42. 음식방문 정영혜 소장본

• 정영혜 소장본 : 정영혜는 분당구 서현동 거주, 시어머니로부터 물려받아 소장. 장서각에 마이크로필름으로 보관.

• 한글 조리서, 36장, 21.0×20.0cm.

• <음식방문>과 <술방문> 2권으로 구성(2부분으로 되어 있다고 하면서 이를 연구한 책이나 논문에는 <술방문>에 대한 언급이 없음). 음식방문은 21.0×20.0cm, 36장. 1면당 14~17행 1행 15자 내외. <음식방문>은 일부 유실되고 나중에 다시 제본한 것. 규방생활에 필요한 144종의 내용 중 94종의 음식 만드는 법과 유의 사항 및 10종의 염색법 등 수록.

• 요리법이 적힌 마지막 33장 끝에는 '경딘 오월 이십솜일의 죵셔ᄒᆞ노라 보ᄂᆞ 니는 외ᄌᆞ가 만ᄒᆞ 줄 보옵', 즉 '경진년 5월 23일에 종서(필서를 마치다)하노라. 보는 사람은 오자가 많으니 잘 보시오'의 의미. 이 경우 경진년은 1820년, 1880년, 1940년으로 1880년이 유력.

• 고려대 도서관 소장의 <술방문(규합총서)>[표지 제목이 '슐방문', 권수제가 '규합총서'로 되어 있음]과 동일한 부분이 많음. <술방문(규합총서)>은 <부인필지>를 참조하여 필사했을 가능성.

• <술방문>에는 주조법과 함께 강정, 약과, 별약과, 약식, 두죽, 진자죽, 두텁떡, 대추주악, 화전, 송편, 화면에 대한 기록이 있음.

• **관련 도서**
 *주영하 외(2023), 조선요리 비법, 한국학중앙연구원 출판부.
• **관련 논문**
 *차경희 외 1인(2014), 『음식방문』의 조리학적 고찰, 한국식품조리과학회지 30(1).

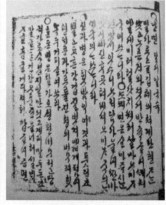

43. 음식방문이라 혹은 '음식방문'

- 조응식가(홍성군 장곡면 산성리) 소장.
- 한글조리서(음식은 16장에 걸쳐 기록)로 숙부인 전의 이씨(全義李氏, 1867~1938)에 의해 기록(기록 당시 전의 이씨는 24세).
- 표지 제목 : 음식방문이라.
- 표지에 '辛卯 二月 日 文洞'이라 기록(1891년 가능성 큼).
- 책의 맨 끝에도 '신묘니월초사일 등셔필 문동'이라고 되어 있음(2월 4일).
- '문동'은 조응식가의 고택이 있는 지역의 옛 지명임.
- 크기는 30.3×21.5㎝. 책은 16행이고, 한행은 글자의 크기에 따라 18~24자(字)로 일정하지 않음.
- 69종의 조리법(술 15종, 약과와 떡 등이 20종, 반찬류 25종, 기타 9종).
- 69종 중 56종의 조리법이 정양완의 <규합총서>와 일치. <규합총서>의 이본으로 보는 학자도 있음.

화향입주방

<음식방문니라>(1891)	<규합총서>(1809)
국화 셩기시의 슐니 한 말 니여든 꼿 두 되을 주머니의 너허 슐독 속의 다라 두면 향뇌 가득ㅎ니 꼿슨 미화와 년화 등 향긔 잇고 독긔 읍는 꼿슬 니 법으로 ㅎ되 꼿츨 만니 슐 우흔 뿌리야 조흔니라 유즈는 슐맛시 쓸 거시니 슐독의 넛치 말고 유즈 껍질을 즘치의 너허 달고 슐독을 단단니 덥허 두면 향취가 긔니ㅎ리라	국화 셩기시의 술이 ᄒ 말이어든 꼿 두 되를 주머니의 너허 술독의 ᄃ라 두면 향뇌가 ᄀ득ㅎ니 미화 년화 등 향이 잇고 독이 업슨 꼿촌 다 이 법을 쓸 거시오 꼿츨 우의 뿌려도 됴흐디 유즈는 술마시 실 거시니 술 속의 너치 말고 유즈 겁질을 줌치예 너허 둘고 술독 우흘 든든이 덥허 닉이면 향취가 긔이ㅎ니라

*출처 : 오필애·배영환(2022), 47p.

- <규합총서>에 있는 '장 담그는 법', '초 빚는 법', '기름 짜는 법' 등이 빠짐.
- <규합총서> 또는 <부인필지>를 저본으로 했을 가능성.
- **양조법** : 화향입주방, 두견주법, 소국주법, 감향주법, 송절주법, 송순주법, 과하주법, 삼일주법, 삼칠주법, 팔선주법, 삼오주법, 녹타주법, 선표향법, 매화주법, 감절주법 등 15종(이중 정양완의 <규합총서>에 나오지 않는 양조법은 삼칠주법, 팔선주법, 삼오주법, 녹타주법, 선표향법, 매화주법, 감칠주법으로 많은 편임).

• **관련 도서**

*전의 이씨(2013), <음식방문니라(신묘이월 일 문동)>, 선우.

• **관련 논문**

*오필애·배영환(2022), <음식방문니라>의 국어학적 연구, 어문연구 113권.

<음식방문이라> : 장서각 소장 마이크로필름본

• 조응식가 소장본인 <음식방문이라(음식방문)>와 제목과 내용이 거의 같은 다른 책이 장서각 소장 마이크로필름본에 있음. 조응식가 필사본에 비해 필사 시기가 늦음.

• 고려대본 술방문(규합총서 이본)과 내용 유사.

• 장서각 마이크로필름본은 <부인필지>를 보고 필사했을 가능성이 커서 <규합총서> 이본으로 볼 수 있음. 조응식가 소장본도 <규합총서>와 유사하여 이들 필사본들과의 선후, 내용적 차이 등이 관심 항목임.

• 요리법 등을 적은 33장 끝에 "경진년 5월 23일에 종서(縱書 : 필사를 마치다)하노라. 보는 사람은 오자(誤字)가 많으니 잘 보시오"라는 구절이 있다. 이 필서기를 통해 필사 시기는 1908년 이후의 경진년인 1940년으로 추정.

• 총 111종의 음식 중 78%가 <술방문>(고려대본)과 일치(87종이 거의 같음).

• <음식방문이라>(장서각 마이크로필름본)에는 양조법이 없음.

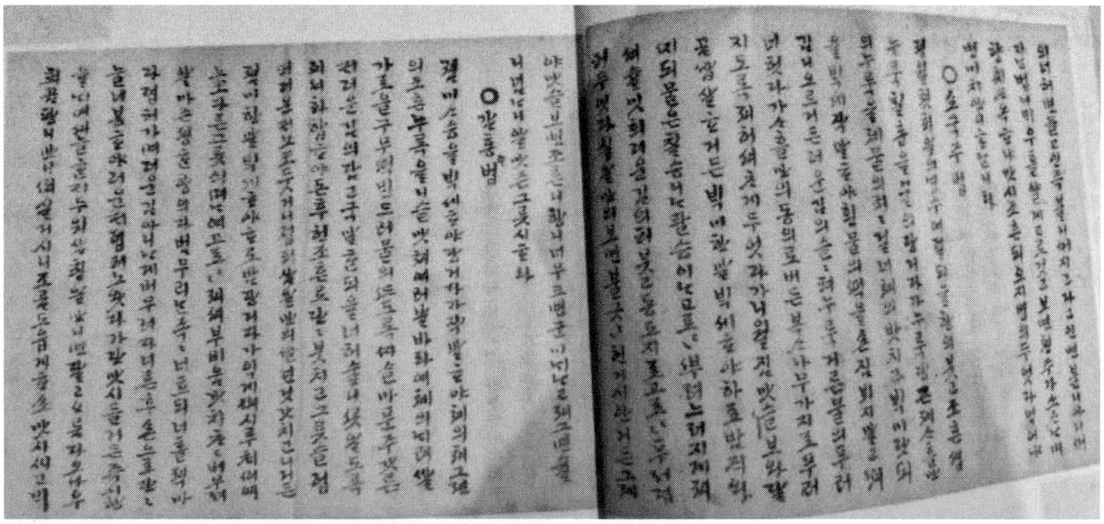

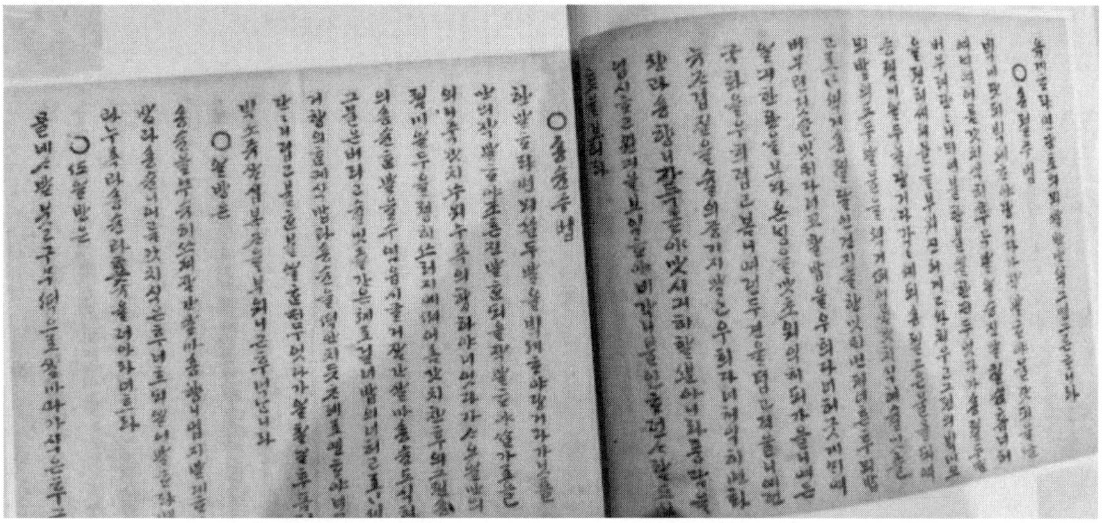

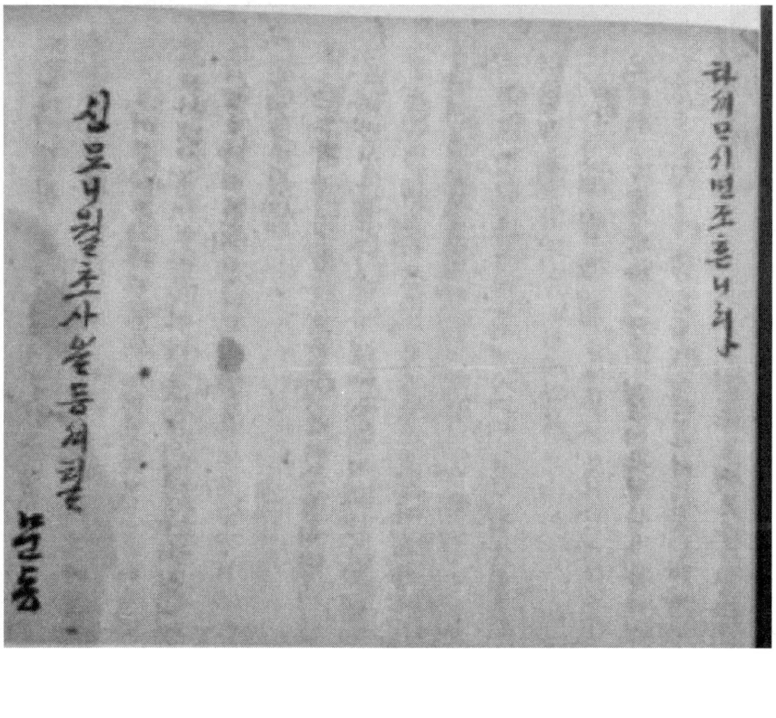

44. 음식법 연안 김씨가 소장본

- 영주 연암 김씨가에서 발견된 고조리서.
- 고서를 정리하는 과정에서 경북대학교 남권희교수가 발견.
- 표지 제목과 권두제목은 모두 <飮食法(음식법)>.
- 일부 사진만 공유.

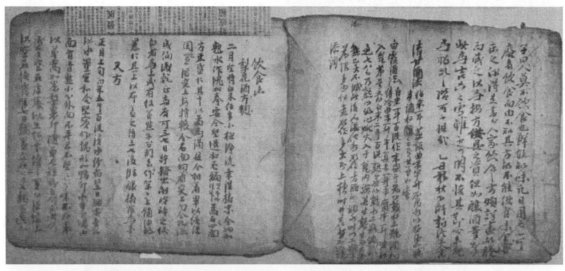

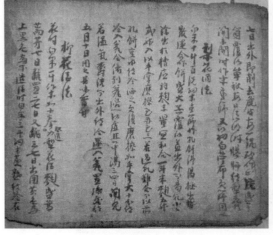

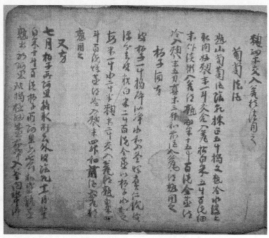

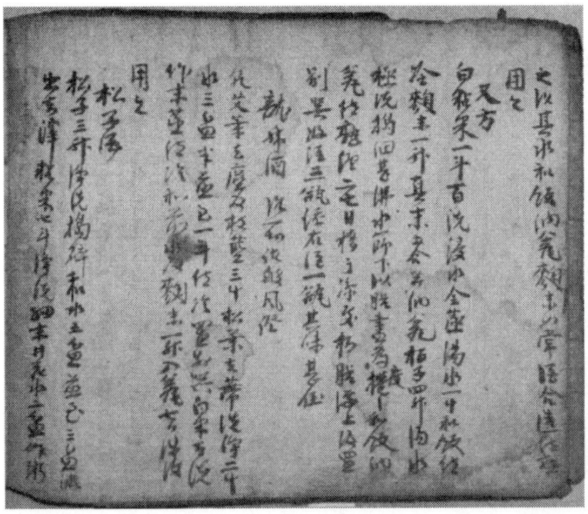

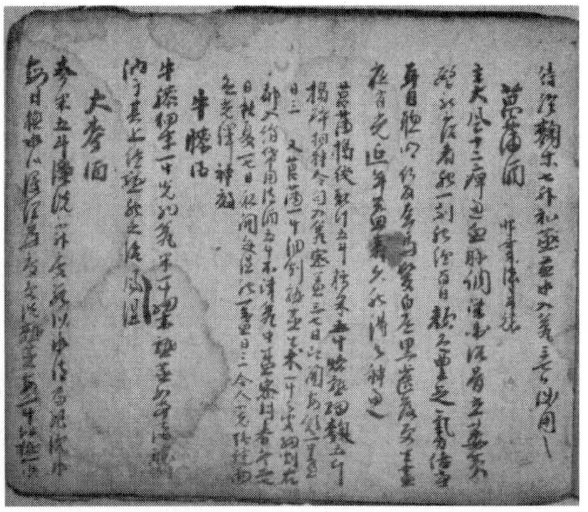

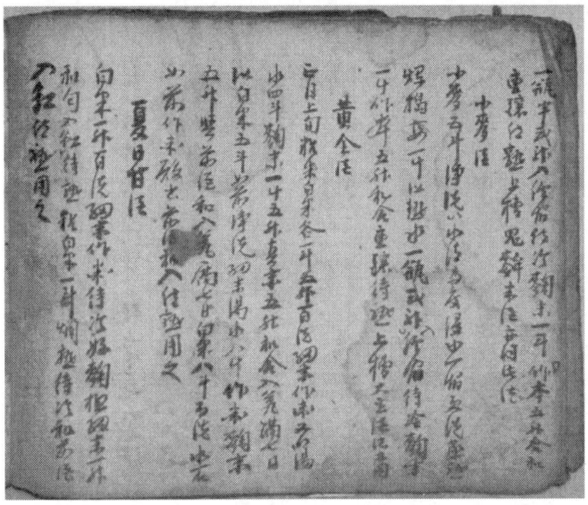

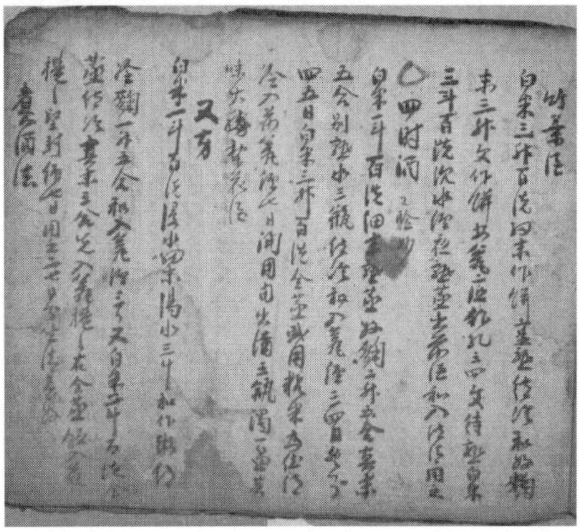

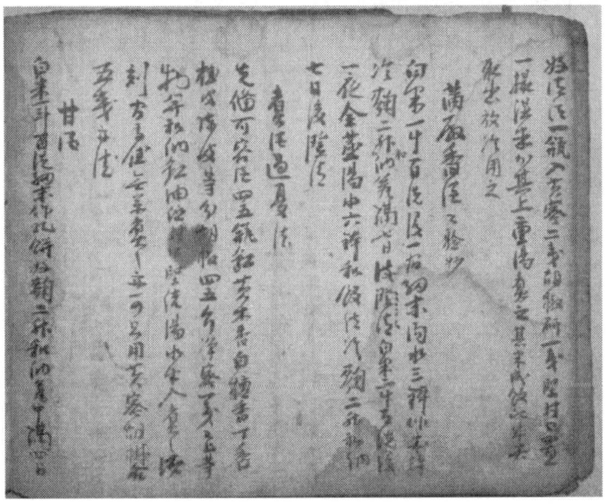

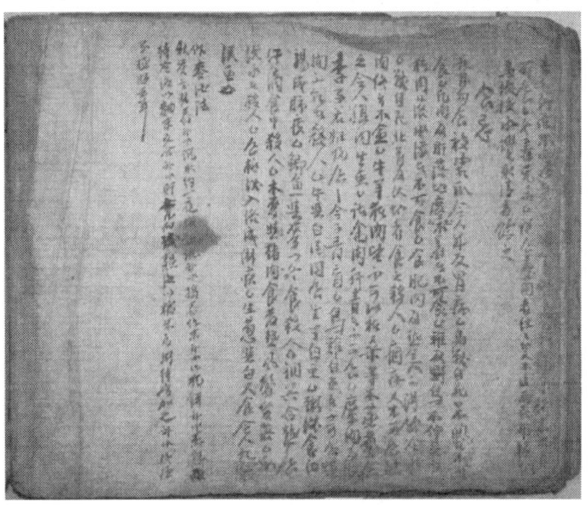

45. 음식보·오복제 합부 飮食譜 五服制 合部

*이성우(1981), <한국식경대전>, 향문사, 792p. 참조
*이성우의 기록을 보완하여 추가 작성함

- 한국학호남진흥원 소장(나주 풍산홍씨 기증).
- 2021년 전남 나주 풍산홍씨 창애공파 석애가문 소장문서를 한국학호남진흥원에 기탁하는 과정에서 원본이 발견됨. 그동안 황혜성이 찍은 마이크로필름, 이성우가 출판한 <한국고식헌집성> 수록본 등이 알려짐. 이들 사이에 약간의 차이도 발견됨.
- 독립된 조리서가 아닌, <음식보·오복제 합부>의 일부로 확인됨.
- 시어머니 진원 오씨(1698~1770), 며느리 진주 정씨(1736~1802), 2대에 걸친 기록. 그 근거는 <음식보> 중간 빈 면에 추가로 삽입된 항목이 있는 것에서 알 수 있음. 한 사람의 글씨체로 보기 어려움. 박채린은 총 38종(삼일식해법이 중복되어 실제 37종) 중 32종은 진원 오씨, 6종은 진주 정씨가 쓴 것으로 추정.
- **양조법**(13종) : 삼해주, 청명주, 예주, 백화주법, 태화주, 두강주법, 백병주, 진향주방문, 단점주방문, 과하주법, 오병주, 소국주, 칠일주.

• 참고문헌

*박채린(2023), 18세기 호남 조리서 <음식보> 재판독 및 해석 : 원본을 통한 기존 영인본 연구의 한계와 오류 규명, 한국학 46(3).
*김귀영·이성우(1988), <음식보(飮食譜)>의 조리(調理)에 관한 분석적 고찰, 한국식문화학회지 3(2).
*유춘동(2022), 호남(湖南)의 한글 조리서, <음식보(飮食譜)>의 보론(補論), 어문논충 v.40.

"원본과 『한국고식문헌집성』 '가필본' 필체 비교. 필체가 전반적으로 다르며 '단점주방문'의 경우 줄 바꿈 위치도 다르다."
출처 : 박채린(2023), 245p.

<원본>	마이크로필름 촬영본 <영인본>	「한국고식문헌집성」 수록본 <가필 용인본>
풍산홍씨 석애문중 소장	황혜성 소장	이성우 출간
「음식보 · 오복제 합부」 총 10편 함께 편철	「음식보」와 「오복제」만 촬영	「음식본」 단독
2021년 공개	1969년 촬영	1992년 황혜성 마이크로필름에 가필 인쇄
원본 보존처리 후 촬영	「한국식경대전」(1981)에 실린 대표 이미지	「한국고식문헌집성」(1992) 수록면

홍석희   →   노석경(?)   →   황혜성   →   이성우

*박채린(2023), 244p.

46. 음식유취

*이성우(1981), <한국식경대전>, 향문사, 370p. 참조

- 한글 필사본 1책(이성우가 <한국식경대전>에서 소개한 책).
- 당시는 김근수 교수(중앙대) 소장본. 이후 강인희 교수가 소장하다가 몇 년전, 경매에 나온 책. 현재는 개인 소장으로 추정.
- '세지함풍무오 밍하 초슌 융동필셔 장(藏) 셩암(誠巖)'(셩암은 김근수의 호). 함풍 무오는 1858년임.
- 도광 30년(1850년) 시헌서 뒷면에 필사.
- 23장에 걸쳐 술과 음식 만드는 법 기록. 크기는 30.0×16.0cm.
- '술빚기가 대부분인 작은 책'으로 알려져 있지만, 실제 술빚기보다 음식 만드는 법이 훨씬 많이 수록됨('술빚기는 책' 내용의 일부임).
- 앞부분에는 술 빚는 법이, 뒷부분에는 음식방문 수록.
- **양조법**(4종) : 송순주, 오가피주, 금향주, 두견주.
- **음식방문** : 츄셜병, 늘강전, 두텁떡, 섭화전, 혼돈병, 석이병, 원소병, 증편, 난면, 약밥, 봉총찜, 열구자탕, 제육편, 도락찜 등.

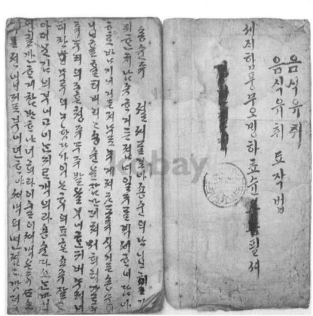

*사진 출처 : 취미예술품 경매사이트 코베이옥션

*사진 출처 : 취미예술품 경매사이트 코베이옥션

47. 음식절조 飮食節造

*안동 고성이씨 간서가 소장본(?)

1) 공개된 정보

• 1865년(고종2년) 국한문 혼용 수진본으로 고성이씨 가문에서 전승되어 오던 음식조리법을 후대에 필사한 서적. '歲在 靑牛 閏 五月二十三日'에서 윤달이 든 해는 1865년임.

• 간서 이정룡(澗西 李庭龍)의 책고리에 발견되었는데, 저자는 1798~1871년의 인물이며, <음식절조>의 표지에는 기록 연월일이 상세히 표기되어 있음(저자와 제작연대 및 저술 목적을 구체적으로 확인할 수 있는 자료).

• **음식절조(飮食節造)** : (집안에서 내려오는) 음식을 어긋남이 없도록 만드는 법, 절도있게 만드는 법을 가리킴.

• 남성 유학자가 쓴 한글조리서(?) : 음식명과 재료, 단위 등을 한자로 쓴 경우가 많음.

• 총 75종의 음식 수록.

• **양조법**(20항 28종), **조국법**(2항 3종) : 백일주, 소곡주 별법, 소곡주 옛법, 청명주 또 다른 법, 하일주, 맑은 벽향주, 된 벽향주, 향온주, 향온주 또 다른 법, 옥지주, 이화주법, 2월 이화주, 단이화주, 과하주, 과하주 또 다른 법, 사시주, 삼해주, 하향주, 별향주, 감주, 하주, 합주, 보리청주, 녹두작국법, 녹두누룩으로 술 빚는 법, 지주, 호산춘, 자하주.

• 조리에서 고추 사용을 안함(가문 선대의 음식법을 기록?).

  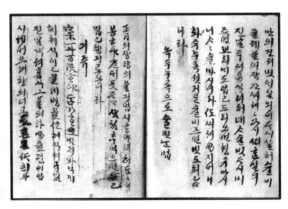

• **관련 논문**

*배영동(2022), 고조리서『음식절조(飮食節造)』저술의 배경 문화 탐색 — 18~19세기 안동지역 고성 이씨 탑동파 가문을 중심으로, 비교민속학회 76.

*한복려, 박록담 등(2021), 「음식절조(飮食節造)」를 통해 본 조선시대 후기의 음식문화에 대한 고찰, 한국식생활문화학회지 36(1).

• **관련 글**

*김재형이 자신의 블로그(한국술문헌연구소)에 쓴 관련 글
https://blog.naver.com/korean-sool/222514104045 ; https://blog.naver.com/korean-sool/222514104780
; https://blog.naver.com/korean-sool/222514105876

2) 비공개된 정보   2018.12.01 한옥선 경매에 출품되었던 책

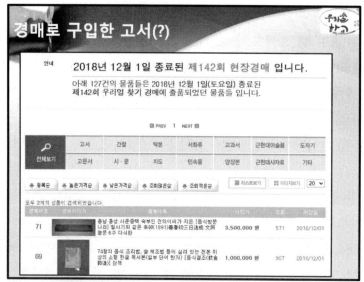

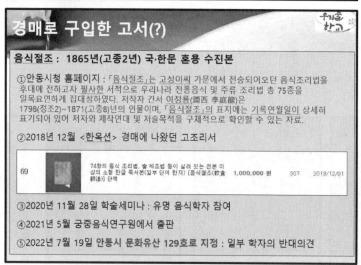

48. 음식책

• 성균관대학교 존경각 소장.

• 표지 제목은 한자로 '飮食冊', 표지 이면에 '무술 이월 십이일 단양댁'이란 필사기. 1838년 또는 1898년에 단양댁이란 여인이 쓴 것으로 추정.

• 한글 필사본, 1책 29매(58면), 반엽 10行, 23字, 크기는 37.7×23.1cm.

• 춘절·하절·추절·동절의 교자상 차림과 정초·정월 망일·삼월 삼짇·유월 유두·구월 구일·동지의 차례상 차림, 초춘·중춘·하절·추절·동절의 웃기법, 떡 하는 법 15종, 각종 음식하는 법 21종, 주방문 7종이 수록. 이를 통해 조선 후기의 조리서가 주로 봉제사와 접빈객을 위한 것임을 알 수 있음.

• 양조법(7종) : 감홍로, 송순주, 사십일주, 애기술, 우담소주, 팔십일주, 합주.

• 양조법 중에는 특이한 것이 여럿임.

• **사십일주(약주의 재주로 방문주를 빚는 법)** : 이 문헌에서 재주(滓酒)는 약주 즉 방문주를 빚은 뒤 용수를 박고 전내기만 걸러낸 뒤 그 남은 술덧을 재주라고 하는데, 재주에 추가로 술을 빚은 지 20일 지나 용수를 박아 거른 청주를 사십일주라 하고 있음. 즉 20일만에 단양주를 빚어 용수를 박아 청주(전내기)만을 거른 뒤, 남은 찌개미로 다시 술을 빚어 20일만에 거르면 결국 40일주가 됨.

• 애기술(전내기술을 거른 뒤 찹쌀 1~2로 쌀죽을 쑤어 누룩 약간과 술지개미를 한데 섞어 만듦. 손님의 청에 수응할만하다고 함). 용수박아 거른 뒤 남은 술덧으로 빚는 술이 40일주, 80일주, 애기술이 있는데 이중 애기술은 쌀은 적게 넣고 물은 많이 넣어 빚는 돗수 약한 술.

• **팔십일주(약주의 재주 방문주로 담는 법)** : 사십일주에 용수를 박아 걸러내고, 그 남은 찌개미에 추가하여 3양주 빚듯하는 술빚기. 뒷부분에 밀가루 누룩 만드는 언급이 되어 있음.

• 이처럼 재주를 이용한 다양한 술빚기가 언급된 문헌은 이것이 거의 유일. 재주를 이용한 평이한 술부터 고급술까지.

• 좋은 누룩은 고양이 똥 냄새가 나고 속이 노랗고 붉은 곰팡이가 앉으면 술이 의심없이 잘 된다고 함.

• **관련 논문**

*긴귀영 등(1992), <음식책>의 조리의 괸한 분석적 고칠, 동아시아식생활학회시 2(2).

49. 이생원책보 주방문 리생원책보 주방문

• 규장각 한국학연구소 소장(1998년 金種漢의 기증자료).
• 규장각이 소장하고 있는 '주방문'이란 제목의 고조리서는 2종. 그 중 하나로 다른 하나의 주방문은 17세기 말 <(하생원)주방문>으로 널리 알려진 책임.
• 한글 필사본. 표지 서명은 없지만, 권수제는 '이생원책보酒方文(주방문)'임(글씨를 두텁게 쓰고 붉은색을 칠함, 후에 권수제를 적은 것으로 보임).
• 필사자는 오류헌(五柳軒) : 양조법을 설명한 뒷장에 '오류헌서'라고 되어 있음.
• 책권수는 1冊(45張), 크기는 31.5×16.0cm.
• 표지, 판심, 권두서명 : 표지 뒷면에 '인산 김교리(댁)방문'이라 수록됨.
• 필사 시기는 대청 가경 15년 세차 경오 시헌세[大淸嘉慶十五年歲次庚午(1810)]와 대청 가경 16년 세차 신미 시헌세[大淸嘉慶十六年歲次辛未(1811)]의 뒷면(背面)에 필사. 그 해가 지난 뒤에 시헌서(오늘날 달력) 이면을 이용하는 것이므로 1811년 이후로 추정.
• 필사기 : 셰재갑오월[재]양월일일[지]망일축필난셔[하]다.
• 이[생]원[댁][책]보, 藏書記(장서기) : 인산김교리,
• 대부분의 내용이 <양주방>(소장처는 삼성문화재단으로 추정)과 같음.

• 관련 서적
*김양섭, 김주평 등, <리생원책보주방문>, 광문각, 2018.01.

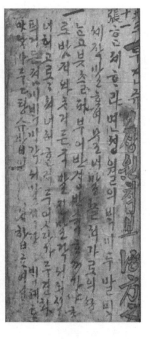

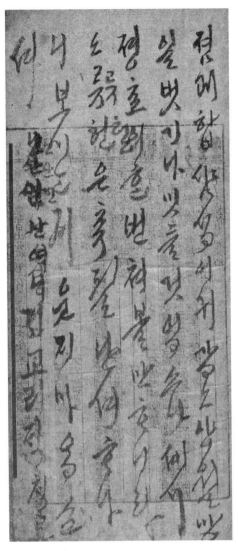

• 책 뒷부분에는 수많은 점괘를 수록(5~65페이지가 술, 그 이후가 점괘).
• 양조법(67항 82종), 조국법(2항 3종) : 두견주, 소국주, 소국주우일방, 삼해주, 해일주, 청명주,
청명향, 포도주, 백화주, 당백화주, 백하주, 백하주일법, 절주, 시급주, 일일주, 오호주, 삼일주,
육병주, 오병주, 오병주우일방, 부의주, 부의주일법, 부의주일법, 무술주, 무술주우일방, 삼합주,
저엽주, 합엽주, 자주, 녹파주, 세심주, 소백주, 백단주, 벽향주, 죽엽주, 송엽주, 도화주, 매화주,
층층지주, 황금주, 사절주, 오두주, 과하주, 선초향, 이화주, 이화주우일방, 신도주, 방문주, 향노주,
하향주, 점주, 감향주, 백수환동주, 경향옥액주, 송순주, 천금주, 출주, 창포주, 창포주 우일방, 창포주
우일방, 일두사병주, 서김법, 녹파주, 황감주, 사시주, 소주 많이 나는 법, 동파주, 백화춘, 송엽주,
소자주, 오가피주, 혼돈주, 구기자주, 옥로주, 만년향 , 호산춘, 집성향, 구기자주, 방문주 우일방,
오미자주, 석술, 소소국주.

107

50. 이씨음식법

- 한글 필사본 1책으로 개인 소장(이씨).
- 표지 서명은 <음식법>이지만 비슷한 책명이 많아서 소장자의 성을 따서 편의상 <이씨음식법>으로 칭함.
- 29.5×18.2cm. 반엽광곽은 18.8×13.2cm.
- 괘지 형식으로 붉은 줄을 쳐서 모필로 필사.
- 24장(48면), 15번째 1장 탈락. 각면은 10행, 1행에 15~17자.
- 총 53종의 음식(술 15종, 누룩 2종, 국수 3종, 찬물류 16종, 떡과 한과류 17종, 화채 등 2종).
- 1800년대 말로 추정.
- 양조법 15종, 조국법 2종 : 신도주, 송순주, 두견주, 이화주, 일년주, 소국주, 상원주, 감향주, 송절주, 오가피주, 창출주, 무술주, 절통소주, 동파주, 청향주신방.

- **참고 도서**
 *한복려(2016), 음식 고전(옛 책에서 한국 음식의 뿌리를 찾다), 한복려, 현암사.
- **참고 문헌**
 *김성미, 이성우(1990), <이씨(李氏) 음식법>의 조리에 관한 분석적 고찰, 한국식문화학회지 5(2).

51. 잡지

- 궁중음식연구원 소장.
- 찬자 미상의 한글 조리서.
- 표지서목이 잡지(여러가지를 모아놓은 책이라는 의미).
- 크기는 20.0×24.0cm, 98면.
- 내지는 한지, 표지는 기름을 먹은 유지.
- 음식은 27항목, 20면에 걸쳐 수록.
- 한문 필사한 책을 갈라 이면에 기록.
- 2001년 국립민속박물관에서 '옛 음식책이 있는 풍경전' 당시 전시되었던 책을 고서 수집가로부터 궁중음식연구원이 구입.
- 신축년이라는 간기(1600년대 말이나 1700년대 초로 추정).
- 구기자술 1종 수록.

정월 첫인일에 구기자 뿌리를 캐어 잘게 썰어 시원하고 그늘진 곳에 말려서 이월 상묘일에 청주 한말에 담갔다가 칠일만에 걸러 새벽에 먹고, 식후는 먹지 않는다. 하 사월 상사일에 구기자 잎을 뜯어 잘게 썰어 시원하고 그늘진 곳에 말리는데, 오월 상오일에 술 한말에 먼저 담갔다가 칠일만에 먹는다. 추 칠월 상신일에 구기자꽃을 시원하고 그늘진 곳에 말려서 팔월 상유일에 술 한말에 담갔다가 칠일만에 먹는다. 동 시월 상해일에 구기자 열매를 잘게 썰어 시원하고 그늘진 곳에 말려서 십일월 상사일에 술 한말에 담갔다가 칠일만에 먹으면 몸이 가벼워 기운이 명하고 백일만에 용안이 □□하고, 백발이 환흑하고 낙치가 부생한다. *출처 : 한복려(2016).

- **관련 도서**
*한복려 번역(2016), <가가호호요리책 1 잡지>, 나녹.
- **관련 논문**
*한복려·김귀영(2012), 18세기 고문헌 <잡지>에 기록된 조리에 관한 문헌적 고찰, 한국식생활학회지 27(3).

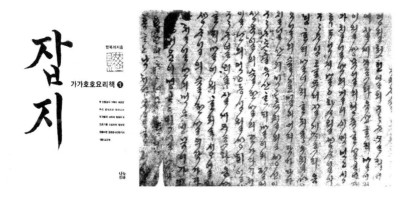

52. 잡초

• 우리술학교 소장.

• 한자로 필사한 수진본(袖珍本, 옷 속에 넣을 수 있을 정도로 작게 만든 책).

• 표지 제목은 잡초(雜草). 13.0×19.3cm. 속지 27장, 한문 필사본 1권 1책. 책의 내지 끝부분에 "정묘(丁卯) 8월 말일 진시(辰時)"라고 적혀 있음. 추정되는 정묘년은 1867년, 1927년임.

• 29장(뒷표지 앞장에 필사기가 있었던 것으로 보이는데, 일부로 자른 흔적이 있음. 이는 책을 판매하면서 집안에 누가 되지 않기를 바라는 소심함에서 비롯된 것).

• 명현록, 간첩문자(편지를 쓸 때 유용하게 활용할 한자 모음)를 기술한 뒤 이어서 양조법 38종을 18면에 걸쳐 한문으로 필사. 양조법 외에 조전다법(造煎茶法)이 수록됨. 그리고 몇 장에 걸쳐 길흉화복을 보는 법을 적은 뒤, 한자로 지주법과 한글로 청명주법을 기록.

• 양조법 33항 38종, 조국법(이화국, 국주) 2항 3종, 기타(양조법, 주기) 2종 수록.

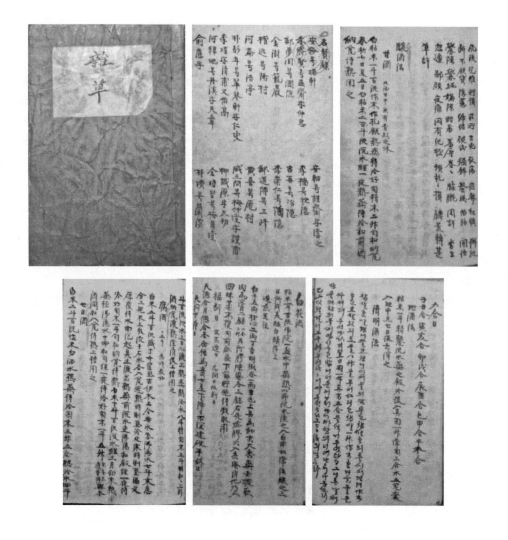

110

53. 정일당잡지 貞一堂雜識

- 규장각 소장.
- 한글 필사본, 1책 31장. 21.6×17.7cm.
- 표지 서명은 <貞一堂雜識>. 표지 개장 전 서명도 <정일당잡지>.
- 본문 끝행에 "병진 구월 십칠일의 장동 딕방으셔 맛치다"라는 필사기와 함께 "연십오 쓰다"는 기록이 보임. 이는 정일당이라는 당호를 가진 여성이 어린 시절(15세)에 서울의 장동에서 기존 문헌을 보고 필사한 것으로 보임(백두현).
- "연십오 쓰다"는 것에서 연십오를 당호로 보는 주장도 있음(정경희).
- 1856년 병진에 쓴 것으로 보임.
- 백두현의 연구에 의하면 정일당(1840~1922년)은 의령 남씨로 15세인 1856년 <정일당잡지>를 필사한 것으로 추정.
- 세 부분으로 구성. 첫부분은 양조법 4종(하일청향 죽엽주, 사절소국주, 연일주, 부의주), 두번째는 떡과 만드 등 음식 만드는 법 25종, 세번째는 그녀의 가사 작품.

- **관련 서적**
  *백두현(2013), <주방문 정일당잡지 주해>, 글누림.

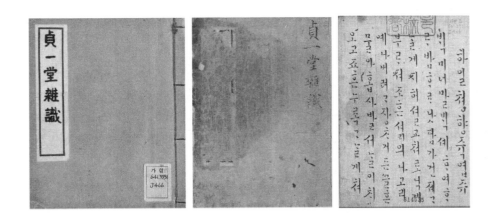

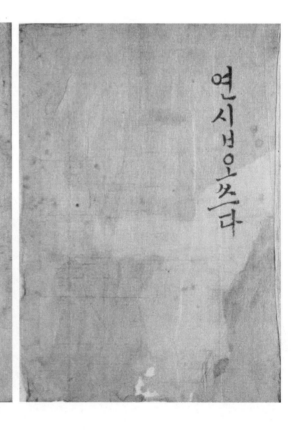

연시너오쓰다

54. 조선음식 만드는 법

• 1946년판(해방 후 처음 출판된 방신영의 조리서). 방신영의 저서에는 1917년과 1918년의 초판과 재판 그리고 해방 후 처음 출판된 1946년 <조선음식 만드는 법>에만 술 빚는 법이 수록되어 있음.

• 부록이 총 23p.임. 부록에는 '숙실과 만드는 법', '술실과 생실과 겨뜨리는 법', '엿 만드는 법', '엿강정 만드는 법', '각종 가루 만드는 법', '초 만드는 법', '술 만드는 법', '닭 잡는 법' 등 7분야가 기술됨.

• 이중 술 만드는 법에는 **누룩 만드는 법, 술밑 만드는 법, 술 만드는 법, 약주 만드는 법, 복숭아술, 과하주**(소주와 약주술을 섞어서 빚는 술).

• 6종의 양조법과 조국법 수록.

• **관련 논문**

*라연재(2018), 근대 요리책의 계통과 지식 전승 : 출판인쇄본 『부인필지』, 『조선요리제법』, 『조선무쌍신식요리제법』을 중심으로, 국립민속박물관.

*김성은(2015), 신여성 방신영의 업적과 사회활동, 여성과 역사 23.

*홍여진(2019), <조선요리제법> 개정 증보 분석을 통한 근대 한국음식 고찰, 전주대 석사학위 논문.

  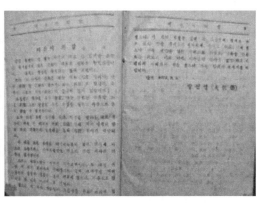

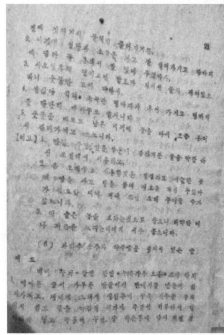

55. 조선요리제법

*이성우(1981), <한국식경대전>, 향문사, 331p. 참조

• 방신영(1890~1977)의 저술.

• 초판(1917년)은 총 144쪽, 15.0×22.0cm이고 재판(1918년)은 116쪽으로 크기는 같음(재판의 쪽수가 적음).

• 1910년 정신여학교를 졸업한 후, 모교와 경성여자상업학교 등에서 교편.

• 1925~26년 동경영양요리학원을 수료. 이후 <조선요리제법>의 내용이 많이 풍부해짐. 1929년부터 이화여전과 이화여대 교수.

• <조선요리제법>은 그 내용을 기준으로 3기로 나누는데, 이중 1기의 책과 해방후 출판된 <조선음식 만드는 법>에서만 술 빚는 법이 수록됨(한번 찍을 때마다 2천권씩 찍음. 결국 일제강점기에 26,000여 권의 책이 판매됨).

기(期)	<조선요리제법> 판본		특징
1기	1917, 1918	신문관	별록, 상극류, 과실과 채소 두는법, 기름 짜는 법과 쓰는 법, 약주제조법
2기	1921	광익서관	요리법 뒤 음식 먹기 좋은 절기 표시
	1924	조선도서주식회사	위와 동일, 각 요리법 앞 "□" 구분
3기	1931, 1934, 1936, 1937, 1938, 1939, 1941, 1942, 1943	한성도서주식회사	내용 대폭 변화, 요리 용어 해석, 중량 비교 등의 영양학적 내용과 계량법 포함

*표 출처 : 라연재(2018), 55p.
*<조선요리제법>의 초판(2017년)과 재판(2018년)에는
도화주, 연엽주, 와송주, 국화주, 포도주, 두견주,
소국주, 과하주, 감향주, 일일주, 삼일주, 송절주,
구기주 등 13종의 양조법이 수록되어 있다.
*<조선요리제법>의 초판과 재판에는 위당 이용기의 서문이 있다.
이용기는 <조선무쌍신식요리제법>의 저자다.

• **관련 논문**

*라연재(2018), 근대 요리책의 계통과 지식 전승 : 출판인쇄본 『부인필지』, 『조선요리제법』, 『조선무쌍신식요리제법』을 중심으로, 국립민속박물관.

*김성은(2015), 신여성 방신영의 업적과 사회활동, 여성과 역사 23.

*홍여진(2019), <조선요리제법> 개정 증보 분석을 통한 근대 한국음식 고찰, 전주대 석사학위 논문.

*윤정란(2022), 근대 여성지식의 계승, 확산, 그리고 국제교류 — 『조선요리제법』과 Korean Recipes를 중심으로, 숭실사학 49.

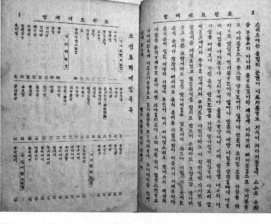

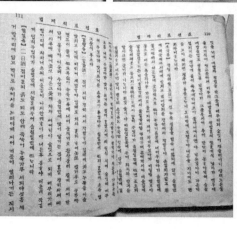

56. 주방 守而勿失

• 저자 미상의 국립한글박물관 소장의 한글 조리서.

• 표지 제목 : 주방.

• 그 아래에 '상서로운 집안의 지극한 보배이므로, 잃지 말고 잘 지켜라(吉家至寶 守而勿失)'는 글이 있음.

• 우측에 '정해 7월일(丁亥七月日)'. 즉 1827년 또는 1887년으로 보임.

• 그 밑으로 수여산 부여해(壽如山 富如海), 즉 산처럼 오래 살고, 바다처럼 재물이 쌓이라는 풍족한 삶을 기원하는 글이 있음. 이같은 글은 입춘에 쓰기도 하지만, 여기선 7월 필서하며 쓴 것임.

• 양조법은 한글 옆에 한자로 병서.

• 9장(18면)에 걸쳐 양조법만 수록, 1면에 9행, 1행에 13~15자.

• **양조법**(14종) : 삼해주방문, 두강주방문, 일일주방문, 삼합주방문, 구일주방문, 삼칠주방문, 별향주방문, 호산춘이방문, 별춘주방문, 연엽주방문, 도화주방문, 황금주방문, 녹파주방문, 아소국주방문.

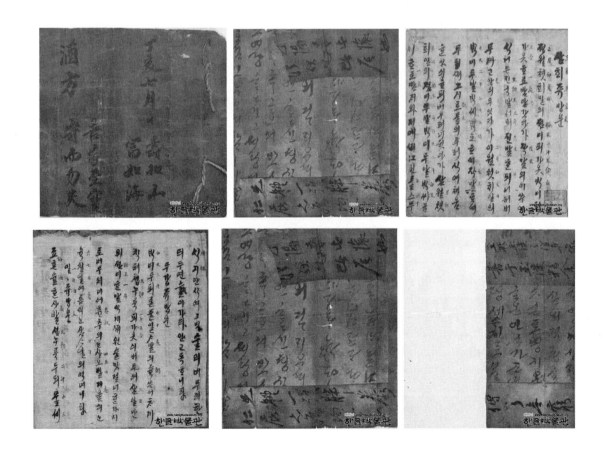

117

57. 주방 酒方

- 개인 소장 : 이씨 소장. 국립한글박물관에 다른 명칭의 <주방(守而勿失)>이 있음.
- 표지 서명 : 주방(酒方).
- 10.9×24.1cm 단위로 접은 길이 129cm의 절첩본(두루마리식으로 길게 이은 종이를 옆으로 적당한 폭으로 접은 책).
- 한 면마다 1.7cm 괘선이 6개 있음.
- 12.5cm의 한장이 떨어져 있음. 그 사이에 일부가 탈루된 듯.
- 19세기 중엽으로 추정.
- 양조법 16종, 조국법(이화국) 1종, 반찬 5종, 떡과 한과류 11종 등 37종 수록.
- **양조법** : 일두주방문, 녹파주방문, 백화주방문, 박향주방문, 소국주방문, 삼일주방문, 칠일주방문, 백일주방문, 이화주방문, 과하주방문, 백하주방문, 구가주방문, 별소주방문, 보리소주방문, 청감주법, 감주법.
- 앞면은 약과법으로 시작.
- 술맛을 표현하는 용어가 여럿 등장함. '술맛이 독하다', '메운 소주', '맛이 소주의 청길하니 같다', '술맛이 아주 맵다', '맛보아 엿같거든', '그 달기가 꿀 같다'.

- **관련 논문**
 *김성미·이성우(1990), <주방>의 조리 가공에 관한 분석적 고찰, 한국식생활문화학회 5(4).

58. 주방문 조과법 쥬방문 造果法

- 국립중앙도서관 소장.
- 표지 제목 : 쥬방문 造果法, 한글 필사본.
- 필사자 미상, '계해 원월'이라는 필사기.
- 형태 : 20장(표지 포함 22장), 21.9×19.7cm.
- 1책 술과 조리법 수록(술 21종, 누룩 1종, 기타 3종 등).
- '계해 원월 우재가야촌서'라는 필사기가 있지만, 이 책은 민속박물관 소장의 <주방문요람>을 저본으로 필사한 듯. <주방문요람>에서도 필사기가 '계해 원월 우재가야촌서'라고 되어 있어, 필사기까지 그대로 전사한 것으로 보임.
- 이같이 이본 관계인 책은 아래 4종임.
 ① <주방문조과법> : 국립중앙도서관 소장
 ② <주방문 양주방문> : 국립한글박물관 소장
 ③ <주방문요람> : 국립민속박물관 소장
 ④ <주방문 양주방문> : 국립민속박물관 소장
- 이들 4종은 양조법이 거의 같고, 그 내용도 대부분 같음(일부 조리는 추가되거나 빠지기도 함). 홍소주와 시급주는 양조법명이 누락되고 내용만 있는데, 양조법명이 없는 것까지 같고 그 내용도 모두 같음.

쥬방문조과법	쥬방문 釀酒方文	주방문요람	쥬방문 釀酒方文
국립중앙도서관 소장	국립한글박물관 소장	국립민속박물관 소장	국립민속박물관 소장
계해 원월	을미 원월	계해 원월	을미 원월
술 21종	술 15종	술 22종	술 15종
우지가야촌서	우재가야촌서 (寓在佳野村書)	우지가야촌서	우재가야촌

*가장 일찍 필사된 책은 <주방문요람>임.
<주방문요람>이 고본(稿本, 저자가 직접 쓴 책)인지 여부는 알 수 없음.
*<주방문요람>을 저본(원본)으로 다른 책이 필사되었는지(전사본), 아니면 다른 저본(원본)이 또 있는지는 알 수 없음. 개인적으로는 <주방문요람>이 고본이고 이를 저본으로 중앙도서관본의 <주방문 조과법>과 한글박물관본 <주방문 釀酒方文>이 필사되고, 민속박물관본의 <주방문 釀酒方文>은 한글박물관본 <주방문 釀酒方文>을 보고 필사한 것으로 보임.
*위 표의 작성은 김재형이 자료를 제공하고 조언까지 있어 가능했음. 지면을 통해 감사드림.

- 책의 말미에 "腐腸生疾 迷性失德 右酒誡"라는 문구. (술을 과음하면) '장이 썩어 병이 생기고, 본성이 흐려져 덕망을 잃게 된다'는 뜻의 경귀임. 아마 필사자 스스로 자신을 경계하는 의미에서

적어 놓은 것으로 생각.

• 술 담그는 법이 앞뒤로 나뉘어 적혀 있는데, 원고본의 경우 일정 기간에 걸쳐 가필과 첨삭을 거쳤을 것으로 보임.

• **양조법**(양조법 19항 20종, 기타 구상주법 1종) : 팔두오승벽향주, 삼두벽향주법, 세신주법, 삼해주열 닷말 비지법, 이화주법, 단점주법, 닥술법, 소자주법, 백화주열말 비지법, 구도주엿말 비지법(술실법), 이화주법, 하항주법, 구산주법, 건국화침자주, 백화주방문, 쌀보리소주법1·2, 겉보리소주법(습실법), 백화주법(번개법), 합주법, 백화주 서말 비지법, 조주길일.

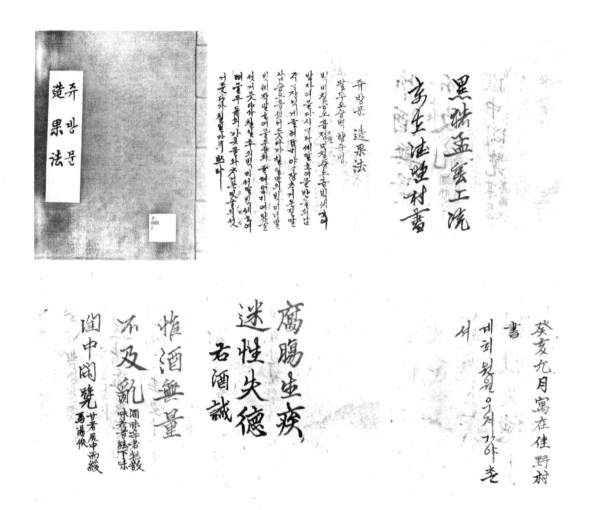

59. 주방문 釀酒方文 민속박물관 소장본

- 국립민속박물관 소장.
- 한글, 절첩본(6.8×16.6cm).
- 술 빚는 법을 적어놓은 책. 세로로 20번 접힌 직사각 형태. 표지 2면, 내지 40면으로 구성(세로로 20번 접힘). 홍피견 필사 순한글 절첩본. 한쪽면에 **팔두오승벽 향주법, 삼두벽향주법, 세신주법, 이화주법 등 13종 술 빚는 법과 구산주법**, 한쪽면은 안주 만드는 법이 적혀 있음.
- <주방문요람>(민속박물관본), <주방문 釀酒方文>(민속박물관본), <주방문 釀酒方文>(한글박물관본), <주방문조과법>(중앙도서관본). 이 책들은 같은 책의 이본. 가장 앞선 필사본은 <주방문요람>(민속박물관본)임. 이 책이 고본이고 나머지는 상호 전사본인 듯.
- '우재가야촌', '을미원월' 등 필사기가 있음. '우재가야촌'은 4종의 서적에 모두 나타나고, '을미원월'은 조리 등을 고려하면 1955년으로 한글박물관의 같은 제목의 책인 <주방문 釀酒方文>도 '을미원월'임. 한글박물관본을 보고 필사한 것으로 보임. 민속박물관본 <주방문 釀酒方文>이 가장 늦게 필사된 듯.
- 이와 관련한 자세한 기록은 '**58. 주방문조과법**' 참조.

60. 주방문 釀酒方文 한글박물관 소장본

• 국립한글박물관 소장.
• **1955년 1월(?) 기록한 한글 필사본.**
• 표기문자 : 국한문 혼용 기록.
• 표제 : 쥬방문 釀酒方文.
• 권수제 : 쥬방문 釀酒方文.
• 필사기 : 을미원월 우재가야촌서(乙未元月寓在佳野村書).
• 19.0×31.0cm.
• <주방문요람>(민속박물관본), <주방문 釀酒方文>(민속박물관본), <주방문 釀酒方文>(한글박물관본), <주방문조과법>(중앙도서관본). 이 책들은 같은 책의 이본. 이들 관계를 살피려면 **58. 주방문조과법과 59. 주방문 釀酒方文**을 참고 바람. 이 책의 필사기는 <주방문 釀酒方文>(민속박물관본)과 같음. 그래서 '을미원월'(1955년)에 두 책을 모두 필사했는지, 다른 한 책을 저본으로 복사했는지는 알 수 없음. 또 '우재가야촌서(乙未元月寓在佳野村書)'에서 보듯 두 책 모두 가야촌에서 필사가 이루어졌는지, 단지 저본에 있는 것을 그대로 옮긴 것인지도 알 수 없음.
• 개인적으로는 한글박물관본 <주방문 釀酒方文>은 <주방문요람>을 저본으로 하여 필사되고, 민속박물관본 <주방문 釀酒方文>은 한글박물관본을 전사한 듯 보임.

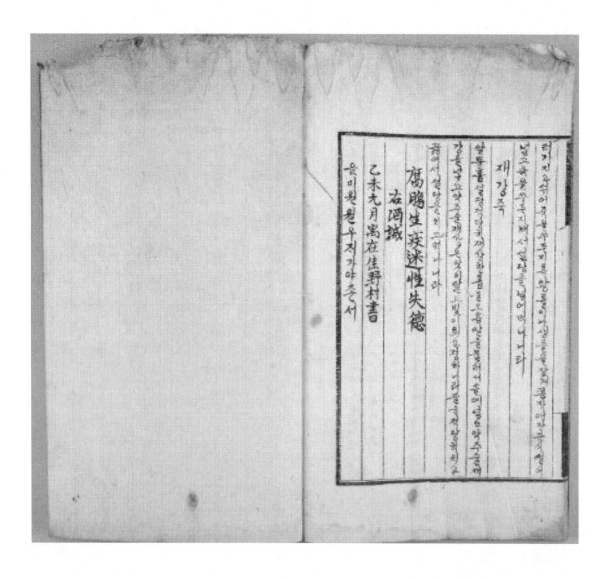

爲賜生疾迷惟失德

右酒誡

乙未九月寓在佳野村書曰

61. 주방문 요람 酒方文要覽

- 국립민속박물관 소장본.
- 10.0×13.0cm, 길이 162.5cm의 절첩본.
- 필사한 계해(癸亥)는 1863년 또는 그 이전일 가능성도 있음(김재형의 견해).
- 양조법 20항 21종, 기타 구산주법 1종 수록.
- <주방문요람>(민속박물관본), <주방문 釀酒方文>(민속박물관본), <주방문 釀酒方文>(한글박물관본), <주방문조과법>(중앙도서관본). 이 책들은 이본 관계로 가장 앞서는 필사본은 <주방문요람>(민속박물관본)임. 더 자세히 살피려면 **58. 주방문조과법, 59. 주방문 양주방문, 60. 주방문 양주방문**을 **참고**할 것.

추가 설명 : 국립민속박물관 홈페이지

https://www.nfm.go.kr/user/extra/home/totalSearch/totalSearch/jsp/Page.do#;

술을 빚는 방법 등을 적은 조리서. 주방문(酒方文)에서 중요한 내용만 뽑아 간추린 필사본. 절첩본(折帖本)으로, 여러 장이 겹쳐 붙여진 종이가 세로로 17번 접힌 형태(펼친 크기 : 세로 12.8, 가로 162.5). 표지 2면. 본문 34면. 앞표지에 '酒方文 要覽'이, 1면 우측에 '쥬방문, 釀酒方文'이 묵서됨. 본문에는 각종 술을 빚는 방법과 술이 초가 되었을 때의 대처법, 음주 금기사항, 과자 만드는 법, 술·초·장 담그는 길일(吉日) 등이 기술됨. 표지 17~18, 31~33면에 '酒性大熱味苦甘辛有毒本草', '消憂發怒宣言暢意本草', '久飮傷神損壽本草', '惟酒無量不及亂', '閨中閑覽', '酒味辛者能散味苦者能下味甘者居中而緩焉湯液', '酒者天之美祿', '腐腸生疾迷性失德右酒誡', '飮酒勿過多' 등 동의보감(東醫寶鑑)·논어(論語)·한서(漢書)·주계(酒戒)' 등에서 뽑은 술에 관한 글귀가 묵서됨. 34면에 '癸亥元月寓在佳野村書之', '계해원월우재가야촌서지'

등이 묵서됨. 일부 내용에 먹선이 그어져 표시됨. 앞뒤 표지면은 다른 면에 비해 가로 길이가 짧음. 외면에 칠이 되어 있음.

62. 주방문초 필이차방양 酒方文抄必以此方釀

• 백두현 교수 소장본.

• 국한문 혼용 조리서.

• 표지 서명은 <주방문초 필이차방양(酒方文抄 必以此方釀)>. 술을 빚을 때는 반드시 이 방법대로 빚으라는 의미.

• **양조법**(5종) : 하일두강주법, 오병주법, 과하주법, 청명주법, 백화주법 수록.

63. 주식방

• 개인(성봉현) 소장.

• 표지에는 한글로 '주식방'(좌측), 우측에는 '월곡장'이라 적힘(월곡이라는 택호나 호를 가진 집에서 보관한 책이라는 의미로 보임).

• 권수제(책의 내지 첫부분에 기록된 제목)는 '음식법'.
내지 첫장에 '음식법 목차'가 수록되어 권수제로 '음식법'이라 함.

• 한글 필사본(일부 한자 혼용). 12행, 1행 23~24자.

• 양조법이나 음식명에는 한글과 한문을 동시 기록하기도 함.

• 표지 뒷면에 과하주법를 추가하여 덧붙임.

• <음식법> 목차에는 53종의 음식법이 기록되어 있지만, 실제 기록은 목차와 달리 추가된 것이 있음(8종 양조법 수록).

• 목차와 내용 중의 약과법, 만두법, 증계법, 목과병(목과떡), 침장법, 초법 등에는 한자 옆에 한글 또는 한글 옆에 한자를 병기한 경우가 많음.

• 수록된 양조법은 목차에 있는 연엽주, 백수환동주, 소자주, 하일청향죽엽주, 석탄음, 과하주, 부의주, 청명주(한자 옆에 한글로 일부 2중 기재) 8종 외에, 표지 이면에 추가한 과하주(10월 상순에 빚어 한 해를 지나 5월에 마신다고 함), 맥주법(내지 첫장 뒷면에 목차를 이어 적고 남은 공간에 약반법, 맥주법이 추가됨), 중간에 기술된 두견주법(두견주), '잠시 먹는 술법(작주방)', 구기자주법(구기자주) 등 총 13종 수록.

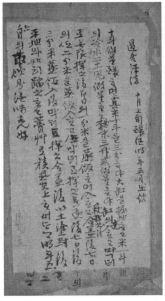

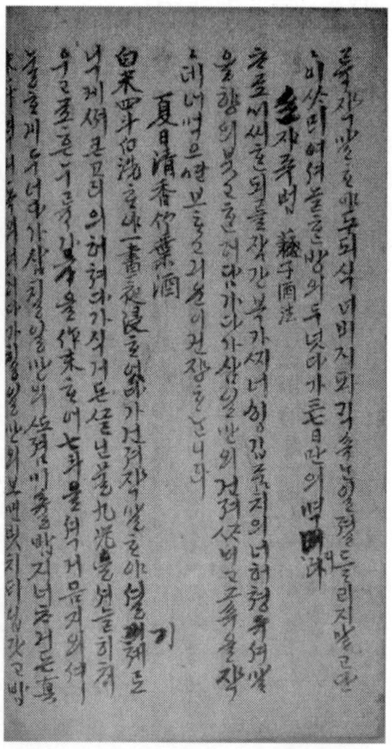

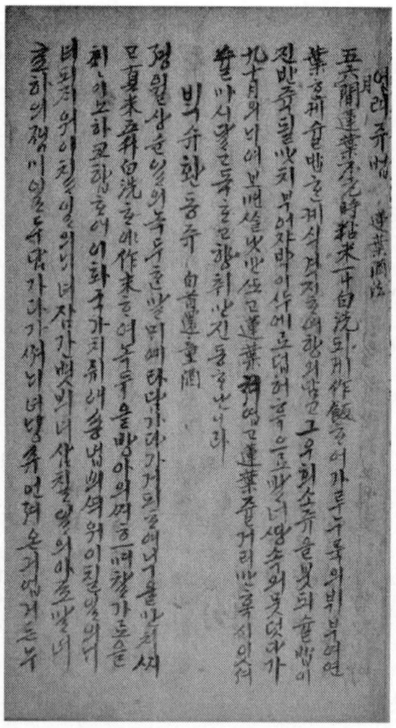

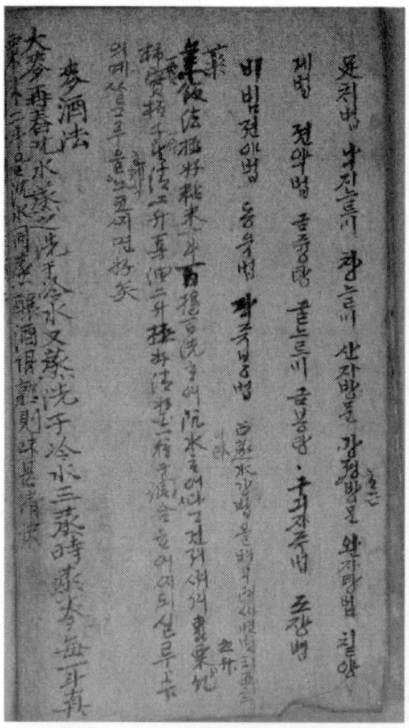

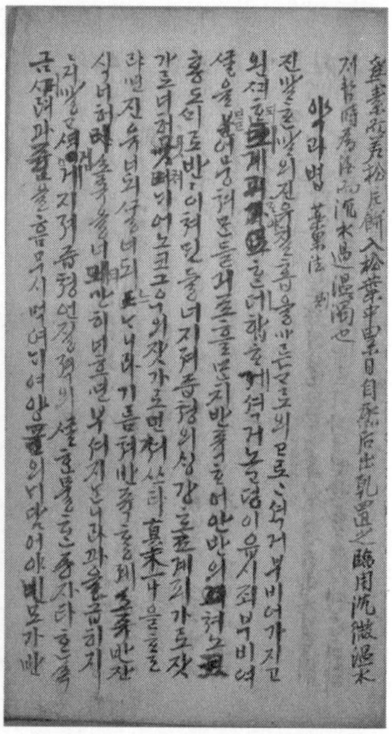

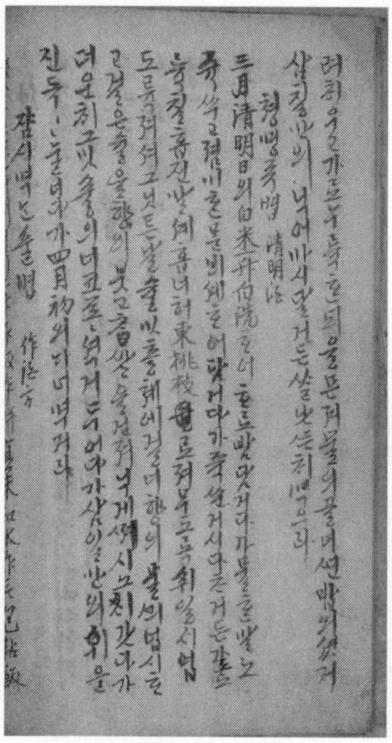

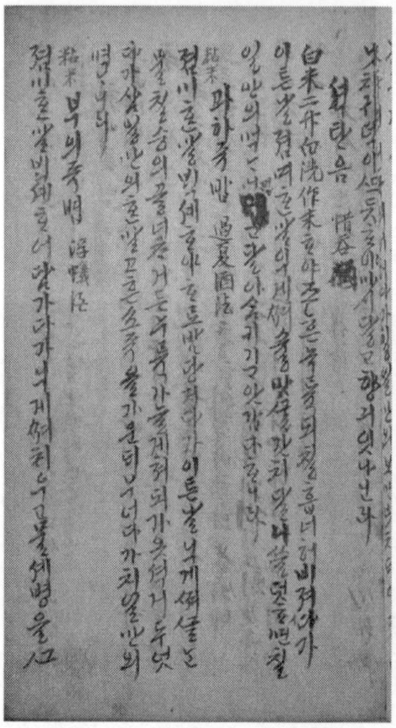

64. 주식방문 노가재본

• 2종의 <주식방문>이 있음 : 안동 김이익(1743~1830) 유와공 종가 소장본(장서각에 마이크로필름으로 소장), 국립중앙도서관 소장본.

• 종손 김태진이 소장하다가 한국효문화진흥원에 기증.

	정본	이본
소장처	노가재 김창업(1658~1721년) 집안의 유와공 종가 소장	국립중앙도서관 소장
특징	'안동김씨 노가재공댁', '유와공 종가 유품' 묵서	정미(?)이월일 등출전급 소명[해]니일치말고두고보라
시기	1826년 이후나 1830년 무렵의 기록으로 추정	정미년 이월달에 베낌 (1907년으로 추정, 현대어)
내용	50쪽에 걸쳐 조리법 기록 총 114종의 음식 기록	총 51종 음식 기록
양조	술 6종과 서김 1종 (합주, 찹쌀청주, 송엽주, 소국주, 삼일주, 두견주로 6종과 술밑을 만드는 서김방문)	술 6종 (청명주, 삼해주, 백화춘술방문, 칠일주, 연일주, 송순주)
사진	 Front cover　　A bookmark　　Back cover	 Front cover　The beginning of a book signing　Appellation of Chinese characters
비교	• 이본은 전체 85.42%가 노가재본과 동일(**양조법은 많이 다름**) • 노가재본은 국립중앙도서관본에 비해 약 2배 분량 • 장서각에는 두종의 마이크로필름이 모두 있음	

1) 노가재본 <주식방문>

• 노가재본 <주식방문>은 19세기 기록으로 추정, 작자 미상의 한글필사본.

• 겉장인 표지에 백지 한지가 덧씌워져 있고, 책을 묶은 실끈은 보이지 않음.
 (표지는 후대에 새로 장정하면서, 제목과 부제도 새로 붙인 것)

• 크기는 가로 17.4×32.5cm이고, 앞뒤 표지를 포함하여 총 25장이다. 본문은 무계(無界)이고, 11번째 장인 21~22쪽에 세로와 가로줄 선이 희미하게 보임. 1쪽당 11~12행, 1행에 21~24자 기록. 표지의 오른쪽에는 세 줄에 걸쳐 '안동김씨 노가재공댁', '유와공 종가 유품(猶窩公 宗家 遺品)'이라는 기록이 있음.

- 1826년 시헌서 이면지와 연대를 알 수 없는 시헌서 12월~4월까지 이면지 이용 필사.
- 필사 시기는 1826년 이후임.
- 유와공은 김창업의 증손자 김이익(1743~1830). 김이익의 사망 이전에 필사되었을 가능성도 있음.
- 권두 서명은 '쥬식방문', 권말 서명은 '쥬식방문 국농보장'(국농보장의 의미에 대해선 모르겠음).
- 총 114종의 음식 수록(체계적이지는 않음). 이중 양조법은 합주방문, 찹쌀청주법, 송엽주, 소국주 만드는 방법, 삼일주법, 두견주법 등 6종.

*좌측의 <주식방문>이 노가재본이고,
우측은 국립중앙도서관 소장본임

2) 국립중앙도서관본 <주식방문>

- 한글 필사본, 저자는 미상이나 편찬연대는 분명(1907년).
- 표지 서명은 '쥬식방문', 권두 서명은 '쥬식방문'.
- 표지를 제외하고, 30쪽에 걸쳐 술과 음식을 만드는 법 기록.
- 20.8×24.7cm.
- 본문은 무계이고, 1쪽 당 10행, 1행에 17~22자.
- 표지 오른쪽에 실끈으로 다섯 군데를 묶어 제본, 오침표지 오른쪽에서부터.

정미년 이월달에 베낌	정월 2월에 베꼈다
정미 이월 일 등출 전급	정미 2월 일에 등초, 전급 (여기서 정미는 1907년으로 추정)
소명ᄒ니 일치 말고 두고 보라	소중하니 잃어버리지 말고 두고 보라

*등출은 등초(謄抄)와 같은 뜻으로 '옮겨 베꼈다'는 의미. 전급(傳及)은 '전하여 미치게 한다'는 의미.

- 표지의 왼쪽에는 표지서명인 '쥬식방문'이 있음.
- 본문에는 음식을 설명할 때 '○'표를 붙였고, 22개의 음식엔 '연약과법 軟藥果法'처럼 한글 아래 한자를 부기. 또 감사과의 조리법에서 '...쩌내되 蒸出...'와 같이 본문 중 한글 설명이 부족하다 생각된 부분에는 가는 붓으로 작게 한자를 부기. 내용을 베껴 쓸 때 틀린 글자는 크게 동그라미를 하고, 바로 옆이나 아래에 다시 명기.
- 두 책 모두 처음을 과동외지히법, 지금 쓰는 외김치법, 생치김치법, 청장법 순으로 시작.

노가재본 <주식방문> 추가 얘기
- 은진 송씨 가문과 안동 김씨 가문은 연혼으로 깊이 관련됨(여류 문인인 안동김씨가의 호연재 김씨(1681~1722)는 은진 송씨가의 송요화(소대헌)와 혼인). 그러다보니 <주식시의>와 노가재본 <주식방문>의 조리가 유사한 것이 일부 있음. 예로 붕어찜과 배추선 등.
- 이들 조리는 평소에 먹는 음식이기 보다, 봉제사와 접빈객용의 격조높은 음식.
- 특히 궁중음식과의 교류를 볼 수 있는 음식과 조선시대 반가의 다른 조리서에는 없는 간막이탕이나 냉만두가 기록된 점은 독보적인 의미를 가짐.

- **관련 도서**
*주영하 등(2023), <조선요리비법>, 한국학중앙연구원 출판부.
- **관련 논문**
*차경희(2016), 노가재공댁「Jusikbangmun (주식방문)」과 이본(異本)의 내용 비교 분석, 한국식생활문화학회 4호.
*최영진(2016), 국립중앙도서관 소장의「Jusikbangmun (주식방문)」을 통해 본 조선 후기 음식에 대한 고찰, 한국식생활문화학회지, 6호.

65. 주식시의 酒食是儀

• 대전 은진 송씨 동춘당 송준길 집안의 조리서.
 (송준길의 둘째 손자인 수우재 송병하 가문에 내려온 조리서).
• 2007년 대전선사박물관에 기탁.
• 한글 필사본, 16.3×24.0cm, 39장.
• 송영노(1803~1881년)의 부인 연안 이씨(1804~1860)가 처음 기록을 시작하여 여러 대에 걸쳐 가필한 것으로 추정(19세기 후반, 송영노는 송준길의 9세손).
• 주식시의는 '마시는 것과 먹는 것의 바른 의례' 또는 '여성이 마땅히 만드는 마시는 것과 먹는 것'의 의미.
• 약과, 떡, 차, 회, 만두, 탕, 찜 등 음식조리법과 술 만드는 법, 생활에 필요한 지혜, 음식재료 다루는 법 등 99항목 수록.
• <주식방문>과 함께 회덕 지역의 대표 조리서.
• 7종의 술 기록(감향주는 2번 기록됨). 별별약주법에서는 부재료에 따라 두견주, 과하주, 송순주로 응용할 수 있다고 함. 화향입주방에서는 국화·매화·연화·유자 등을 이용한 국화주·매화주·연화주·유자주가 소개됨. 송순주법에서는 덧술로 소주를 내린다고 함.

별별약주법	봄이면 꽃 피기 전에 밑술을 하였다가 덧술을 만들 때 **두견화 약간 섞어 만들면 두견주, 여름에 소주를 식기로 더 넣으면 과하주, 송순을 넣으면 송순주이다.** 이 술은 끓이지 않은 물이 들지 않은 술이므로 마시면 담을 없애고 두통이 없다.
화향입주방	**국화** 활짝 필 때 술이 1말이면 꽃 2되를 주머니에 넣어 술독 속에 매달아 두면 향내가 가득하니 꽃은 **매화와 연꽃** 등 향이 있고 독이 없는 꽃은 모두 이 방법으로 하되 꽃을 (많이) 술 위에 뿌려도 좋다. **유자**는 술 속에 담그면 술맛이 실 것이니 술 속에 넣지 말고 유자 껍질을 주머니에 넣어 매달고 술독을 단단히 덮어 익히면 향취가 기이하다.

• 즙지히를 만드는데 메줏가루와 부재료를 모주처럼 반죽한다고 하여 모주를 만드는 법이 상용되고 있음을 알 수 있음. 결과적으로 <주식시의>에 기록된 술은 모두 12가지.

• **관련 논문**

 *정혜경(2013), 「음식디미방」과 「규합총서」와의 비교를 통한 「주식시의」 속 조리법 고찰, 한국식생활문화학회지 28(3).
 *차경희(2012), 『주식시의 酒食是儀』에 기록된 조선후기 음식, 한국식생활문화학회지 27(6).
 *정은선(2021), 「주식시의 酒食是儀」 병과류(餠菓類) 현대적 해석, 충남대 산업대학원 학위논문.

*배영환(2012), 19세기 대전지역 음식 조리서의 국어학적 연구 :『우음제방』과『주식시의』를 중심으로, 한국중원언어학회 언어학 연구 25호.

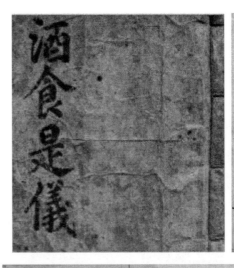

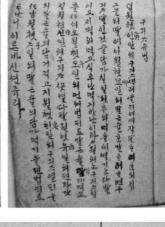

66. 주정 酒政

*이성우(1981), <한국식경대전>, 379p. 참조

- 미국 버클리대학교 동아시아도서관 소장.
- 한문 필사본. 35.7×22.8cm.
- 찬자 미상의 19세기 말 문헌.
- 1冊(140매): 無匡郭, 無界, 11行 29字 註雙行, 無魚尾.
- 양조법(5종): 소국주, 백일주, 두강주, 두견주방(1제 9두), 방문주, 소주.

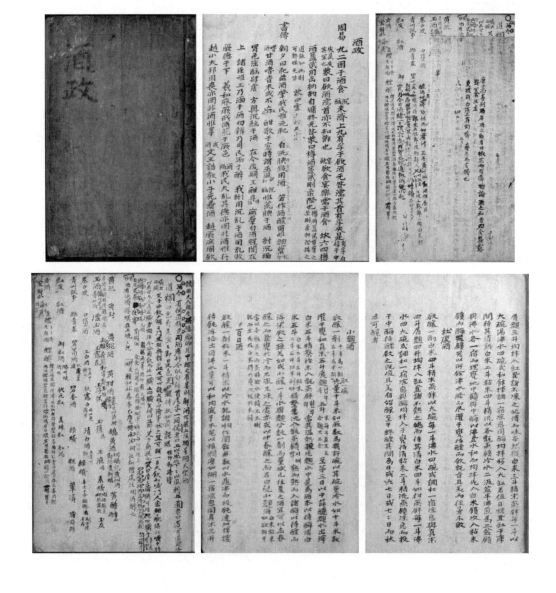

134

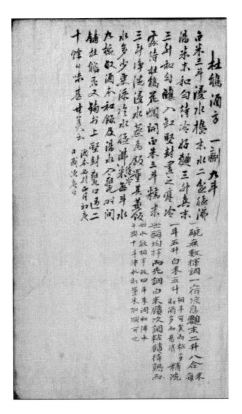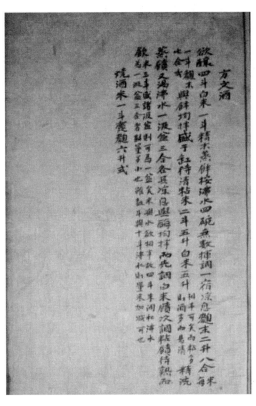

• 링크 정보

*버클리대학교 동아시아도서관 소장본 열람(링크)

https://archive.org/details/chujong008800x/page/n149/mode/2up

*고려대 해외한국학자료센터의 <주정> 관련 자료(링크)

http://kostma.korea.ac.kr/dir/list?uci=RIKS+CRMA+KSM-WZ.0000.0000-20090715.AS_SA_236

67. 주찬 酒饌

- 이성우 교수가 입수하여 소장.
- 한문 필사본, 표지서명은 주찬, 권두서명은 造酒方.
- 크기 : 19.0×11.6cm, 각면 10행, 1행에 23~26자.
- 총 68면(양조법 63항 88종, 조국법 1종, 기타 1종, 침장법 4항, 양초방 3항, 침저법 7항 등).
  이중 술은 30면, 일반조리 28면, 기타 10면은 상우경 등.
- 1800년대 초로 추정(이혜정, 1991).

· **관련 도서**
*김유·윤숙경 역(1998), <수운잡방·주찬>, 신광출판사.
· **관련 논문**
*전정일 외 2명(1992), "주찬(酒饌)" 속의 약용약주에 관한 고찰, 동아시아생활학회지 2(1).
*전정일·이혜정·이성우(1991), "주찬" 속의 민자 발효주에 관한 고찰, 동아시아식생활학회지 1(2).

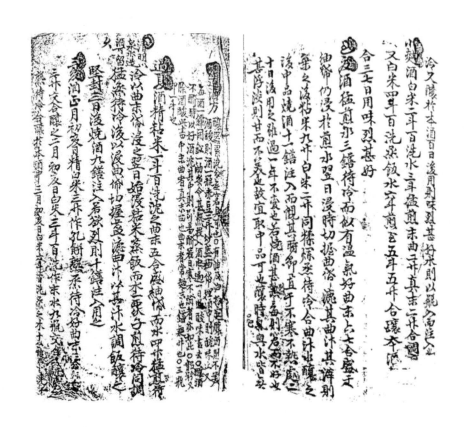

68. 주찬방

• 박록담 소장.

• 표지 서명 : <諺書酒饌方>(언서주찬방), '先世遺筆(선세유필)'. 이는 후손이 재장정하며 새로 이름 붙인 제목임을 알 수 있음. 先世遺筆(선세유필)은 조상이 남긴 서책임을 가리킴.

• 권두 서명 : 쥬찬방. 원래 필사자가 붙인 서명은 <주찬방>.

• 크기 : 14.0×23.7cm.

• 표지 2장, 목록 4장, 본문 46장. 無界, 묵서.

• 양조법 37항 42종, 조국법(이화국, 조국, 향온국) 3항 5종, 기타(구산주법 등) 6종 수록.

• **전사 필사본** : 다른 책을 보고 일부 또는 대부분을 필사했을 것으로 추정.

• 국문학적으로 17세기 전기 조리서로 추정.

• 필사자가 쓴 권두 목록의 이면에 다른 사람이 한글방문 5개를 묵서됨. 이를 확인하기 위해 장정을 풀어 내용을 확인함. 감향주, 집성향주, 녹파주, 설탄향주, 과하주.

• 뒷표지 안쪽에 '甲辰春 改粧于江都長嶺寓舍 靑氈旧物 不宜借人見失也' 즉 갑진년 봄에 강화도 장령의 집에서 책을 다시 장정했음. 조상 대대로 내려오는 물건이니 남에게 빌려주거나 분실하지 않도록 하라고 함. 여기서 갑진년은 1724년, 1784년, 1844년 중 하나.

• 표지와 뒷장의 안장을 배접했는데, 이두문으로 쓴 고문서를 사용함. 고문서에 '江華府使之印(강화부사지인)'이라는 관인이 있음. 이를 통해 개장자가 관아의 일을 보던 사람임을 알 수 있음. 원래 필사자도 관아의 관리였을 가능성이 큼.

• 필사 과정에서 오류를 확인하고 교정한 흔적이 있음(예 : 독의 허.녀., 지.식. 등) 동일한 문장을 반복한 필사도 있어, 다른 문헌을 보고 베끼다가 한 실수로 볼 수밖에 없음.

• **관련 도서**
*백두현·박록담 외(2020), <주찬방 주해>, 글누림출판사.
• **관련 논문**
*백두현 외 1인(2019), 표기와 음운변화로 본 <주찬방>의 필사연대, 국어사연구 28(28).
*백두현 외 1인(2019), 17세기 한글 음식조리서 <주찬방>의 서지와 내용 구성, 영남학 70권.
• **관련 글**
*김재형이 자신의 블로그(한국술문헌연구소)에 쓴 관련 글
https://blog.naver.com/korean-sool/222520858228

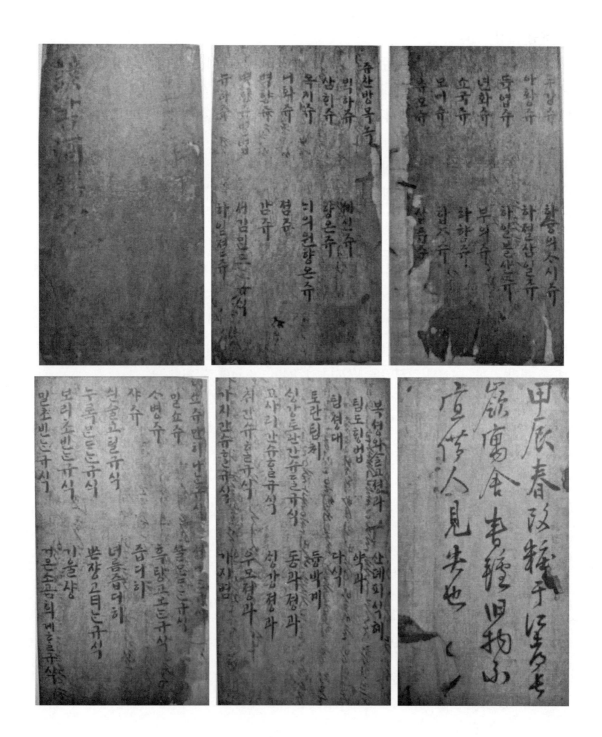

69. 주초침저방

• 우리술학교 소장.

• 한문 필사본(뒷부분 2면에 걸쳐 한글 필사된 양조법이 있음).

• 잔본(殘本, 일부 누락되어 완전한 책이 아님), 서명과 필사자 정보가 없음.

• 22.0×26.0cm.

• 판심과 어미, 행 구별 선이 전혀 없는 종이에 묵서.

• 묵서한 필체는 매우 수려하여 붓글씨에 능한 남성의 뛰어난 필력.

• 음식 조리법에 관련된 해박한 지식과 경험을 가진 학자 혹은 관련 업무에 종사한 관인(官人)이
쓴 것으로 추정.

• 내용은 술, 초, 김치에 대한 방문임을 고려하여 <주초침저방>이라 이름 붙임.

• 모두 31면, 등재된 방문의 총수는 126개(1면부터 29면까지는 한문 방문 121개, 30면과 31면에는
한글 방문 5개가 쓰여 있음).

• 한문 방문 내용 속에는 본인의 생각을 덧붙여 한자를 바로 잡거나 내용을 다시 고친 것이 있음.
이러한 수정은 이 책의 필사자가 술과 음식에 대한 전문적 식견을 가진 사람임을 뜻함.

• 『주초침저방』은 책의 외양과 내용이 온전한 상태는 아니지만 다음 몇 가지 점에서 중요한 가치를
갖는다. 첫째 지질(紙質)과 한글 표기 양상으로 보아 이 책의 필사가 16세기경에 이루어진 것으로
판단된다. 지금까지 알려진 가장 오래된 한글 음식조리서는 17세기 중기의 「해주최씨 음식법」과
17세기 후기의 『음식디미방』이다. 따라서 『주초침저방』 한글 방문은 연대상 가장 오래된 것이다.
둘째, 새우젓으로 담그는 감동저를 비롯하여 김치 방문 20개가 수록되어 있다. 셋째, 다양한 종류의
술방문과 음식방문이 수록되어 있다.

한글 방문에 나타난 ㅄ와 ㅶ는 중세국어의 특징을 보여주는 것이다. 이 표기들은 이 문헌의 연대가
17세기 초기 이후로 내려가지 않는 증거이다. <주초침저방>에는 ㆍ의 변화, ㄷ구개음화, 순자음
뒤의 원순모음화(ㅡ→ㅜ)를 실현한 예가 전혀 없다. 지질과 한글 방문의 표기법 및 국어사적 특징을
근거로 필자는 이 책의 필사 연대를 16세기로 판단한다. 아무리 늦잡아도 17세기 초기 이하로
내려가지는 않는다(백두현의 논문에서 옮김).

• **양조법** : 감주, 이화주, 황금주, 오정주, 구약주, 송엽주, 용호주, 구기침지주, 오미자주방, 사절통용유
주방, 절주점주방, 예주방, 우 벽향주, 송화주, 이황주, 만전향주, 상실주, 급주, 백자주, 열시조주방,
삼일주방, 부주방, 절주방, 녹파주방, 도화주, 절주(명칭 없음), 송엽주, 수주, 감주, 경장주, 육두벽향주,
앵도주, 로도주, 금향주방, 합주, 주법재고, 벽향주, 오가피주, 구약주, 점주, 점주우방, 우방, 백자주,
목맥주, 진상주, 별진상주, 삼두주, 황금주, 벽향주, 하월열시주, 이화주, 우 이화주, 삼해주, 삼오주,
절주, 오두주, 구두주, 죽엽주, 칠일청주, 십두벽향주, 십오두벽향주(한문), 엿말벽향주, 녹파주, 경장

주, 절주(한글).

·관련 논문

*백두현(2017),『주초침저방』(酒醋沉菹方)의 내용 구성과 필사 연대 연구, 영남학(경북대 영남문화연구원) 62(62).

*박채린, 권용민(2017), 주초침저방에 수록된 조선전기 김치 제법 연구 — 현전 최초 젓갈김치 기록내용과 가치를 중심으로, 한국식생활문화학회지 32(5).

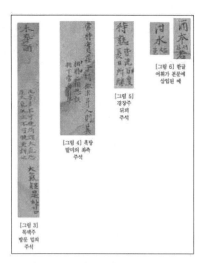

[그림 3]
폭백주
방문 밑의
주석

[그림 4] 측랑
밑의 좌측
주석

[그림 5]
경장주
뒤의
주석

[그림 6] 한글
어휘가 본문에
삽입된 예

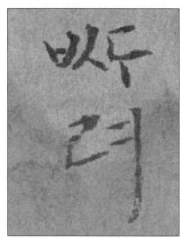

[그림 7]
安東茶食 뒤의
주석

[그림 9] '櫨'의 이체자,
맨 오른 쪽 사진의 '櫻桃酒'에
정체자가 쓰였다.

[그림 8]
양초방
방문명 밑의
주석문

140

麥醋方

端午前釀酒當端午日用銅器葡萄樣□□□□酒一□□
納瓮待熟用之

麥醋方

當七月初一日真麥一斗淘正蒸蒸以好麴二升合持作餠□□陽水作餅
覓七日後開出英露他水金酒□之東粥二升令和□入瓮中青布用□□
□後開封用之無時造用亦妙守釀初一日
又方麥二升極泥如常□酒攪造釀待熟丙日麗汁納瓮□□□□
地熟藥不發氣納瓮堅封□□

大麥醋方

又方每月初二日十一日二十一日將大麥米一斗□能流水薰浸經□日□魚蒸術
洽入覓以青布堅封瓮口又經□□後將湯水六沙鉢持冷又注覓中□□□七日間
知攪又以青布堅封後武以來向甆瓮枝又以艾葉冒覓口待經二七日間
用水之多小□麥斗數為之如或連用葡萄五合和上項水注□□□□

醫味惡醋法

真麥一攞常炒納瓮其來即運好○車撤下土一攞納瓮於連好又白炭

香酒

70. 침주법 浸酒法

- 궁중음식연구원 소장.
- 찬자와 필사연대를 알 수 없는 고조리서로 술 제조법이 기록된 한글 조리서.
- 술 제법과 국어 등을 볼 때, 17세기 후반으로 추정됨(1690년경).
- 양조법명 옆에 일부 한자로 병기(한자 해독을 할 수 없는 것이 많음).
- 표지 제외하고 내용은 8장(16면), 수록된 양조법과 누룩은 총 49종.
- 양조법과 함께 쌀량을 부기한 술이 많은 것이 특징.
- **양조법** : 세향주(細香酒) 6말, 녹하주(綠霞酒) 7말, 삼해주 7말, 유감주법, 향감주법, 세심주 10말, 백화주 15말, 처화주(○○酒) 5말, 닥주(楮酒) 1말, 구과주(○○酒) 1말, 이화주(梨花酒) 2말, 보리주법, 국화주(菊花酒), 적(덕)선소주(謫(德)仙燒酒), 송순주(松筍酒), 녹파주(淥波酒), 녹파주(淥波酒) 3말, 찹쌀녹파주(粘米淥波酒) 3말, 부점주(浮粘酒), 삼일주(三日酒) 1되, 또 삼일주(三日酒) 1말, 칠일주(七日酒) 1말, 일두주(一斗酒), 상주(賞酒) 4말, 감주(甘酒) 1말, 하양주(○○酒) 1말, 삼칠주(三七酒), 이화주 1말, 또 이화주(梨花酒), 청하주(靑○酒), 송엽주 1말, 애엽주(艾葉酒) 1말, 소주(燒酒) 1말, 유하주(流霞酒) 7말, 목욕주(○○酒) 1말 6되, 부의주(浮蟻酒) 1말, 진상주(進上酒) 1말 2되, 향온주(香醞酒) 11말, 홍로주(江爐酒) 11말, 백자주(柏子酒) 11말, 소주(燒酒) 1말 2되, 보리소주(麥燒酒) 1말 2되, 삼일주(三日酒) 1말, 무시절주, 육두주, 삼두주(三斗酒), 청감주(淸甘酒) 1말, 감주(甘酒), 누룩법(?) 등이 8장에 걸쳐 수록됨.

셰향쥬 細香酒 연 말
빅미 두 말을 일빅 믈 시서 ᄒᆞᄅ쌤 재여 ᄀᆞ르 밍그라 믈 서 말 쓸혀 둠긔되 반으란 설고 반으란 닉게 기여 ᄀᆞ장 식거든 ᄀᆞ르 누룩 두 되와 진ᄀᆞ르 ᄒᆞᆫ 되를 섯거 둣다가 막 거푸미 셔거든 빅미 너 말을 일빅 믈 시서 ᄒᆞᄅ쌤 재여 밥 닉게 쪄 믈 연 말 글혀 바배 골라 ᄀᆞ장 식거든 몬져 미틔 누룩 업시 섯그라 ᄀᆞ장 죠ᄒᆞ니라

녹하쥬 綠霞酒 닐곱 말
빅미 두 말 일빅 믈 시서 ᄒᆞᄅ쌤 재여 ᄀᆞ르 밍그라 믈 서 말 쓸혀 둠긔되 반으란 설고 반으란 닉게 기여 식거든 ᄀᆞ르 누록 두 되와 진ᄀᆞ르 두 되를 섯거더가 닉거근 츌빅미 닷 말 일빅 믈 시서 ᄒᆞᄅ쌤 재여 밥 닉게 쪄 믈 닷 말 쓸혀 바배 골라 누룩 업시 석그라 ᄀᆞ장 죠ᄒᆞ니라
*출처 : 백두현(2017).

142

71. 태상향의도병 太常享儀圖屛

- 국립고궁박물관 소장.
- **'태상향의도병'**은 '제례의궤도 병풍'이라고도 함 : 4첩 병풍(제물봉진식, 재물숙설식, 재물진설식 등).
- 조선의 제향과 제사 등을 관장하던 '봉상시'의 병풍일 가능성이 제기. 즉 <태상지>(봉상시의 매뉴얼을 책으로 만듦)의 내용을 병풍으로 만들어 재구성한 것이 '태상향의도병'.
- '태상향의도병'은 헌종대 초인 1834~1835년에 제작 추정.
- 이중 4첩의 그림에 제물의 봉진, 조리, 진설법과 제기를 씻고 제사 고기를 나누며 곡식을 찧는 방법 및 술·젓갈·김치·장 등에 대한 제조법이 기록되어 있음. 각종 찬품의 제조법은 영조 때 편찬된 <태상지>의 '찬품'에 실린 내용을 간추린 것.
- 술과 누룩 그리고 식초 등 진설품의 제조법이 수록되어 있음.

- **관련 논문**
*손명희(2014), ≪태상향의도병태상향의도병≫ 연구, 고궁문화 7호.

자성(粢盛) 찧는 법
매달 20일 이후에 청대(請臺)하여 다음 달 제사에 쓸 각종 곡식을 계산하여 여종에게 나누어 준다. 햇빛에 말리고 곡식을 찧어 제사가 있는대로 바치게 한다.
[粢盛舂正式]每月念後, 請臺計出來朔祭用各穀, 分授婢子, 曝乾舂米, 隨祭以供.
○ 정조(正租, 벼) 1말에서 갱미(粳米) 2되 5홉이 나온다. 【백미는 3되】
피서(皮黍) 1말에서 서미(黍米) 4되가 나온다. 【찹쌀, 조, 수수도 같다】
피직(皮稷) 1말에서 직미(稷米) 3되가 나온다.
正租一斗, 出粳米二升五合. 【白米三升】 皮黍一斗, 出黍米四升. 【粘粟黍同】 皮稷一斗, 出稷米三升
*출처 : 손명희(2014), 143p.

술 빚는 법(釀酒式)
빚을 때마다 먼저 흰쌀 5말과 찹쌀 5말을 여러 번 씻어 가루로 만들고, 누룩가루 6선(鐥) 반을 넣어 찧고 섞어서 독에 넣는다. 이것을 주본(酒本)이라 한다. 이것이 익기를 기다렸다가 또 쌀 15말로 밥을 짓고, 누룩가루 13선을 넣고 섞어 독에 담아서 이레 동안 익히고 술주자(槽)에 올려 거른다.
[釀酒式]每釀先以白米五斗, 粘米五升, 百洗作末, 和麴末六鐥半, 打匀入甕, 是謂酒本. 待其醞釀, 又以米十五斗 蒸飯, 和麴末十三鐥, 調匀儲瓮中, 滿七日成熟, 上槽倒淸.
○ 【첨부】 울창주(鬱鬯酒) : 당서미黍米를 가루로 만들고 누룩을 넣고 걸러서 울금, 강황을 넣고 달인다.
【附】鬱鬯酒, 以 黍米作末, 和麴取淸, 入鬱金烹煎
○ 자주(煮酒) : 청주(淸酒) 1병에 황랍(黃蠟, 밀랍)과 후추 각 2돈쭝을 넣고 반나절 끓여 거른다.

煮酒, 以淸酒一甁, 入黃蠟胡椒各二錢中, 湯煮半日倒淸.

○ 누룩 만드는 법(造麯) : 소맥(小麥) 15섬에 녹두 6말 6되 55홉을 넣고 잘 섞어서 밟아 만든다.

造麯, 以小麥十五石, 交入菉豆六斗六升五合, 勻拌踏造.

○ 식초(醋) 만드는 법(造醋式) : 중미(中米) 10말 5되, 누룩가루 2말 1되, 소맥(小麥) 2말 5되로 초를 낸다.

[造醋式]中米十斗五升, 麯末二斗一升, 小麥二斗五升出醋.

*출처 : 손명희(2014), 143~145p.

72. 하심당가 음식법

• 담양 창평의 홍주 송씨 이요당공파의 하심당종가에서 소장중으로 파본 상태의 한글조리서. 송영종 (1948~) 소장. 이요당의 10세손.

• 하심당가 음식법(下心堂家 飮食法)으로 명명 : 온전한 책이 아님.

• 몇 년 전, 종택을 보수하던 중 여러 문서 사이에서 발견.

• 종이 재질, 가공 방식, 한글 표기 양식으로 볼 때 19세기 후반.

• 17.5×24.0cm, 총 7장(13면).

• 표지와 앞부분, 뒷부분 소실, 가운데 일부만 남은 것.

• 끈으로 묶는 서철 제본의 흔적이 있음.

• 글자가 앞뒤가 바뀐 경우, 먼저 쓴 글자를 삭제하고 제 글자로 교체한 경우, 비슷한 글자로 오기한 것을 수정, 누락한 글자를 삽입한 사례 등이 있어 필사자의 창작물이기보다 다른 글을 보고 적은 흔적으로 볼 수 있음.

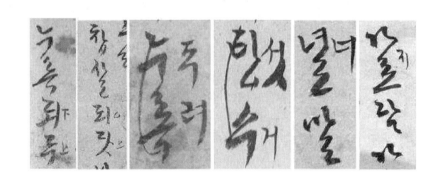

• 술이 7종, 과정류 2종, 김치류 2종, 찜 1종, 만두 2종 등 14종 수록.

• 양조법 : 칠일주, 삼일주, 효주삼해주, 이적선효주, 석탄주, 소곡주, 두견주.

• **관련 논문**

*박채린(2024), 19세기 호남 조리서『하심당가 음식법』소개와 해석, 한국식생활문화학회 39(2).

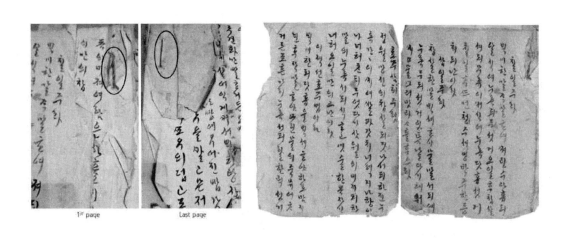

1st page   Last page

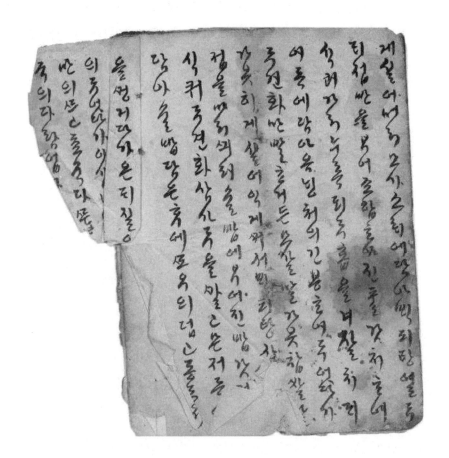

73. 호은경험방

- 인천 김영환님 소장.
- 한문 필사본. 현재는 호은경험방 권지하(湖隱經驗方卷之下)만 남아 있음.
- 호은 신량(申湸)이 쓴 의서로 추정(의서에 주방문이 포함됨).
- 17세기 후반의 우리말 반영.
- 목차 : 방문(一頭面… 六十九咀呪), 附錄, 雜方, 酒方文, 聞見方.
- 크기 : 27.0×19.0cm.
- 판책 : 1책, 본문 67장(목록 2장, 본문 65장), 오침안.
- 판식 : 無界, 10행 27자 내외(양조법 31종, 구산주법 등 기타 2종).

·참고 논문

*『호은경험방』의 서지와 향약명 어휘(이은규), 대구가톨릭대 인문과학연구소, 2024년 3월.

> 『호경』의 주방문에 대해서는 이상훈(2022)이 참조되는데, 특이한 설명이 여럿이고, 다른 문헌에는 없는 내용이 많음을 지적하고 있다.

*이 논문에서 주방문과 관련해서는 이상훈이 작성한 아래글을 참조했다고 함.

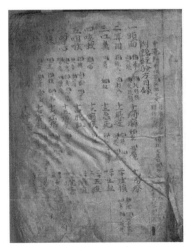  

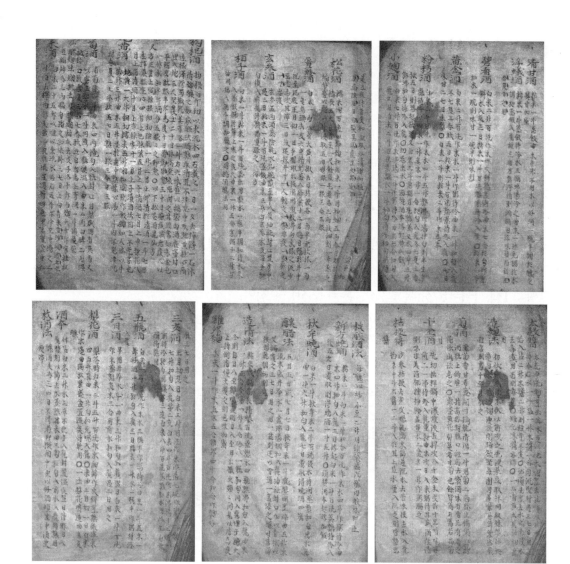

보론■ 동의학서적인 <호은경험방> 속의 전통주 레시피

며칠전 인천에 거주하는 김선생으로부터 처가에 내려오던 문헌에 술 빚는 법이 있다는 연락을 받았다. 동의학서적인 <호은경험방>이 그것으로, 양조법을 잠깐 살펴보았다. 생각할수록 특별한 문헌이어서 여기에 몇 자 적는다.

김선생의 처가는 논산으로, 장인의 본관은 광산 김씨인데 대대로 벼슬을 하였고, 학문을 가까이한 집안이라 한다. 집안에 보관 중이던 수백권의 책 중에는 같은 광산 김씨인 17세기 김장생과의 교류 문서도 있고, 가전 족보에는 이 책의 저자로 추정되는 신양(申瀁 1596~1663)은 이 집안의 사위라 한다. 아마도 이런 인연으로 호은(湖隱)의 의서가 이 집에 전해진 것으로 추정된다.

그렇다면 <호은경험방>은 어떤 책일까? 신양은 호가 호은(湖隱)으로, 효종 때 군기시(軍器寺)·제용감(濟用監)군

자감(軍資監)·예빈시(禮賓寺)의 정(正)을 지냈다고 한다.
(출처 : 한국민족문화대백과사전) 이 책의 첫부분에도 제용감(濟用監) 직을 맡았음을 언급(行濟用監)하고 있는데, 그는 신숙주의 7대손으로 아들인 신익상이 우의정이 되면서 나중에 영의정으로 추증되었다.

그럼 <호은경험방>은 신량의 저술이 분명할까? 이 책에 신량의 저술로 언급되어 있기 때문에, 湖隱 申湸에 의해 저술된 것은 분명하다. 그렇지만 이 책은 신량의 원저술을 근거로 후대인에 의해 17세기 후반에 필사된 것으로 추정된다. 이런 점은 저자 정보와 형태 서지적 특징이 17세기의 그것과 일치하기 때문이다. 일부에서는 신량이 유의(儒醫)로서 의학적 지식은 있을 수 있지만 이 책에 수록된 내용을 저술할 정도로 경험이 풍부한지는 알 수 없다고 한다. 수록된 처방들은 '대부분 기존 의서의 대표방문이나 기준 처방들을 수록하고 해설한 경우도 있지만 본인의 경험에 따라 한두 가지 약초만을 사용하여 효과를 본 향약 경험 처방도 많이 수록(민족의학 신문, 2010.08.25)되어 있기 때문이다. 즉 한두 가지 약초만을 사용한 처방이 많은데 이는 우리나라 풍토에서 비롯된 민간의 경험으로 민중 의료의 대표적인 모습이라 한다. 그렇다보니 이 책을 유의(儒醫)가 쓸 수 있을지 의심하는 시각도 있다.

<호은경험방>과 유사한 이본이 여럿 존재한다. 현재까지 확인된 이본으로는 안상우(2010)가 소개한 이본, 고려대 중앙도서관 소장본, 경험방(김영환이 고서경매에서 구입한 책) 등이 있다. 책명이 호은경험방, 경험방, 정험방 등으로 서로 다르고 편찬 내용상의 차이가 있지만, 목록의 구성과 순서 그리고 방문의 내용이 대체로 같은 점을 볼 때, 모두 동일한 계열의 '경험방'류로 추정되며, 이들은 후대에 편집, 필사한 것으로 보이며, <호은경험방>이 저본일 가능성이 높다. 그럼에도 이들 서책류의 원저자와 시대를 특정하는 것은 추가 검토가 필요하다.

따라서 이 책에 수록된 양조법이 17세기 기록인지(신량의 저술로 볼 경우) 아니면 18~9세기의 기록(호은이라는 호를 가진 다른 이의 저술로 볼 경우)인지가 여기서 갈린다. 개인적으로 집안 내력이나 양조법 등을 통해 볼 때, 이 책은 17세기 문헌으로 보는 것이 타당하지만 좀 더 확실하게는 전문가의 추가적인 감정이 필요해 보인다. 이 책에는 별법까지 포함하여 총 34개의 술과 관련한 레시피가 수록되어 있다. 그런데 이들 기록은 특이한 설명이 여럿이고, 다른 어떤 문헌에도 없는 레시피가 많아서 볼수록 귀한 자료임을 실감한다. 그래서 그 특징을 몇 가지로 요약하여 소개한다.

첫째로 이 책에는 특이한 설명이 여럿이다. 대부분의 한문 문헌에서 구멍떡을 공병(孔甁, 구멍 공, 떡병)이라 하는데, 이 책은 벽향주와 이화주 등에서 혈병(穴餠, 구멍혈, 떡병)이라 한다. 또 이화국의 경우 배꽃 필 무렵이나 2월 1일에 쌀로 누룩을 만드는데 이화국이라 하지 않고 미곡(米曲)이라 칭한다. 게다가 다른 문헌에서는 덧술 시 밑술 상태를 '익으면(待熟)'이라 표현하는데, 이 책의 일부 양조법에서는 '浮起'(부풀어 오름)라는 용어를 사용한다. 예를 들어 3일 후 부풀어 오르면(三日浮起) 덧술을 한다든지, 누룩과 밑술이 흐물흐물해지고 부풀어 오르면 덧밥을 한다(湏麴酒本浮起加飯)든지 등이 그것이다. 어찌 보면 여느 문헌과 달리 덧술을 빨리 하는 것처럼 보일 수도 있는 문장이다. 또 同流水 兩石五斗처럼 양석(兩石)은 2말(二斗)을 표현한 것이고, '井華水 斗一'처럼 글자가 바뀐 경우도 있다. 이는 필사과정의 오류로 보인다.

두번째로 필사과정의 오류인지, 실제 레시피가 그런 것인지 알 수 없는 부분도 여럿이다.(개인적으로는 필사과정의 오류로 본다) 예를 들어 신방소주(新方燒酒)는 다른 문헌의 소주다출방(또는 燒酒多取露法)과 비슷한데 밑술 쌀량이 여느 문헌과 달리 '粘米一斗 白米一斗'라 되어 있다. 비슷한 레시피라고 본다면 찹쌀 1되와 멥쌀 1되가 맞을 듯하다. 조국법(造麴法, 누룩만드는 법)도 '바람 통하는 곳에서 (띄워서) 십일 후 이를 얻는다(風處十至日 收之)'고 되어 있는데, 누룩이 완성되는 시간이 10일 후가 아닌 10월로 월(月)이 누락된 것이 분명하다. 그렇지만 지황주는 '지황 1大升과 찹쌀 5되'로 빚는데 지황 1大升이 아닌 1大斗인 문헌이 더 있어서 되와 말 중 어떤 것이 맞는 것인지 알 수 없다. 이처럼 술 빚는 당사자가 아닌 남자들이 한문 문헌의 필사를 반복하다 보면 이런 오류가 있을 수 있다.

셋째로 이 책에서는 다른 어느 문헌에도 없는 새로운 양조법이 여럿이다. 선료국법(仙醪麴法), 현삼주, 분면주(粉麵酒), 신방소주(新方燒酒), 지양주(地釀酒), 오곡(점미, 백미, 메밀, 수수, 차조)으로 빚는 소주인 오곡주법, 마가목으로 빚는 정공등주(丁公藤酒), 이름도 생소한 사명주법(四明酒法) 등이 그것이다. 이처럼 이 문헌은 우리 전통주의 경험세계를 확대하고 있다.

넷째로 이뿐 아니라 이 문헌의 양조법명이 다른 문헌과 같아도 그 빚는 법 즉 레시피는 대부분 다른 문헌과 다르다. 이는 이 문헌의 독특함을 보이는 것으로 기존의 레시피와 어떤 차이를 보이는지 모두 설명하고 싶지만 너무 번거로운 일이어서 몇 가지만 소개한다.
① 이화주 : 백미 2말 5되로 구멍떡(穴餠)을 만들어 이화국(이 문헌에서는 米曲이라 함) 5되와 밀가루 누룩(眞曲) 1되를 넣고 빚는다. 개인적으로 이화주를 빚는데 밀가루 누룩을 넣는 문헌을 본 적이 없다.
② 신방소주(新方燒酒) : 새로운 소주 제법이라 할 수 있는데 삼일 후에 덧술하는 것이 아니라 술덧이 부풀어 오르면 덧술한다(浮起). 소주다출방의 일종으로 <음식디미방>의 찹쌀소주와 <침주법>의 소주와 유사한 점이 많다. 그런데 여느 문헌에서 볼 수 없는 덧술 후에 덧밥을 넣는다(滇麴酒本浮起加飯). 이같은 레시피는 다른 문헌에서 본 적이 없다.
③ 벽향주 : 많은 문헌에도 있는 양조법이지만, 이 문헌의 레시피는 특별하다. 찹쌀 1말로 덧술하는데, 물을 '1사발을 넣으면 맛이 달고, 1사발 반을 넣으면 맵다(一碗則味甘 一碗半則味烈)'는 표현이나 제법은 어느 문헌에도 없다.
④ 황금주 : 다른 문헌과 레시피는 같다. 그렇지만 덧술 후 7일 지나 거르면 달고, 14일 후에 거르면 맵다(七日味甘 二七日味烈)'는 표현은 어느 문헌에서도 본 적이 없다.
이외에도 같은 양조법이어도 이 문헌 속 대부분의 레시피는 다른 문헌과 다르다. 모두 언급하지 못함이 안타까울 뿐이다. 귀한 자료를 전해준 김선생에게 감사를 드리며 술과 관련하여 <호은경험방>이 가진 의미가 너무 크다는 것을 말씀드리는 것으로 고마움을 대신한다.

작성 이상훈

74. 홍씨주방문

• <산림경제>의 저자인 홍만선의 후손집 소장.
 (현재까지 정확한 소장처나 조리서의 전체가 공개된 적은 없음)
• 한글 조리서(양조 관련 내용만 수록되어 있음).
• 2개의 두루말이(1개는 25.0×227.1cm, 총 141행, 1행마다 11~16자. 다른 1개는 23.7×580.5cm, 1행마다 1~14자).
• 19세기 중엽 문헌으로 추정.
• 첫번째 술은 양조법명을 알 수 없을 정도로 훼손되고, 일부 내용이 탈락되며 문장이 도중에 끊어져 있음.
• 찬자와 책명도 없어 이성우 등이 <홍씨주방문>으로 가칭함.
• 총 양조법은 36종(소곡주는 일부만 기록되어 양조법 수에서 제외, 송순주는 술이름은 없지만 유추하여 해독이 가능하여 숫자에 포함). 누룩 1종.

• **관련 논문**
 *손정렬 외 2명(1991), <홍씨주방문>의 양조에 관한 분석적 고찰, 동아시아식생활학회지 1(1).
 *손정렬·김성미·이성우(1991), <홍씨주방문>의 제조에 관한 분석적 고찰, 동아시아식행활학회지 1(1).

75. 활인심방

*이성우(1981), <한국식경대전>, 향문사, 568~571p. 참조

• 퇴계 이황 후손가 소장.
• 명 태조 주원장의 아들인 주권(朱權, 1378~1448, 호 구선)이 도가에 심취해 지은 책이 <구선활인심법>임. 상하 2권. 이 책은 상권에서 자기 수련을 통한 정신수양을, 하권에서는 약과 처방을 서술.
• 퇴계 이황의 <활인심방>은 구선의 <활인심법>의 상권에 해당. 몇몇 글자가 다르고, 일부 보양음식이 빠짐. 즉 <활인심방>은 퇴계의 저술이 아니라, 주권의 <구선활인심법> 상권을 약간 수정한 책임.
• 양조법 3종(무술주, 서여주, 지황주) 수록.

・**관련 도서**
*이철완 편저(2009), <활인심방>, 나무의 꿈 등 다수 출판사에서 출판.
・**관련 논문**
*김부찬(2018), 퇴계(退溪) 이황(李滉)의『활인심방(活人心方)』에 나타난 심신수양론, 충남대학교 유학연구, 45.
*이희대(1974), 서지 (書誌) · 해제 (解題) : 퇴계선생의 수적 (手蹟)「활인심방(活人心方)」, 퇴계학연구원 4(0).
・**관련 글**
*안상우(2009), 고의서산책 425, 退溪活人心, 민족의학신문.
*안상우(2012), 고의서산책 548~550,「活人心法」, 민족의학신문.
*김재형이 자신의 블로그(한국술문헌연구소)에 쓴 관련 글.
 https://blog.naver.com/korean-sool/222806985787

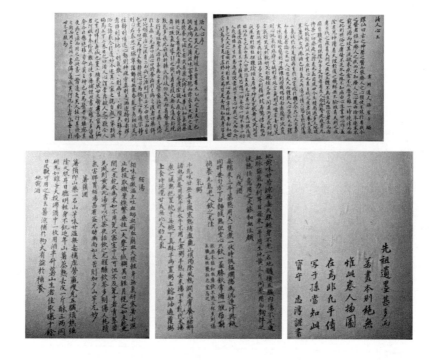

76. 후생록 厚生錄

• <언문 후생록>과 다른 문헌.

• 연세대 도서관, 청주고인쇄박물관, 장서각 등 소장.

• 필사본.

• <후생록>은 종합농서로 원래 상,하권으로 되어 있으나, 하권 1책만이 필사본으로 남아 있음.

• 지수재(知守齋) 유척기(1691~1767)의 <지수재집(知守齋集)> 권 15에 <후생록 서>가 수록되어 있음.

• 저자는 학산(鶴山) 신돈복(1692~1779), 저작 시기는 늦어도 1760~1767년 사이로 추정.

• 중국의 많은 농서와 양생서 등을 언급함.

청주고인쇄박물관본			연세대본		
饌膳(饍)法	造醋[法]	1	饌膳法	造醋[法]	1
	造酒[法]	6		造酒[法]	6

• <饌膳(饍)法>에는 각종 장담그기, 식초만들기, 기름만들기, 술빚기 등이 14종 26항목의 각종 설명이 수록됨.

• 수록된 양조법 : 삼일주, 송순주, 일일주, 잡곡주, 중원양호주, 청감주.

• **관련 논문**

*박문열(2008), 鶴山 辛敦復의 生涯와 著述에 관한 研究, 서지학연구 41집.

*박문열(2009), 鶴山 辛敦復의 「厚生錄」에 관한 研究, 서지학연구 43집.

*김영진(1983), 18세기 중엽의 종합농서 <후생록>에 관한 연구, 농촌경제연구 제 6권 2호.

*박문열(2008), 한국(韓國)의 토활자인쇄술(土活字印刷術)에 관한 연구(研究), 서지학연구 39집.

*박문열(2010), 「厚生錄」에 나타나는 近法과 俗法에 관한 研究, 서지학연구, 46집.

2장

의서와 구황서
속의 술

해제 ① 한의학 서적 속의 술

우리나라 한의학은 중국으로부터 새로운 의학을 지속적으로 수입하기도 했지만, 고려시대부터 이어져 온 향약 연구을 바탕으로 내재적 발전을 이룩하여 우리나라만의 독특한 의학적 체계를 구축하는 두가지 측면을 모두 가진다. 즉 중국 의학을 수입하는 차원을 넘어 우리만의 내적 발전을 축적하는 과정이었다. 이같은 특징은 우리나라 한의학 문헌 속의 술에서도 찾아볼 수 있다.

한의학 서적 속의 술은 크게 둘로 나누어 볼 수 있다. 하나는 중국의 의학서적에 수록된 다양한 약용주와 유사한 모습이다. 술은 약과 침 등과 함께 치료하는데 중요한 고전적 수단으로 이해되어, 약용주 이용법이 다양하게 발전하였다. 중국은 이같은 약용주를 이용한 치료법이 오래전부터 정착하였고, 이들 의학책이 도입되면서 약용주와 그 치료법도 함께 소개되었다. 이후 조선의 의학적 경험과 지식이 축적되며 우리가 쓴 의서 속에서 약용주는 우리를 닮은 모습으로 조금씩 변하게 된다. 하나의 예를들면 송(宋)나라 이전까지 산부인과 의서를 종합하여 진자명(陳自明)이 1237년 저술한 대표적인 부인과 전문 의서인 <부인대전양방>은 일찍부터 우리나라에 소개되어 갑진자(甲辰字, 1484년에 만든 동활자)로 간행되었다. 그리고 조선 개국 초부터 영조대까지 의과(醫科)의 시험과목으로 채택되었고, 전의감(典醫監)과 혜민서(惠民署)에서도 교재로 사용하여 산부인과 교육과 진료의 지침이 되었다. <동의보감(東醫寶鑑)>에서도 이 책의 주요 내용을 인용하고, 사주당(師朱堂) 이씨(李氏)의 <태교신기(胎敎新記)>에도 직간접적인 영향을 미쳤다. 이처럼 <부인대전양방>은 우리나라에 큰 영향을 미쳤는데, 중국에서 간행된 그대로의 내용으로 간행된 책에는 최소 14종 이상의 약용주가 나온다. 이런 약용주의 제조법은 책의 한 부분에 모여 있는 것이 아니라, 의학적 처방에 따라 띄엄띄엄 여러 곳에 분산되어 있다. 이 책이 우리나라에서 여러 차례 발간되고, 그것을 필사하는 사람이 많아지면서 그 약용주의 영향도 커졌을 것이고, 우리 생활과 더욱 밀접하게 되었을 것이다.

<부인대전양방> 속의 약용주를 잠깐 살펴보자. 애엽주, 우리가 아는 애엽 즉 쑥으로 빚는 술이다. 생애엽 한근과 감을 재료로 하여, 겨울에는 애엽의 줄기를 사용하고, 건조한 것도 사용할 수 있다. 용법은 재료를 술 5되로 달여 2되가 되도록 졸인 뒤, 나누어 복용하면 된다. 약용주에는 이같은 침(추)출주만이 아니라 발효주도 있다. <부인대전양방>의 지황주는 산후의 여러 병을 치료하는데, 출산하기 한달 전에 미리 술을 담으면 산후에 복용할 수 있다고 한다. 지황즙 2되에 깨끗한 수수 2되, 좋은 누룩 2되를 집안의 술담는 방법에 따라 담가 익을 때까지 7일간 밀봉한 뒤, 맑은 술만

	<부인대전양방>	<향약집성방>
지황주	산후의 여러병을 치료한다. 출산하기 한달 전에 미리 술을 담으면 산후에 복용할 수 있다. O 구성: 지황즙, 좋은 누룩, 좋고 깨끗한 수수 각 2되. O 용법: 먼저 지황즙에 누룩을 담가 띄우고 집안의 술담는 방법에 따라 담가 익을 때까지 7일간 밀봉하여 맑은 부분을 복용한다. 항상 술기운이 이어지도록 하여 단절되지 않도록 한다. 마늘·날음식과 찬음식·소금에 절인 미끄러운 음식·닭고기·돼지고기·모든 독성이 있는 음식을 피한다. 부인은 모두 복용할 수 있지만, 여름 3달 동안은 적합하지 않고, 봄과 가을에는 적합하다. 지황즙과 찌꺼기를 함께 수수에 넣고 밥을 지어 복용한다. 만약 1석이나 10석을 만들려면 이것을 기준하여 한되를 만드는 비율로 만든다. 먼저 당귀탕을 복용한 다음 이것을 복용하면 효과적이다.	산후에 생긴 여러 가지 병을 치료한다. 해산 1달 전에 미리 만들어 두었다가 산후에 곧바로 복용한다. 지황(地黃)즙, 좋은 누룩, 차죄(秫米)는 깨끗하게 씻음. 각 2되. O 먼저 생지황(生地黃)즙에 누룩을 담가두어 풀어지면 평상시처럼 술을 빚는 데 술이 익으면 7일 동안 밀봉해두었다가 맑은 술을 떠서 마신다. 환자가 항상 술기운이 있도록 마시게 하여 끊지 않게 하여야 한다. 마늘, 날것, 찬것, 물고기 젓, 닭고기, 돼지고기 등과 독이 있는 것들을 먹지 말아야 한다. 부인들이 모두 복용하여도 무방하되 단지 여름철 3개월 동안은 적당하지 못하고 봄가을에 적합하다. 지황즙과 그 찌꺼기는 쌀에 섞어 밥을 지어 먹는다. 1석이나 10석을 만들려고 해도, 1되를 만들 때의 비율로 만들어야 한다. 먼저 당귀 달인 물을 마신 뒤에 이 술을 마시면 더욱 좋다.
창포주	산후에 붕중이 그치지 않고 하혈하는 것을 치료한다. O 구성 : 창포 1냥 반. O 용법 : 약을 잘게 썰어서 술 2잔으로 달여서 1잔으로 만들어 찌꺼기를 제거하고 나눠 따뜻하게 3번 식전에 복용한다.	산후에 붕중이 그치지 않고 하혈하는 증상을 치료한다. 창포 1.5냥을 잘게 잘라 술 2잔에 달여 술이 1잔이 되면 찌꺼기를 버리고 따뜻하게 3번에 나누어 식전에 복용한다.

*<향약집성방>의 다양한 약용주는 김재형의 '한국술 고문헌 DB'를 참조했다.

떠서 복용한다. 항상 술기운이 이어지도록 해야 효과가 있으며, 마늘·날음식과 찬음식·소금에 절인 미끄러운 음식·닭고기·돼지고기·모든 독성이 있는 음식을 피한다.

이같은 약용주는 조선산 의약을 703종이나 소개한 <향약집성방>의 약용주에서 그 토착화된 모습을 볼 수 있다. 중국 의학, 수입된 의학을 바탕으로 우리나라만의 특성(지역성)에 기초한 의학의 체계화 시도가 약용주까지 확장된 것이다. 우리나라에서 자란 향약은 중국산 약재가 없을 때 사용하는 단순한 대용품이 아니라, 조선에서 자란 약재인 탓에 조선의 백성을 치료하는 데 모자람이 없을 뿐 아니라, 약리적으로도 조선인에게 적합한 것이라는 인식이 생기면서, 약용주의 모습은 중국적 색깔을 점차 벗어나게 된다. 즉 '속방'이라 하여 각 지역마다 약초를 활용한 다양한 침출주와 약용주가 오랜 세월 전승하게 된다. 이런 관점에서 치료법으로 약용주를 활용한 우리나라 의서로는 <간이벽온방>, <달생비서>, <본초정화>, <본초휘영>, <본초부방합편>, <섭생총요>, <수세보결>, <수양총서류집>, <식물본초>, <신기천험>, <(신정)방약합편>, <의방유취>, <임원경제지>의 인제지와 보양지, <주촌신방>, <증보 구황촬요>, <팔진방>, <향약집성방>, <활인심법>, <구급단방>, <식의심감>, <광제비급>, <의감중마>, <의약감>, <부인대전양방>, <산방수록>, <수생신감>, <의방활투>, <의서대전>, <섭양요결>, <의감초집>, <춘감록> 등 그 수가 셀 수 없을 만큼 많다. 그중 약용주를 많이 소개된 문헌은 <본초휘영>, <본초부방합편>, <수세보결>, <의방유취>, <향약집성방> 등이다.

이런 약용주는 현대 의학의 발전과 함께 예전처럼 주목을 받지 못하고 있다. 그렇지만 과거의 역사와 삶을 이해하고 우리 술의 옛 전제상을 살펴보기 위해서는 필수적인 연구분야 중 하나다. 그 예가 조선시대 문집이나 일기 등 생활사에 많이 등장하는 소합주다. 소합주는 16세기 <양아록>이라는 손자의 육아일기와 <묵재일기>를 쓴 이문건이 허약한 몸으로 일상생활을 하며 거의 상비약처럼 마시던 술이다. 그리고 고창의 실학자인 이재 황윤석이 10세부터 죽기 전까지 거의 54년간 쓴 일기 속에서도 자주 등장하는 술이다. 또 17세기 초, 세자를 가르치는 보덕의 벼슬을 한 고령의 박광선이 쓴 <보덕공 비망록>에도 그 빚는 법이 기록되어 있대[소합주법 : 좋은 청주 한 병에 소합(蘇合) 10알을 가루를 내고 병에 넣어 밀봉하여 따뜻한 곳에 둔다. 7일이 지난 후 1잔씩 복용한다. 이 술은 혈맥을 통하게 하고 영위(榮衛)를 조화롭게 하여 기를 내려준다. 병을 치료하여 비장을 바르게 하고 식욕을 돋우며 풍과 습을 제거하여 몸을 가볍게 하고 안색을 좋게 한다] 이처럼 당대의 생활상을 이해하는데 약용주의 연구는 필수적이다.

한의학 서적 속의 다른 하나의 술은 발효주다. 술은 백약지장(酒乃百藥之長) 즉 모든 약 중에서 가장 으뜸이라는 의미다. <한서> '식화지'에 처음 등장한 이후 동양의학의 바탕이 되는 명제 중의 하나다. [출처는 왕망의 신나라가 공포한 조서에서 처음 언급되었는데 그 내용은 "대저 소금은 먹는 반찬 가운데 으뜸이요, 술은 백 가지 약 중에 어른으로 좋은 모임을 갖게 하며, 쇠는 밭갈이 하는 농사의 근본이다(夫鹽 飮肴之將 酒百藥之長 嘉會之好 鐵田農之本)"] <동의보감>에서도 술은 "약기운이 잘 퍼지게 하고 온갖 사기와 독한 기운을 없애주며, 혈맥을 통하게 하고 장과 위를 튼튼하게 하며, 피부를 윤택하게 하고, 근심을 삭여주며, 말을 잘하게 하고 기분을 좋게 한다"고 한다. 바로 모든 약 중 으뜸인 것이다. 이런 으뜸이 되는 약인 술을 한의학 서적에서 다루는 것은 너무나 당연하다. 의학적으로 으뜸이 되는 약인 술에 접근하는 가장 오래된 방법은 원론적인 의학적 문제의식과 닿아있다. 이를 식치(食治)라 하는데, 술과 음식이 대표적이다. 중국 원나라 때 식치 의사였던 홀사혜가 지은 <음선정요>에서 보듯, 보통의 삶 속에서 건강한 삶을 유지하는 것뿐 아니라, 기아와 흉년의 대처와 예방도(구황방), 전염병의 예방과 대처도(벽온방) 그리고 신선의 삶을 살고자 하는 바람도(신선방) 모두 식치의 영역이다. 그중에서도 건강한 삶과 수명을 늘리는 방문(益壽諸方)이 식치의 가장 중요한 영역이고 그 한가운데 술이 있다. 박록담의 소장본 <양주집>에는 '다른 겉보리소주(又皮牟燒酒)'가 있는데, 양조법 첫부분에 "出酒, 則萬病通治" 이는 술을 만들어 마시면 만병을 치료한다는 의미로 술에 대한 한 인식을 엿볼 수 있다. 이런 관점에서 의서임에도 발효주를 많이 기술한 의서로는 <동의보감>, <의림촬요>, <의방합편>, <주촌신방> 등이 있다. 그렇지만 수많은 의서를 다 살펴본 것이 아니므로 발굴할 자료는 무궁하다.

이런 자료의 상당수는 이미 김재형의 '한국술고문헌 DB'에 수록되어 있다. 그렇지만 부족한 부분을 채우고, 앞으로 생활사 연구로까지 확대를 바랄 뿐이다. 이 작업은 대부분 한의학 고서목록에서 하나씩 막고 푸는 작업을 진행한다면, 언젠가 한의학서적 속의 술의 전체상도 드러날 날이 있을 것이다. 이번 자료집에서는 몇 종의 한의서를 추가 소개하는 것으로 위안을 삼는다.(아래 목록의 책에는 고서의 소장처가 기록되어 있어, 추가 확인이 용이하다)

1 오준호 역, 미키 사카에(三木榮) 저(2022), <조선의서지(朝鮮醫書誌)>, 문진.
　 최근 번역 출판되어 기쁜 일이지만, 가격이 너무 비싼 게 흠이다.
2 이정현 편저(2019), <한의학 고서 목록>, 한국한의학연구원.
3 국회도서관 사서국(1968), <한국고서 종합목록>, 대한민국 국회.
　 의서만이 아니라 현존하는 고서에 대한 총목록이지만, 오래전 자료라 누락된 부분이 많다. 최근 영인본도 새로 나왔다. 옛날에는 구하기 힘들었던 책이다.
4 김신근(1988), <한국의학대계> 1~50권, 여강출판사.
　 지금은 헌책방에서 싸게 팔고 있다. 옛날에는 구하기도 힘들고 가격도 비쌌다. <한국의학대계>와 <중국의학대계>는 각각 50권짜리로 책장에 비치해놓고 아침, 저녁으로 쳐다보는 것만으로 마음이 넉넉해진다.
5 이성우(1981), <한국식경대전>, 향문사.
　 구하기 힘들어서(헌책방에서 무려 35만원에 판매하는 것을 보고 열받아서) 얼마전 복사하여 제본을 했다. 함께 공부하고자 하는 분이 있었기 때문이다.
6 안상우가 '민족의학신문'에 연재하고 있는 '고의서산책'도 참조할만 하다.
　 이외에도 여럿 있지만, 별 도움이 될지 몰라 생략한다.

해제 ② 구황서 속의 술

기근이나 한해가 들면, 굶는 사람이 늘고 전염병이 만연하여 죽는 사람이 생길 수 있다. 그러다보니 국가나 개인 차원에서 이를 대비하는 여러 장치를 마련하는데, 그 중 하나가 구황(기근이 심할 때 굶주림에서 벗어나는 법)과 벽온(전염병에 의한 질병 치료 등) 서적의 출판과 필사다.

구황 관련 글은 크게 3종류의 서적에 나타난다. 전문적인 구황서 뿐아니라. 농촌생활과 관계되는 부분이어서 <산림경제> 등 종합농서 그리고 <임원경제지> 등 종합 백과사전에서도 다루어진다. 이들 책에서 구황용이나 벽온용 술의 종류는 많지 않지만, 중요하게 다루어진다.

이들 구황서를 소개하는 것은 생략한다. 구황서의 종류나 서지를 알고자 하면, '이성우(1981), <한국식경대전>, 향문사. 401~424p.'와 '구자옥 외(2010), <구황방 고문헌집성 1-4>, 농촌진흥청'을 참조하기 바란다. 여기에서는 <한국식경대전>에 언급되지 않았거나 소략하게 소개된 문헌에 대해서만 살피고, 주요 구황서 속에 어떤 술이 있는지를 알아보겠다.
*염정섭(2009), 조선시대 구황서 편찬과 구황식품의 활용, 한국농업사학회를 많이 참조했다.

1) 구황서 개괄

농경사회에서 기근이나 재난을 대비하는 것은 개인뿐 아니라, 중요한 국가의 역할이다. 조선왕조 519년 동안, 재난이 2,125회가 있었는데 이중 기근이 419회, 수해 322회, 한해가 78회라 한다. 재난을 겪지 않은 해가 없었을 정도여서, 이를 대비한 많은 서적이 출판되고 필사되었다.

아래는 <한국식경대전>에 누락된 책이거나 설명이 부족한 부분에 대해, 보완을 겸하여 추가한다. **<구황합편(救荒合編)>**은 고려대 도서관에 소장되어 있는 책으로, 목판본 1책이다. 책의 크기는 28.8×19.6cm, 반곽 20.0×16.3cm, 12행 24자로 두 권의 책을 합책한 것이다. 송시열의 서문과 신속의 발문이 있는 <신간구황촬요>(1660년)와 <구황속편>을 함께 묶은 것인데, <구황속편>의 내용을 확인하지 못했다. <구황속편>이 목판본인지 아니면 미상의 찬자가 필사로 추가한 것인지 알 수 없지만, 고려대 도서관 서지에 "崇禎紀元後丙寅 夏四月下澣 武城 田以采朴致維謹梓"라는 간기를 언급하고 있어서 이 두 책이 1806년 태인(정읍)에서 발간된 목판 방간본임을 추정할 뿐이다. <구황속편>은 신속이 1660년 추가 편찬한 <구황보유방>과 내용이 같은지, 다른지 확인하지 못했다.

1918년 조선서관에서 펴낸 구황서인 **<보제창생 구황벽곡비방>**은 구자옥 외(2010), 구황방 고문헌집성 1에 수록되어 있지만, <한국식경대전>에는 누락되었다. 국한문 병용서로 구황방 마다 소제목은 한자로 쓰고, 한글로 풀어쓴 제목을 병기하고 있다. 본문은 한글이지만 약명이나 중요 문구에는 한자를 병기했다. 저자 겸 발행자인 박건회은 고전소설 작가로 알려져 있다. <(고려)강시중전(姜侍中 傳)>(1913, 조선서관), <육효자전(六孝子傳)>(회동서관)을 저술하였고, 1921년 <(현토주해)격몽요결 (擊蒙要訣)>을 출판한 출판업자다. 목차와 서문이 있고, 목차에서 보듯 기곤장사인구활법(飢困將死人 救活法), 기종인치료법(飢腫人治療法), 천금주방(千金酒方), 종저방(種藷方), 작식법(作食法), 장종법 (藏種法) 등 86개 항목 중 구황과 관련된 술을 소개한다. 이중 기아로 죽어가는 사람을 살리는 방법(饑困將死人救活法)이나 기아로 몸이 부은 사람을 치료하는 방법(饑腫人治療法)은 1929년 이창 우가 편찬한 의서인 <수세보결>에도 같은 내용이 수록되어 있다.

<한국식경대전>(409p.)에 한줄로 언급이 된 책이 2종 있다. **<조선증보구황촬요>**은 1939년 중추원 의관 출신인 박학종(전북 흥덕군 거주)이 편찬한 책으로 구황방, 생식방, 벽곡방, 승선방으로 구성되어 있는데, 이 책에 양조법이 일부 수록되어 있다. 1929년 정기환이 경성 석인당 인쇄소에서 발행한 책으로 **<구황촬요급보유방(救荒撮要及補遺方)>**이 있다. 중앙도서관, 영남대, 부산대, 이대, 숙대 등에 소장되어 있는 책으로 <구황촬요>에 <구황보유방>이 추가된 신속(1660년)의 <신간구황촬요>와 내용이 같지만, 발문이 추가되었다. 또 <한국식경대전>에서 이성우 교수가 소장하고 있다고 밝힌 **<찬송방(餐松方)>**은 필사본 1책으로 1870년 최두익 찬한 것이다. 자서 1장, 본문 13장, 발문 1장, 기타 2장(총 17장, 64종)으로 제목처럼 흉년에 소나무 잎 등을 먹는 방법을 정리한 책이다. 특히 자신이 직접 경험한 27종에 대해 '신안(新案)'이라 표기하였는데, 솔잎으로 빚은 송주(松酒) 1종을 신안으로 수록하였다.

고려대 김연창교수가 소장하고 있다고 알려진 **<구황필지>**와 **<구황법>**도 그 내용을 확인하지 못했다. 원본은 없더라도 좀더 살펴보려면 '이덕봉·김연창(1961), <이조구황서고>, 고려대 생물학교실'의 자료집을 보아야 하는데, 이 자료는 고려대도서관에 소장중이다. 소장자 김연창의 소개에 의하면, **<구황필지>**는 이희수의 필사본(1843년)으로 <신간구황촬요>, <동의보감>, <의학입문> 등의 내용을 인용하고 속방도 추가한 것이라 한다. **<구황법>**은 연대나 찬자 미상의 한글 필사본으로 체계없이 기술한 책으로 알려져 있다. 이들 책에 술에 관한 기록이 있는지 확인하지 못했다.

지금은 전해지지 않는 책으로 1609년 조익(趙翼, 1579~1655)이 쓴 **<제기활민방(濟飢活民方)>**이 있다. 그의 저술인 <포저집> 26권에 있는 '제기활인민방서(濟肌活民方序)'를 통해 개략적인 내용을 유추할 수 있다. "옛기록(古方)에 의거해서 종류별로 차례를 매긴 다음에 번거로운 내용을 삭제(刪削, 산삭)하고 잘못된 부분을 교정하는 한편, 이에 대한 총론을 서술하고 다시 한글(諺文, 언문)으로 해석해서 시골에 사는 백성들도 모두 분명히 알게 하였다. (중략) 흉년이 들어서 곡식이 귀한 터에

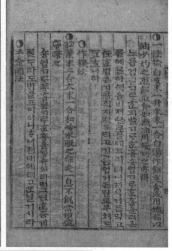
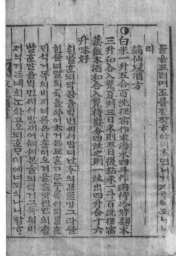

*전이채, 박치유의 태인 방각본 <구황촬요>(1806년).

출판사 대표가 저자인 경우가 많은 것은
1909년 법률 제6호로 출판법이 제정되어
모든 책에는 저자 등이 기록된 판권지를 붙이도록 했기 때문에,
편집한 책의 경우 대표자가
저자로 된 경우가 많다.

*박학종이 1939년에 출판한 <조선증보 구황촬요>.

*저자 겸 발행자(조선서관 대표)인 박건회의 <보제창생 구황벽곡비방>.

사람이 예년처럼 먹는다면 얼마 지나지 않아서 곡식이 없어질 것이요, 곡식이 없는데 먹을 수 있는 다른 방도를 찾지 못한다면 부황이 나서 죽고 말 것이니, 가만히 앉아서 죽음을 기다리는 길밖에 없다."(안상우(2012), '고의서산책 555~556', 민족의학신문)

구황서만이 아니나 조선시대 저술된 수많은 의서와 농서 그리고 백과사전류를 모두 조사하는 것은 쉽지 않은 일이다. 제목을 달리하면서도 비슷한 내용을 필사한 수많은 사본이 많기 때문이다. 그리고 그 많은 자료 속에 구황 관련 술이 있을 수 있다. 이들 작업은 하나의 과제로서 남겨놓는다.

2) 구황서 속의 양조법

흉년이 들어 백성이 굶주림에서 벗어날 수 있는 방법을 '구황'이라 하면, '벽온'이란 전염병에 의한 상한(傷寒)이나 온병(溫病)에 걸리지 않도록 예방하는 방법을 가르킨다. 구황과 벽온은 흉년에는 함께 따라다니는 재앙이어서 이를 묶어서 하나로 대처해야 한다.

<제기활민방(濟飢活民方)>(조익)에서 구황이란 "오로지 잡물(雜物, 솔잎이나 느릅나무 껍질, 콩 껍질 등)을 사용하고 곡식을 조금 넣어서 먹는 방법이다. 잡물이 많으면 배를 채울 수가 있고, 곡기가 있으면 비록 소량이라도 부황이 나는 지경에까지 이르지는 않을 것이다. 곡식을 쓰는 것이 적기 때문에 비록 남아 있는 곡식이 적다 하더라도 많은 시간을 지탱할 수 있을 것이요, 먹을 것이 갑자기 떨어져서 부황에 빠지는 지경에 이르지는 않을 것"이라 한다. 즉 구황식물은 우리나라의 산야에서 나는 식용 가능한 식물 즉 열매나 산나물을 가르키고, 이의 식용법은 곡물 식용법과 달리 법제를 하는 경우가 많다.

그런데 흉년에 먹을 곡식이 없어 잡물로 배를 채워야 하는 지경인데, 곡물로 만든 술을 즉 평소에도 얻기 쉽지 않은 술을 구황용으로 언급한 이유는 무엇일까? 이때의 술은 단순한 음식이 아니라 치료제나 예방약이었기 때문으로 보인다.

그렇다면 술의 어떤 효능이 구황과 벽온에 좋다고 하는걸까? 이에 대한 명확한 답은 찾기 어렵다. 그렇지만 한의학을 연구하는 분의 조언을 바탕으로 시론적으로 간단히 적어보면, 천금목(千金木)은 동아시아에 널리 분포하는 옻나무과의 소교목으로, 이름에 붙은 천금은 수천의 금만큼 효능이 좋은 귀한 나무라는 뜻이다. 염부목(소금 대용으로 염분을 구할 수 있는 나무)이나 오배자나무 등으로도 불리며, 한글로 붉나무라 하는 이유는 가을에 단풍이 붉게 물드는 탓이다. 항산화제와 폴리페놀 등의 성분이 있어 항균, 해독 등에 효과가 있다고 알려져 있다. <신찬벽온방> 등 여러 문헌에서 유행병의 치료('온역벽법', 瘟疫辟法)에 단방약으로 천금목이 사용되었다. 그래서 구황용으로 천금주

(붉나무술)를 사용한 것은 충분히 유추가 가능하다. 즉 붉나무는 해독과 항균에 효과적이고 신속한 효험을 기대할 수 있기 때문이다. 적선소주는 부황에 효과적이고, 신속한 영양공급과 온기 유지에 유리하기 때문으로 보인다. 추위와 영양실조로 위태로운 사람에게 한잔의 소주는 가장 신속하며 적합한 약이었을 것이다. 그리고 도소주는 동아시아에서는 오랫동안 병세를 물리치고 열병을 옮기지 않도록 하는 효과가 있다고 믿었다. 그렇지만 이 외에도 우리가 모르는 더 깊은 의미가 있을 수 있다.

그럼 구황서 속의 술에 대해 살펴보자. 이택이 찬한 <구황촬요>(1554년)에는 천금주법만이 수록되어 있고, 김육이 1639년 찬한 충주판 <구황촬요>는 이택의 <구황촬요>에 '벽온방'을 추가한 것으로, '구황방'에는 천금주가, '벽온방'에는 2종의 도소주와 소향합원이 소개되어 있다.

천금주법(붉나무술법)
- 충주판 전반부인 <구황촬요>에 있음.
- '한국술 고문헌 DB'에 있음.

도소주
- 벽온방 부분에 2종류의 도소주 설명.
- 원문은 구자옥 외(2010), <구황방고문헌집성> 제1권, 농촌진흥청 참조.

도소주
- 도소주(도라지·방풍·산초·육계를 넣어서 빚은 술. 설날 아침에 차례를 마치고 세찬과 함께 마시는 잔술로서 나쁜 기운을 물리친다고 함)를 써서 원의 이자건은 아들을 낳고 반딧불로 귀신을 물리치며 노군 신명을 듣는다고 하는 이 모두가 벽법(물리치는 법)이다. 그런데 오직 유근은 각 관의 관리에게 대세육합의 구덩이를 깊이 3자, 넓이도 역시 같게 파되, 고운 모래 3섬으로 메운 다음 좋은 술 3되를 그 위에 붓는다. 연후에 원이 친히 빌며 절하면, 이 역시 병기를 물리치는데 좋은 방법이 된다고 하였다. 따라서 이를 일컬어 대세육합이라 하는 것이며, 한해의 기세가 빠지는 곳이 되므로 이를 압양하는 것이다.(위 책 72p.)

소합향원
- 이문건의 <묵재일기>와 황윤석의 <이재난고> 등에 소합주가 많이 언급됨.
- 소합향원은 귀기가 날 때 가장 좋은 치료제가 된다. 귀기가 돌 때 매번 4알을 따뜻한 물에 타서 먹거나 따뜻하게 데운 술로 먹어도 역시 좋다. 남녀노소를 불문하고 한 알을 빈속에 먹는다. 밀랍지 안에 포탄알처럼 할알을 싸되, 큰 비단 주머니에 넣고 가슴 언저리에 대어 두르고 다니면 어떤 시악한 귀신도 감히 다가서질 못한다. 모름지기 질병에 걸린 집안으로 들어설 때에는 우선 문을 활짝 열고 큰 솥에 물 2말을 부어 집안 가운데에 놓은 다음, 20원(동전)을 넣어 달이게 하면 향기가 한껏 병기를 쫓아낸다. 무릇 병자는 한사발씩 그 물을 마신 다음에 의사에게 들어가 진찰받으면 전혀 전염되지 않는다.(위 책 73p.)

도소주
- 병세를 물리치고 열병을 옮지 않도록 한다. 장군풀, 도라지, 산초, 계피속(계피 겉껍질을 벗겨내고 남은

속의 얇고 노란 부분) 각 1량 반씩과 범싱아(호장근) 1량 1전, 삽주 1량 8전, 바꽃(오두) 6전을 쓴다. 이들 7가지 약재를 씹어서 주머니에 채워넣고 12월 회일(그믐날)에 우물 안에 빠뜨려 바닥에 닿도록 걸어놓았다가 정월 삭일(1일) 새벽에 약을 꺼내어 술에 넣고 여러 차례 끓어오르도록 달여서 동쪽으로 향한 집에서 마신다. 무엇보다도 작은 것부터 큰 데 이르기까지이다. 같은 절차에 따르되, 찌꺼기는 3일 뒤에 다시 우물 안에 넣어둔다.(81p.)

소합원

• 죽은 시체를 떠도는 전시귀, 기졸, 심복통, 관란, 계절병, 학질, 적백리, 월폐현벽(월경이 폐쇄되고 아랫배가 당기는 통증), 어린아이 젖 토하기, 어른들의 호리증 따위의 병세를 크게 돌려 바로 잡고 담을 해소시킨다. 또한 모든 병기를 치료하거나 중풍, 기상, 역기, 울기, 통기를 다스린다. 용뇌가 들어 있어서 다른 명칭으로 용뇌소합원이라고도 부르며, 매번 4환을 이른 아침에 공복에 먹되 정화수나 따뜻한 술로 든다.

영천판 <구황촬요>는 1653년 이구가 편찬한 책으로 충주판과 같이 <구황촬요>와 <벽온신방>으로 구성되어 있는데, <구황촬요>에는 천금주법이 있고, <벽온신방>에는 충주판과 달리 소합원은 있지만 도소주에 대한 언급은 없다. 신속은 1660년 이택의 <구황촬요>에 누락된 부분을 중국서적과 속방에서 채록하여 편집하여 <구황보유방>을 편찬하고, 기존의 <구황촬요>와 합하여 <신간구황촬요>을 편찬하였다. 앞부분인 <구황보유방>에는 '적선소주방'과 '적선소주방 우방(又方)'이 수록되어 있는데, 김재형의 지적대로 '적선소주방 우방(又方)'은 적선소주가 아닌 송순주다. 뒷부분에 합책된 <구황촬요>에는 역시 '천금주'가 있다.

중추원 의관 출신인 박학종(전북 흥덕군 거주)이 1939년 연활자로 출판한 <조선증보 구황촬요>는 구황방, 생식방, 벽곡방, 승선방 등 4부분으로 나누어져 있는데, 구황방에는 붉나무술(천금주), 적선소주, 송순주가 수록되어 있고, 승선방에는 천문동주, 신선고본주 등이 수록됨.

붉나무술(천금주)

• 찰벼의 짚을 가마에 넣어서 무르게 달인 뒤에 짚을 건져내고 붉나무 껍질을 넣어서 다시 두어 번 끓이며 물이 식으면 독항아리에 넣고 누룩가루를 짐작하여 맞게 섞었다가 이튿날 쌀죽을 쑤어 넣되 물 한 동이에 쌀 2되로 죽을 쑤어 누룩가루 2되로 빚는다. 익으면 맑아지는데 맛이 달고 좋아지니 먹으면 부은 증세가 낫는 효험도 있다.

적선소주

• 백미 1되 5홉을 많이 씻어서 밤을 지낸 후 가루를 만들어 끓인 물 3말을 넣고 여름에는 3일, 겨울에는 5일만에, 찹쌀 1말을 많이 씻어서 밤을 지낸 뒤에 쪄서 본술에 섞어 같은 항아리에 빚어 넣는다. 술이 익으면 세 항아리에 나누어 고고, 한 항아리에서 5되씩 나니 총 1말 5되가 되며 맛이 좋다.

송순주

- 별도 양조법명이 없지만 내용을 유추하여 송순주라 함.
- 송순을 많이 꺽어다가 큰 독항아리에 넣고 물을 많이 끓여서 독에 가득 붓는다. 한 3~4일 지내고 송순을 다 건재낸 그 물을 체에 밭쳐서 독에 도로 담고 찌꺼기는 버린다. 그 물 3말에 찹쌀 한 말을 푹 익도록 쪄서 희누룩가루(白麴子) 3되와 그 독에 있는 물로 버무려서 같은 독에 담고 봉해 둔다. 보름에 지난 뒤에 꺼내어 마시면 맛이 매우 좋고 오래 두어도 변하지 않는다.

천문동주
- 오장을 보하고 육부를 고르게 하여 사람으로 하여금 병나지 않게 한다. 천문동 30근의 심을 제거하고 찧어 부수어 물 2섬으로 삶아, 생긴 즙 1섬에 찹쌀 1말과 고운 누룩 10말을 넣고 보통으로 불을 떼어 술을 빚으며 익으면 매일 세잔씩 마신다.<본초>

신성고본주
- 흰머리를 검게 바꾸어 주고, 노인을 되돌려 어린아이로 돌아가게 할 수 있다. 쇠무릎 8냥, 굵게 가루낸 적백 새박합해서 6냥, 구기자 찧어 부순 것 4냥, 천문동·맥문동·건지황·숙지황·인삼·당귀 각 2냥씩, 육계나무 1냥, 찹쌀 2말, 흰누룩(白麴) 4되를 쪄서 익혀 위의 약가루와 섞어 통상적인 선방대로 만든다.<의감>

이외에도 수많은 구황류의 필사본이 많지만, 정리가 쉽지 않아서 기존 알려진 구황서 속의 술만 간단히 살펴보았다. 이들은 술을 직접 빚던 여성들의 기록이 아니고, 이전 문헌(古方) 속에 있는 기록을 그대로 옮긴 것이다. 또 그 내용조차 대동소이해서 양조법의 측면에서는 문헌을 발굴하고 기록을 찾는다는 것이 제한적 의미밖에 없다. 그렇지만 음식(술)과 관련된 한 분야이고, 보양주 또는 약용주의 영역과 닿아 있어, 보다 깊은 관심이 필요해 보인다. 예를 들어 구황방 속에는 우리나라 산야에서 자라는 먹을 수 있는 산나물이나 구황식물 그리고 그 식용법을 수천년 경험을 바탕으로 기록되어 있는데, 이들 재료가 바로 약용주의 소재가 될 수 있기 때문이다.

해제 ③   고구마 재배 서적 속의 술

고구마는 구황작물로 우리나라에 소개되기까지 여러 경로를 거친다. 고구마의 원산지는 아메리카대륙으로 1492년 컬럼버스 이후 유럽에 소개된다. 그리고 대항해시대를 맞아 16세기에는 스페인의 식민지인 필리핀의 루손섬에서 재배가 이루어지고 있었다. 당시 루손섬에서는 고구마의 수출이 엄금되었는데, 1593년 복건성의 상인 진진룡이 배의 밧줄에 감추어 복건에 전래하였고, 이후 복건 등의 한해를 극복하는데 큰 역할을 하면서 구황작물로 주목을 받게 되고, 중국에서 관련 서적이 많이 출판되는데, 대표적인 것이 서광계(徐光啓, 호 현호, 1562~1633)의 <감저소(甘薯疏)>다.

이후 고구마는 서양의 상인과 중국 남부 지역으로부터 일본과 유구 등에 전파되고, 우리나라에는 조난당한 뱃사람이나 무역선을 통해 고구마라는 이름도 모른 채 전래되어, 재배되는 경우도 있었을 것으로 추정된다. 이광여(李匡呂, 1720~1783)의 <이참봉집>에는 이와 관련하여 "나는 동래와 부산 일대에 고구마를 재배하고 있는 민가가 있을 것으로 생각한다"는 글(1762년)을 남기는데, 이는 조엄이 일본에 통신사로 가기 1년전의 일이다. 어찌 되었던 비공식 전래는 인정되고는 있지만 정확한 실상은 알려져 있지 않다.

공식적으로는 조엄이 견일통신정사(遣日通信正使)로 일본에 가면서 대마도 들판에서 파랗게 자라는 고구마를 보고, 몇 말을 구입하여 먼저 부산진으로 보내고, 이후 1764년 7월 귀국하면서 또 고구마를 구입하여 우리나라에 돌아와 이를 밀양현감, 동래부사(강필리), 이광여 등과 동래의 서리들에게 나누어 심게 한 것이 계기다(<해사일기>, 1763.8~1764.7).

오래전부터 고구마를 구하기 위해 동분서주 했던 이광여는 조엄으로부터 얻은 고구마와 이후 동래에서 얻은 고구마의 재배에 성공하여 주위에 전파한다(1765년). 그리고 구황작물로서 고구마의 장점을 알게 된 동래부사 강필리(1713~1767)는 동생인 강필교(1722~1798)와 함께 <종저보(강씨종저보)>를 저술하여 고구마의 정착에 큰 역할을 하게 된다.

고구마는 여러 책에서 13가지나 되는 장점이 있다고 한다. 그 장점 중 8번째가 술을 빚을 수 있다는 것이다. 고구마는 구황작물이지만, 일찍부터 술을 빚을 수 있는 작물로서 주목을 받았던 터라 몇 종의 고구마 관련 서적에는 술 빚는 법이 수록되어 있다. 단지 그 내용이 모두 비슷하지만, 이후 민간에서 다양한 술 제조의 원형이 되는 탓에 여기에 정리한다.

① <감저보> : <강씨감저보>라 함

- <한국식경대전> 432p. 참조.
- 우리나라 고구마 재배서의 원조(1766년)로 유실된 문헌(이성우도 <한국식경대전>에 그렇게 기록)으로 알려져 있었지만, 오수경(1995)은 성해룡 (1760~1839)이 편찬한 <연경재서종>의 부록에 전제되어 있음을 발견했다. 성해종은 조엄이 견일통신정사로 일본에 갈 때 정사 서기로 함께 했던 성대중 (1735~1812)의 아들이다. 성대중 역시 <일본록>이라는 사행일기 속에서 "(대마도는) 근래에 중국 남부지역으로부터 들어왔는데 돌밭에서도 잘 자라기 때문에 대마도 사람들은 이것으로 식사를 한다"고 기록할만큼 고구마에 대한 관심이 컸던 인물이다.
- <감저보>는 총 23장의 기록(뒤쪽 4장은 한글로 요약한 글인데, 그만큼 재배법을 알리고자 하는 뜻이 컸음을 알 수 있다. "고구마는 먹기에 구황하고 약으로 병을 다스리니 인간에게 큰 이익밖에 없다. 음식과 돈 중에 가장 좋은 물건이니 어찌 심지 아니하리오")으로 <연경재서종>의 부록에는 강필교의 저작으로 되어 있다. 그렇지만 작고한 형 강필리의 <저보>를 저본삼아 동생인 강필교가 완성한 것으로 보는 것이 타당하여 강필리·강필교 형제의 공동저서라 봐도 무방할 듯하다.
- 이 책 속에 조주(造酒)와 조소주(造燒酒)가 기록되어 있다. 이 제법은 중국 누룩(주약, 국얼)을 사용한 중국의 양조법인 셈이다.

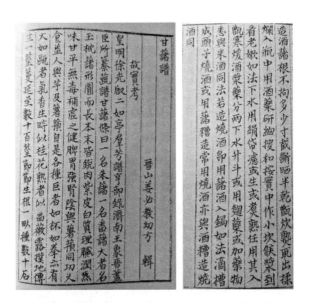

諸根不拘多少, 寸截斫, 晒半乾, 甑炊熟, 取出揉爛, 入甁中. 用酒藥研細, 按和按實, 中作小坎, 候漿到, 看老嫩, 如法下水, 用絹袋濾過, 或生或煮熟, 任用. 其入甑寒煖, 酒漿藥分兩, 下水升斗, 或用麴糵, 或加藥物, 悉與米酒同法. 若造燒酒, 即用諸酒入鍋如法, 滴槽成頭子燒酒, 或用諸糟造, 常用燒酒, 亦與酒糟, 造燒酒同

- 위 내용은 서유구가 쓴 <종저보>의 내용과 거의 같다. 서유구는 중국 서광계의 <감저소(甘薯疏>에서 이 글을 옮겼다.

② <감저종식법>

- <한국식경대전> 430~432p. 참조
- 서울대학교 가람문고본 소장.
- <감저보>와 함께 가장 오래된 고구마 재배서 중 하나로 1766년 유중림 찬.
- 크기 24.2×18㎝의 필사본 1책, 無罫 반엽 10행.
- 서울대 가람문고본 <감저종식법>은 '감저종식법' 6장 외에 구황식물 이용법·목양법·수장과실법·조국과 조주법 등 16매로 구성되어 있다. 이중 '감저종식법' 6장은 <증보산림경제> 권1 치농편 부록으로 수록된 '감저종식법'과 내용이 일치한다. 그리고 농경과 조주법 등이 적힌 16매는 <증보산림경제>에 있는 내용을 일부만 필사한 것이다. 따라서 서울대 가람문고본 <감저종식법>은 유중림의 책에서 '감저증식법'을 그대로 필사하고, 추가로 자신이 관심있는 내용을 추려 전사한 것으로 보인다. 이성우는 '감저종식법'을 필사하고, 구황과 음식 등을 초록한 다른 사람이 기록, 즉 2사람의 기록을 합본한 것으로 보았다.(이성우, 1981)
- 이성우는 유중림이 1766년 이 책을 쓰면서 이광려 등과 교유하며 고구마 재배의 필요성을 절감하고, 일본과 중국의 자료 그리고 전해 들은 약간의 경험을 기초로 이 책을 썼을 것으로 추정한다.(이성우, 1981)
- 유중림은 <감저종식법>에서 고구마는 13가지 장점이 있다고 한다. 그중 8번째 장점이 술빚기가 가능하다는 것이다.
- 서울대 가람문고본 <감저종식법>에 수록된 술 빚는 법은 조료국·백로주·소곡주·약산춘·일산춘·호산춘·삼해주·내국향온법·도화주·연엽주·경면녹파주·벽향주·하향주·이화주·청서주·일일주·삼일주·과하주·화향입주·오가피주·무술주·주중적약법·구주불비법 등이다.

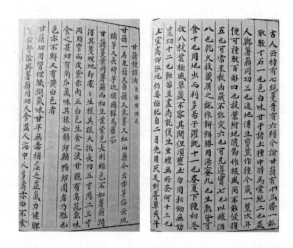

*서울대 가람문고본 <감저종식법>과 내용중 고구마의 13가지 장점(勝) 설명 글.
(以釀酒八也. 즉 술 빚을 수 있는 점이 8번째 장점이다)

③ <감저신보> : <김씨감저보>라 함

- <한국식경대전> 434p. 참조.
- 고려대 소장(목활자본 1책).
- 서유구의 <종저보>와 <감저신보>가 합철된 책(고려대 도서관에서는 <종저보>로만 서지가 되어 있음).
- 1813년 김장순·선종한이 편찬.
- 고구마 술 관련 자료가 있는지 여부 확인을 하지 못함.

④ <종저방(種藷方)>과 <감저경장설(甘藷耕藏說)>

- <한국식경대전> 439p. 참조 : 이성우는 <종저방>과 <감저경장설>은 같은 저자가 쓴 같은 책으로 봄.
- <종저본>이라는 필사본으로 국립중앙도서관과 영남대본이 있는데, 영남대본에는 부록에 언해가 있음. 그런데 내용도 중앙도서관본과 약간 차이남.
- <감저경장설>은 국립중앙도서관 소장본으로 영남대본과 내용 일치(언해 제외).
- 1813년 서경창(徐慶昌, 1758~1822)이 편찬.
- 한문 필사본(서경창이 <종저방>을 쓴 뒤, 그 책을 조정에 올려 1814년 중앙에서 이 책을 간행하여 전국 각지에 반포한 것으로 알려져 있으나 현재 이 간행본은 확인되지 않고 있고 필사본만 잔존).
- 국립중앙도서관본의 경우 22.8×20.5cm, 13매, 4주 단변.
- 반엽광곽(16.6×12.9cm) 11행 행당 수자는 일정하지 않음.
- 서문, 발문, 년기 등이 없이 바로 본문이 시작됨.
- '제승(諸勝)'조에서 고구마의 13가지 장점을 언급. 그중 8번째가 술을 빚을 수 있는 것도 장점(以釀酒八也)이라 함. 그렇지만 술 빚는 법은 기록 없음.

서경창에 대하여
- 중인 출신의 실학자(승문관 서리), 호는 학포헌(學圃軒)·학포주인(學圃主人).
- <이향견문록(里鄕見聞錄)>(중인계층 이하 인물에 대한 간단한 소전, 구전되는 이야기를 채록하여 풍속이나 기담 같은 이야기가 많음)에 수록된 서경창 관련 기사에 의하면 주사(籌司)의 서리로서 <종저방>을 주해(註解), 언해(諺解)하여 전국에 반포.
- <학포헌집>의 서문을 쓴 천수경(千壽慶)의 발문에는 서경창이 <종저방>을 저술했다고 함. <민천집설> 농포문 끝에 <종저방>이 수록되어 있는데, 1813년 쓰여졌음이 언급됨.
- 서경창은 식량문제 해결을 위해, <저종생건변혹설(藷種生乾辨惑說)>·<저농해혹설(藷農解惑說)>·<북도종저설(北道種藷說)>·<송엽구황설>·<구황설(救荒說)> 등도 기술.
- 고구마 재배 기술의 전국적 보급에 크게 기여함.

諸薯渦縛布吏全略家廬所録
古人云柿有七絶菱薯有六利今論甘藷有十三勝一畆一畆数十石一色色
白味甘特絶於諸玉種五五益人與薯蕷一功三四過壇生菌薑作壇今藏
一畆次使可種穀百畆備亦二四亦可作作十二五遠二四亦可先遠當後種壇兩不縱侵損五咢可
當米穀出藏尖六也可充度備亦二四亦可先遠當亦二四次醸酒八也乾火收藏尚
錫寥孔也此生熟常可食十四用枝小而利多萬手濁流十二春春下種初亦冬收入校
葉檻峩妫攘不容其閒便須壅土亦用杵銀木防農弘十二鐵薑薑萬蕷壇生蕷
壇尖亦何十三也

德論麟州鐺
第薯年間以一條藤目海外來一植百顆切到及氏当者最廣百餘斤共十囗公
為藏播至菩清全書亦称茉年亡荒類数菓菓不蹇買兒今信便以勤艱品
蕷蕷自壇蹇斈欵一穆宰喝揚根當朝夕德蒸新傳祖種

甘藷

甘藷一名朱薯又蕃藷又紅山藥又玉枕藷又長崎
芋琉球國稱蕃茹令云赤芋有形圓而長者又有大
如鵝卵者小如雞卵者蔓生同薯蕷而初生葉紫色
長則綠色不如薯蕷閒澤其莖葉埋則處々生根大抵根長
四五寸兩頭窊索赤肉正白色剥如脂肪圓者乃魁也
色亦不犖又有黄白色者

性味

性氣甘平先毒補虚之盈氣力健脾胃強腎陰与薯蕷同
切火食益人海中人多壽亦由不食五穀而食藷故也謂性
冷者非〇忌与醋同用作食

*국립중앙도서관 소장의 <종저방>.

種藷方 이법씨구노비

甘藷一種은 即五穀外救荒之第一物也나雖在
豐歲라도 其利比諸種穀에 本為穀十倍러니當歉
年하야 獨不被旱潦之灾而救荒之功이與五穀同
則其利之博이 亦豈止於數十倍而已平리我國
農民이 未諳其種藝收藏之法이어늘 雖不欲與五穀
同其耕植이어니 若自官府로 勤乎勸課而廣布食實
之要하고 能使諸農으로 致其豐熟而大有救荒之效
則其於民食에 不當為少補라故로今以種藝收藏
之方으로 條錄于左하고 又用諺釋하야 以備農民種
藏之方이오

*<종저방>(영남대본)과 <감저경장법>(국립중앙도서관본).
영남대본에 있는 언해만 빼면 두 책의 내용은 같다.

⑤ <종감저법(種甘藷法)>과 <원서방(圓藷方)>

- <한국식경대전> 445p. 참조.
- 고려대 신암문고 소장.
- 1832년 조성묵(趙性默)이 편찬.
- <종감저법> 4면과 <종서방> 4면이 합책됨.
- 술 빚는 법이 수록되어 있지 않음.

⑥ <종저보(種藷譜)>

- <한국식경대전> 442p. 참조.
- 1834년 서유구가 편찬.
- 필사본과 간본(목활자본)이 있음. 간본은 규장각, 고려대 신암문고 등 소장.
- 표지 포함 28매(내용은 26매). 29.6×18.9cm.
- 상하 단선, 반엽광곽(20.2×13.9cm), 10행, 행당 19자.
- 17종의 서적에서 총 97개 항목을 인용하며 그 설명이 미흡하거나 의심되는 부분에 자신의 의견을 첨부함(案).
- 중국 청나라의 서현호(徐玄扈, 서광계)가 쓴 <감저소(甘藷疏)>를 인용하여 술 빚는 법(造酒法)과 소주 빚는 법(造燒酒)을 수록함.

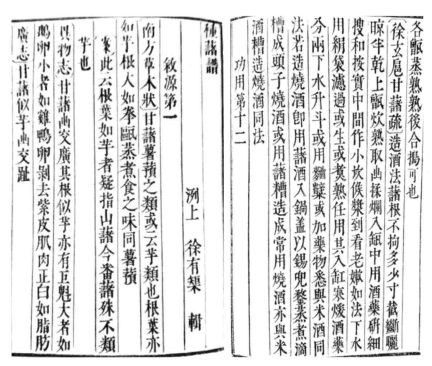

*<종저보>와 <종저보> 속의 술빛기

徐玄扈《甘藷疏》造酒法 藷根不拘多小, 寸截断, 曬晾半乾, 上甑炊熟, 取出揉爛, 入瓼中. 用酒藥研細, 搜和按實, 中間作小坎. 候漿到, 看老嫩, 如法下水. 用絹袋濾過, 或生或煮熟, 任用. 其入缸寒煖, 酒藥分兩, 下水升斗, 或用麵糵, 或加藥物, 悉與米酒同法.
若造燒酒, 即用藷酒入鍋, 盖以錫兜整蒸煮, 滴槽成頭子燒酒. 或用藷糟造, 成常用燒酒.

⑦ 종합 농서에서의 고구마

- <해동농서> 권3에는 고구마(甘藷)가 수록됨(총 7면). 술 빚는 법은 안나옴.
- <농정회요> 5책에는 고구마(甘藷)가 수록됨(총 9면). 술 빚는 법은 안나옴.
- <임원경제지> 권3에는 고구마(甘藷)가 수록됨(총 18면), 술 빚는 법은 안나옴.

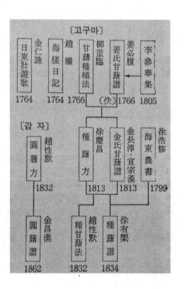

*<해동농서> 권3의 '감저'와 이성우(1981), 한국식경대전, 향문사, 449p.

• 관련 도서

*김영진(1982), <농림수산 고문헌 비요>, 한국농촌경제연구원.

• 관련 논문

*오수경(2013), 일실된 『姜氏甘藷譜』에 대하여 — 자료소개 및 그 실학사적 의의, 한국실학학회 26권.

*오인택(2015), 조선후기의 고구마 전래와 정착 과정, 역사와 경계 제 97집.

*오수경(1995), 조선후기 이용후생학의 전개와 <감저보>의 편찬, 안동문화 16집.

*송만오(2002), 서경창의 인물과 사상 — 특히 그의 생재론과 『종서방』의 편찬을 중심으로, 역사학연구 19권.

1. <감저보> : <강씨감저보>

*<한국식경대전>, 432p. 참조

- 우리나라 최초의 고구마 재배서(1766년)로 이성우(1981년)는 유실된 문헌이라 했지만, 오수경(1995년)은 성해룡(1760~1839)이 편찬한 <연경재서종>의 부록에 <감저보>가 전제되어 있음을 발견했다. 성해종은 조엄이 견일통신정사로 일본에 갈 때, 정사 서기로 함께 했던 성대중(1735~1812)의 아들이다. 성대중 역시 조엄과 함께 한 사행일기인 <일본록>에서 "(대마도의 고구마는) 근래에 중국 남부지역으로부터 들어왔는데 돌밭에서도 잘 자라기 때문에 대마도 사람들은 이것으로 식사를 한다"고 기록할만큼 고구마에 대한 관심이 컸다(조엄과 성대중은 같은 연암학파의 일원이었다).

- <연경재서종>에 수록된 <감저보>의 저자는 강필교다(1722~1798). 강필교는 조엄이 견일통신정사로 일본에 갈 때, 출발했던 곳인 동래의 당시 부사인 강필리(1713~1767)의 동생이다. <이참봉집>에 의하면, 강필리는 조엄이 돌아온 다음해인 1765년에 자신의 집으로 고구마 종자를 보내주었다고 한다. 또 서유구의 <종저보>와 '만학지' 고구마 관련 글에서는 "작년에 일본으로부터 구입한 고구마 종자를 동래부에서 심어 성공하기도 하고 실패하기도 하였는데, 이를 세밀히 관찰해보니 토성에 의한 바가 컸다"는 <강씨감저보>를 소개한 글로 보더라도 동생인 강필교만의 저술이 아니라, 작고한 형 강필리의 영향으로 동생인 강필교가 완성한 것으로 보는 것이 타당하다.

강필교의 <강씨종저보> 서문

예전에 나의 형님인(先伯) 대련공(강필리)이 동래부사로 부임하였는데, 왜국에서 이 고구마를 많이 심는다는 계기를 듣고는 많은 돈을 들여 여러 가마를 사들이고 여기에다 (일본에서 출판된) <종식방>까지 구입하여 <저보(藷譜)>를 편찬하였다. 그리고는 마침내 민간에다 고구마 종자를 나누어주고 이웃 고을과 제주도에도 분종하였다. 뿐만 아니라 나무 상자에 흙을 담아 고구마를 심어 비변사에 보내었는데 이때 반드시 일본에서 구입한 <종식방>까지 함께 보내주었다.

가을(1765)이 되어 동래부와 여러 곳에 심은 것이 성공하기도 하고, 실패한 것도 있는데 이는 대개 그 재배방법이 잘못되었기 때문이다. 그 이듬해(1766년) 공이 동래부사를 사임하고 한양으로 돌아왔을 때 고구마 종자를 가져왔다. 그리고는 이듬해 봄(1767) 회현방 본가의 앞뜰에 사질토양을 모아 땅을 개간하고 고구마 종자를 심었다. 아침 저녁으로 물을 주고 북을 돋우며 정성을 다해 보살피자 그 가을에 고구마를 수확할 수 있었다. 이때 수확한 고구마를 화분에 담아 이듬해 봄에 다시 심으려 했는데, 이해 겨울에 공이 불행하게도 세상을 떠나고 말았다. 온 집안이 비통에 빠져 고구마에 대한 일을 생각할 겨를이 없었는데, 상례를 마치고 보니 그 고구마 종자가 모두 썩어 있었다. 아! 공이 세상을 떠남에 고구마 종자도 끊어졌으니 백성들에게 두루 혜택을 주고자 했던 공의 생각은 끝내 성취를 이루지 못했도다. 그 후에 집에서 보관하던 <저보> 또한 분실하였고, 경성 곳곳에 심었던 감저 또한 모두 단절되고 말았다.(중략)

내가 놀랍기도 하고 한편으로는 기쁘기도 하여 그 <종식방>을 빌려보니 바로 나의 형님이 편찬한 것이었다. 그것을 한 번 읽어보고는 나도 모르게 마음이 아팠다. 그리하여 마침내 <군방보>와 <왜한삼재도회>의 내용을 보고 형님이 남긴 기록인 <종식방>을 참조하여 대략 체제를 나누어 한 권의 책을 만들고 고구마를 널리 퍼트리는 것에 뜻을 가진 세상 모든 사람들에게 고증의 자료가 되게 하였다.

• <감저보>는 총 23장의 기록이다. 뒤쪽 4장은 <감저보>의 중요 내용을 한글로 요약한 글인데, 그만큼 재배법을 널리 알리고자 하는 뜻이 컸음을 알 수 있다. "고구마는 먹기에 구황하고 약으로 병을 다스리니 인간에게 큰 이익밖에 없다. 음식과 돈 중에 가장 좋은 물건이니 어찌 심지 아니하리오"라는 한글 언급은 임란과 호란을 거친 뒤, 백성들의 생활에 실질적 도움을 주려는 조선 후기 농서의 시대, 실학의 시대적 산물임을 알 수 있다.

• 이 책 속에 조주(造酒)와 조소주(造燒酒)가 기록되어 있다. 이 제법은 중국 누룩(주약, 국얼)을 사용한 중국의 양조법이다.

• 관련 논문

*오수경(2013), 일실된 『姜氏甘藷譜』에 대하여 — 자료소개 및 그 실학사적 의의, 한국실학학회 26권.

*오인택(2015), 조선후기의 고구마 전래와 정착 과정, 역사와 경계 제97집.

*오수경(1995), 조선후기 이용후생학의 전개와 <감저보>의 편찬, 안동문화 16집.

*송만오(2002), 서경창의 인물과 사상 — 특히 그의 생재론과 『종서방』의 편찬을 중심으로, 역사학연구 19권.

2. 김두종본 양생서

*이성우(1981), <한국식경대전>, 579p. 참조

- 한독의학박물관 소장.
- 김두종이 소장했던 탓에 이성우가 붙인 이름.
- 사본 1책으로 26.2×18.8cm, 63매, 반영광각 19.7×13.8cm.
- 10행, 행당 19자(많이 낙장된 불완전본)
- 1800년대 초반으로 추정.
- 자보주례제방(滋補酒醴諸方)에 많은 약용주가 소개되어 있음.
- 오가피주, 구기주, 상심주, 장송주, 황정주, 인삼주, 지황주, 천문동주, 선령비주, 출주, 우슬주, 창포주, 의이인주, 서여주(마), 료주, 복령주, 송액주, 송절주, 백엽주, 거승주, 미(糜)골주, 녹두주, 녹용주, 무술주, 양고주, 올눌제주(膃肭臍酒), 준순주, 신선고본주, 백화주 등 수록.

3. 달생비서

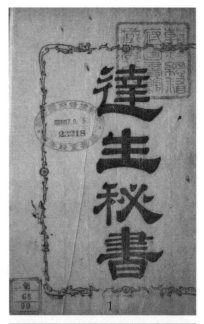

*<달생비서> 목판본
(국립중앙도서관 소장본)

- 1918년 황찬이 쓴 산부인과 전문 한의서. 부제로 '부인과 전문(婦人科專門)'.

- <달생비서>라는 표지 제목의 목판본은 고려대, 국립중앙도서관, 규장각 등에 있고, 필사본은 계명대, 고려대, 국립중앙도서관, 규장각, 연세대, 한독의학박물관 등 많은 곳에 있다. 이와 다른 책으로 <달생편>은 1715년, 청(淸)의 극제거사(亟齊居士)가 편찬한 책.

- 2권 1책(63쪽)으로 목판본, 광곽은 사주단변, 12항 24자, 책의 크기는 22.1×16.4cm 책의 판심에 기록된 제목은 '달생서', 표지 제목은 '達生秘書(달생비서)'임.

- 戊午年(1918)에 쓴 황찬의 서문이 있으며, 권말에는 戊午年(1918)에 쓴 발문이 있음.

- 저자는 서문에서 "아이를 낳을 때 어려운 지경을 당하거나 산모가 병이 들면 생명에 위독할 뿐만 아니라 아이에게까지 영향을 미치게 된다. 이 분야에 중국인이 저술한 달생(達生)에 관한 산부인과(産婦人科) 비서(秘書)가 2종 있으나 보태(保胎)나 치산(治産)의 처방과는 차이가 있으므로 여러 의원들의 이론이나 고방(古方)을 두루 참고하여 이 책을 편찬한다"고 함.

- 내용 구성은 총2권 1책으로 상, 하로 구성. 상(上)에도 안태은저주(安胎銀苧酒), 자주(紫酒) 등이 있고, 하편에서도 여러 술이 언급됨.

- <한국의학대계>, 여강출판사, 1988에 의하면 <달생비서>에는 조하주, 두림주, 총시주, 포도주, 상심주, 구기주, 지황주, 무술주, 송엽주, 송절주, 창포주, 녹두주, 고아주, 밀주, 춘주, 무회주, 병자주, 황련주, 국화주, 천문동주, 섬라주, 홍국주, 동양주, 금분로, 산동추로백, 소주, 소병주, 남경 금화주, 회안 녹두주, 강서 마고주, 소주, 자주, 이화주 등 23종 이상의 양조법이 실려 있음.

- 그런데 목판본과 필사본의 여러 <달생비서>을 확인했지만, 이들 양조법이 거의 없었음(추가 확인 필요).

4. 보제창생 구황벽곡비방

- 1918년 조선서관에서 펴낸 구황서.
- 원서명 : 보제창생 구황벽곡비방(普濟蒼生 救荒辟穀秘方).
- 국한문 병용(제목은 한자, 한글로 풀어쓴 제목 병기). 본문은 한글(약명이나 중요 문구에는 한자를 병기).
- 저자 겸 발행자 : 박건회(고전소설 작가).
- 조선서관의 사주로서 1910년대 고전소설 작가로서 독보적 존재.
- 그의 이름이 기재된 서적만 모두 69종(1909년 출판법 영향도 한몫).
- 소책자(50페이지 안됨).
- 목차와 서문이 있고, 목차에는 기곤장사인구활법(飢困將死人救活法), 기종인치료법(飢腫人治療法), 천금주방(千金酒方), 종저방(種藷方), 작식법(作食法), 장종법(藏種法) 등 86항목 소개. 이중 기아로 죽어가는 사람을 살리는 방법(饑困將死人救活法)이나 기아로 몸이 부은 사람을 치료하는 방법(饑腫人治療法)은 1929년 이창우가 편찬한 의서인 <수세보결>에도 같은 내용이 수록됨.
- 박건회의 서문 중 일부 : "兵難의 慘酷과 水旱의 災殃과 생활의 困窮을 인하여 무참히 아깝고 귀한 生命을 일조에 보전치 못하는 자 오곡이 豊登한 해라도 구황할 원료를 미리 준비하는 것은 이상의 세 가지 뜻밖의 재양을 예비함이라. 하물며 이런 시대이리오. 그런고로 본인이 고금의 가장 경험있는 秘方으로 八十餘가지를 編輯하였사오니 四海僉君子는 저자의 猥濫함을 容恕하시고 급히 閱覽함을 간절이 바라노라."
- 후반부에 술이나 粥, 茶, 醬, 醋 등 다양한 방법의 식치법이 소개.
- 수록된 양조법은 천금주방, 미주방, 천리주, 적선 소주방, 적선 송순주 등.

- **관련 논문**
*근대 전환기 고전소설의 대응 양상과 그 의미 — 박건회 편집 및 개작소설을 중심으로(2005년 서원대 이주영 교수의 글로 인터넷에서 찾을 수 있음).
file:///C:/Users/LSH/OneDrive/%EB%AC%B8%EC%84%9C/Downloads/KCI_FI001263676.pdf
- **관련 문서**
*안상우(2009. 04), 고의서산책 414, 민족의학신문.

5. 본초부방 편람

*이성우(1981), <한국식경대전>, 향문사, 498p. 참조

- 장서각 소장, 황도연(1807~1884, 본명 도순, 호 혜암) 편찬.
- 필사본 28권 14책. 30.1×19.0cm. 사주쌍변, 반곽 22.3×14.3cm.
- 10행, 행당 22자.
- 황도연은 <본초부방편람>(1855년), <의종손익 부 약성가>(1868년), <의방활투>(1869년) 등 불후의 명작을 다수 남김. 그의 아들 황필수(1842~1914)는 <방약합편>과 <명물기략> 집필함.
- 약용주가 많이 수록됨 : 종유주, 천문동주, 반하국, 소맥국, 신국, 홍국, 유학주, 도소주, 준순주, 오가피주, 백양피주, 여정피주, 선령비주, 의이인주, 천문동주, 백렬등주, 백석영주, 지황주, 우슬주, 당귀주, 창포주, 구기주, 인삼주, 서여주, 복령주, 국화주, 황정주, 상심주, 출주, 밀주, 료주(요주), 강주, 총시주, 회향주, 축사주, 사근주, 인진주, 청호주, 백부주, 해조주, 선묘주, 통초주, 남등주, 송액주, 송절주, 백엽주, 초백주, 죽엽주, 괴지주, 지여주, 우방주, 거승주, 마인주, 도피주, 홍국주, 신국주, 자근주, 자석주, 잠사주, 화사주, 오사주, 염사주, 복사주, 자주, 두림주, 벽력주, 구육주, 호골주, 미록주, 녹두주, 녹용주, 무술주, 고양주, 온눌제주, 섬라주, 상심주, 무술주, 견우주, 녹용주, 두림주법, 천료주, 백화사주, 염사주, 인여주, 장송주, 백국화주, 서죽백화사주, 해조주, 선령비주, 녹용주.

- **관련 논문**
  *오준호(2013), 19~20세기 조선 의가들의 '<본초강목> 재구성하기', 한국의사학회지 26(2).
- **관련 글과 책**
  *안상우(2004), 고의서산책 197, 민족의학신문.
  *맹웅재 등(2006), <한의학통사>, 대성의학사.

6. 본초정화

*이성우(1981), <한국식경대전>, 향문사, 515p. 참조

- 규장각 소장.
- 1800년대 의서, 한문 필사본(약명에 간혹 한글로 병서).
- 2권 2책, 28.7×19.2cm.
- 四周單邊, 半葉匡郭(23.2×14.7cm), 11행 32자.
- 본초서. 본초란 약물의 명칭, 성질, 효능, 산지 등을 조사·연구하여 분류·기재하는 학문.
- 조선 후기, <본초강목> 활용이 활발해지면서, 그 분류법에 따라 정리하고, <본초강목> 등을 발췌함. 이때 <본초강목>과 달리 활용도가 높은 초(풀)부, 채(채소)부, 과(과일)부 등을 앞에 실음.
- 목록(目錄), 인용서목(引用書目), 강령(綱領), 방민(方民), 본문(本文), 보유(補遺)의 6부분으로 구성, 본문에는 13부(部) 48류(類) 1,000여 종의 본초 관련 기술이 기재.
- **수록 양조법** : 소맥국, 신국, 홍국, 맥아, 미주중품, 오가피주, 의인주, 천문동주, 구기자주, 복령주, 국화주, 출주, 송액주, 홍국주, 무술주, 소주.

- **관련 도서**
 *한국한의학연구원(2011), <(국역) 본초정화 1-2>, 한국한의학연구원.
- **관련 논문**
 *오재근·김용진(2011), 조선 후기 『본초강목』의 전래와 그 활용 : 『본초정화』, 『본초부방편람』을 중심으로, 의사학 20(1).
- **관련 글**
 *고의서산책 41, 민족의학신문.

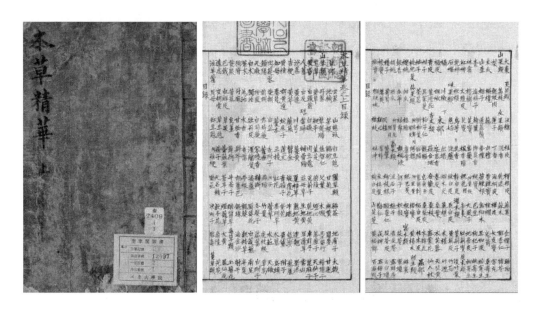

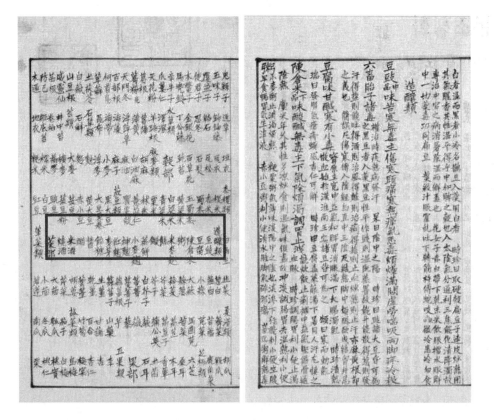

*목차 '조양류(造釀類)'에 소맥국, 신국, 홍국, 맥아, 초, 미주, 소주 등이 보인다.

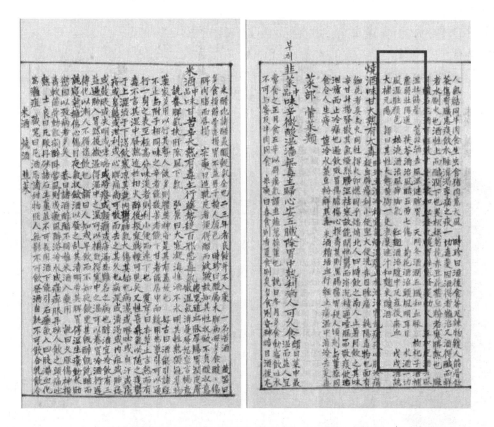

*미주 항목에 오가피주, 의인주, 천문동주, 구기자주, 복령주,
국화주, 출주, 송액주, 홍국주, 무술주 등 수록.

182

7. 본초휘영 本草彙英

*이성우(1981), <한국식경대전>, 향문사, 498p. 참조

- 장서각 소장.
- 한문 필사본, 10권 7책의 찬자 미상으로 1849년에 작성된 것으로 추정.
- 반곽(半郭), 22.1×16.5cm.
- 광곽과 계선, 어미가 있는 용지를 인쇄하여 필사용 용지로 사용.
- <동의보감>은 <본초강목>(1593년)의 내용이 수록되지 못함. <동의보감> 이후 여러 방면에서 <본초강목>의 성과를 수용(대표적인 것이 <임원경제지>의 인제지와 보양지).
- <본초휘영>은 체계는 <동의보감>, 내용은 <본초강목> 도입.
- 다양한 술과 그 효과를 소개함.
- **수록 양조법** : 유학주, 소주, 준순주, 오가피주, 백양피주, 여정피주, 선령비주, 의이인주, 천문동주, 백렬등주, 백석영주, 지황주, 우슬주, 당귀주, 창포주, 구기주, 인삼주, 서여주, 복령주, 국화주, 황정주, 상심주, 출주, 밀주, 료주(요주), 강주, 총시주, 회향주, 축사주, 사근주, 인진주, 청호주, 백부주, 해조주, 황약주, 선묘주, 통초주, 남등주, 송액주, 송절주, 백엽주, 초백주, 죽엽주, 괴지주, 지여주, 우방주, 거승주, 마인주, 도피주, 홍국주, 신국주, 자근주, 자석주, 잠사주, 화사주, 오사주, 염사주, 복사주, 자주, 두림주, 벽력주, 구육주, 호골주, 미록주, 녹두주, 녹용주, 무술주, 고양주, 온눌제주, 이석주, 녹용주, 무술주, 도화주, 두림주, 거승주, 오선주, 견우주, 지골주, 세전백화사주, 서죽백화사주, 빈호백화사주, 호골주.

- **관련 글**
  *안상우(2005), 고의서산책 243, 민족의학신문.

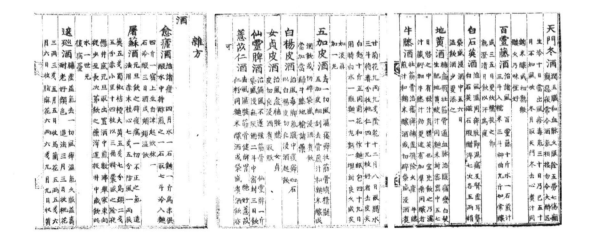

183

當歸酒　和血脈堅筋骨止諸痛益氣當歸戒益母草浸益石菖蒲磨煎汁和麴釀酒

菖蒲酒　久服耳目聰明延年〇如上法

枸杞酒　補虛健腎杞子浸酒或枸杞根生地黃同釀酒

八參酒　中益氣浸諸藥釀酒

薯蕷酒　治風眩山藥黃精同釀酒

茯苓酒　治風眩虛勞茯苓松脂同釀主酒

蜜酒　治風疹代之必无害不入酒

术酒　治一切風濕五兩煮汁釀酒或浸酒

桑椹酒　治水腫不消利五臟桑椹汁釀酒

黃精酒　壯筋骨益精髓黃精枸杞根同浸酒

菊陳酒　治風眩耳目明百病〇黃疸消渴諸酒

菊花酒　治頭風明耳目去痿痺菊花生地黃枸杞根同釀酒

葱豉酒　治傷寒頭痛寒熱葱豉浸酒

茴香酒　治腎勞引腰腹痛茴香浸酒

縮砂酒　治一切冷氣腹痛縮砂浸酒

莎根酒　治風眩莎根汁同麴米釀酒

薑酒　生薑浸酒如造酒法

藥酒　大服耳目明胃健

麻仁酒　治骨髓風毒不能行步浸酒

桃皮酒　治水腫利小便桃皮釀酒

神麴酒　治暴冷釀酒

紅麴酒　治赤白痢浸酒

柘根酒　治風虛耳聾柘根釀酒

磁石酒　治腎虛耳聾磁石同麴米釀酒

蠶沙酒　治風緩不隨釀酒

花蛇酒　治諸風白花蛇浸酒

巨勝酒　治虛勞巨勝子二升釀酒

牛蒡酒　治中風牛蒡根釀酒

枳茹酒　治中風枳根剉釀酒

槐枝酒　治大風槐枝釀酒

竹葉酒　治諸風熱病竹葉釀酒

椒柏酒　除瘟疫椒柏浸酒

柏葉酒　治風痹柏葉釀酒

戊戌酒　大補元氣釀酒

鹿茸酒　治陽虛鹿茸浸酒

麋麂酒　治虛損鹿肉釀酒

虎頭酒（麞麂酒）　治諸風釀酒

虎骨酒　治骨節風毒虎骨釀酒

露靈酒　治十種蠱

斷酒　方

酒醉不醒

鮮白酒醨

腽肭臍酒　助陽益人

羊羔酒　補元氣健脾胃

烏蛇酒　治諸風烏蛇浸酒

蜂蛇酒（蚖蛇酒）　治風癩蜂蛇浸酒

蚺蛇酒　治諸風蚺蛇釀酒

紫酒　治血風紫酒

豆淋酒　治一切風黑豆炒焦淋酒

青蒿酒　治諸風青蒿釀酒

百部酒　治諸風百部釀酒

海藻酒　治癭氣海藻浸酒

黃藥酒　治諸癭黃藥釀酒

仙茅酒　治風冷仙茅浸酒

通草酒（通州酒）　治五淋通草煎酒

南藤酒　治風南藤釀酒

松液酒　治風松液釀酒

松節酒　治脚氣松節釀酒

184

8. 부인대전양방 婦人大全良方

• <부인대전>, <부인양방대전>, <부인대전양방>, <부인양방집요>(전 24권)이라고도 함.

• 송(宋)나라 이전까지 산부인과 관련 의서를 종합하여 진자명(陳自明)이 1237년에 저술. 조경문(調經門)·중질문(衆疾門)·구사문(求嗣門)·태교문(胎敎門)·임신문(姙娠門)·좌월문(坐月門)·산난문(産難門)·산후문(産後門)의 8문으로 나눔. 동아시아 의학에서 대표적인 부인과 전문 의서. 이후 수정되어 <신편부인대전양방(新編婦人大全良方)>으로 간행됨.

• 송나라 때 발행된 원간본은 없음. 우리나라에서 가장 오래된 판본은 갑진자(甲辰字, 1484년에 만든 동활자)로 간행된 것.

• 조선 개국 초부터 의과의 시험과목. <경국대전>에는 의과의 시험과목으로 초시(初試)·복시(覆試) 모두 <부인대전>이 포함되어 있으나, <속대전(續大典)> 이후 제외됨. 의학 교육기관이었던 전의감(典醫監)과 혜민서(惠民署)에서도 교재로 사용함.

• 금속활자본, 목판본, 석인본, 필사본 등 다양하게 존재함.

• 금속활자인 갑진자본도 다수 남아 있음(한독의학박물관, 충남대 등) 목판본은 단국대 등 여러 곳 소장.

• 발효주보다 한의학적으로 이용 가능한 약용주 수록.

• **수록 양조법** : 대두주방, 부자주, 죽여주, 자주, 백출주, 애엽주, 지황주, 지황주, 홍람화주, 강활주, 독활주, 대두주, 천금수유주, 창포주 등.

• **관련 논문**
*오수석(2002), <부인대전양방>의 역해와 한방부인과학적 의의에 관한 연구, 동국대 박사악위 논문.
*홍난영(2015), 「『婦人大全良方』의 서지학적 연구」, 서지학연구 62.
• **관련 글**
*안상우(2000), 보물이 된 조선의 교과서 — <婦人大全良方>, 고의서산책 27, 민족의학신문.
*안상우(2013), 고의서산책 610~611, 민족의학신문.

增損茵芋酒　治半身不遂，肌肉乾燥，漸漸細瘦，或時瘐痛，病名偏枯.

茵芋葉　川烏炮，去皮尖　石楠葉　防風　川椒炒去汗　女萎　附子炮　北細辛　獨活　卷柏　肉桂　天雄炮，去皮　秦艽　防己各一兩　躑躅花炒　當歸　生乾地黃各二兩　芍藥一兩

右㕮咀，酒二斗漬之. 冬七日，夏三日，春・秋各五日. 初服一合，漸增之，以知爲度. 令酒氣相續. 出《指迷方》.

附子酒　治痛風，婦人血風，身上瘙癢. 出張氏方.

生附子 不去皮，重一兩一只　皂角刺 二十一個　黑豆 一合

右三味細剉，分爲二處，用好酒二瓶，入上件藥. 慢火煨，候乾至半瓶，却合作一處，蜜縛泥頭，經二宿. 每服一盞. 溫服，無時候. 未效再服.

治女人風瘙，癮疹不止. 出《聖惠方》.

銀苧酒　治姙娠胎動欲墮，腹痛不可忍方.

苧根二兩，剉　銀五兩　清酒一盞

右以水二[379)大盞，煎至一大盞，去滓，分溫二服.

竹茹酒　治姙娠誤有失墜，損築胎損疼痛.

青竹茹二合　好酒一升　煮三，五沸，分作三服卽安.

紫酒　治姙娠腰痛如折.

大黑豆二合，炒令香熟，以酒一大盞，煮取七分，去豆，空心頓服.

白朮酒　治姙娠中風，口噤，言語不得.

白朮一兩半　獨活一兩　黑豆一合，炒

右細剉，以酒三升，煎取一升半，去滓，溫分四服. 口噤者，拗口灌之，得汗卽愈.

治姙娠中風，口眼不正，手足頑痺.

防風　羌活　防己各一兩　麻黃去節，半兩　黃松木節一兩　桂心　荊芥穗　羚羊角屑　桑寄生　甘草　薏苡仁各半兩

右㕮咀，每服三錢. 水一盞，生薑半分，煎至六分，去滓溫服.

治姙娠因感外風，如中風狀，不省人事

熟艾三兩

右以米醋炒，令極熱，乘熱以絹帛裹，熨臍下，良久卽省.

陳總領曰華云：余女夫趙汝盤居天臺，親見王淸叔舍人療其嫂氏.

又方**艾葉酒**[442)　生艾葉 一斤，研，冬用莖，乾者亦得

右以酒五升，煮取二升，分三服.

又方**地黃酒**[443)　生地黃一升，切

右以酒四升，煮取二升，分溫三服. 亦療落身後血.

地黃酒　治產後百病，未產一月先釀，產訖可服.

地黃汁　好麴　好淨秫米各二升

右先以地黃汁漬麴令發，準家法釀之，至熟，封七日，取清者服. 常令酒氣相接，勿令絕. 忌蒜，生冷，鮓滑，雞，猪肉，一切毒物. 婦人皆可服之，但夏三個月不可合，春秋宜合. 以地黃汁幷滓，內米中炊[507)，合用之. 若作一碩，十碩準此，一升爲率. 先服當歸湯，後服此妙.

9. 수세보결 壽世寶訣

- 이창우가 1929년에 출판(회동서관, 1929.02.28).
- 5권 1책(처방전이 많음), 연활자본 1책, 노루지, 겹장, 선장, 능화 장정.
- 책의 첫머리에 춘헌(春軒) 신현태(申鉉台)의 서문 : '수세비결서(壽世秘訣序)'.
- 서문 : "이 책은 이창우씨의 저술로 그분은 70여 년간을 의업에 몸담아 늙어가면서 이미 시험해보고 효과를 본 처방을 일일이 모아서 800여 조의 방문을 엮은 것이라"고 함(此書, …… 李昌雨氏所著, 氏, 老於醫, 積七十餘載間, 已試已效者, 一一蒐編, 而其多八百餘條矣.).
- 또 서문에서 여기 실린 처방들이 모두 효과도 뛰어나지만 쉽게 구할 수 있는 약재를 사용하였기에 불과 "엽전 2전이면 죽을 병을 낫게 하고 10전이면 한 사람의 목숨을 살릴 수 있다"라고 장점 수록함('고의서산책'에서 옮김).
- 일제는 한의학에 종사하는 사람을 '醫生'으로 등록시켜 의사의 지휘권 아래에 두는 정책을 실시하며, 추가적으로 한의사의 육성을 중단함. 이에 따라 서양의술의 전파도 부족한 상태에서 한의사(의생) 수는 감소되어 조선의 의료현실은 열악함. 이 과정에서 서양 의술에 대한 이해를 넓히려는 한의사들의 시도도 있었지만, 민간에서는 전통적인 치료 방법과 한의사를 선호하는 정서가 있었음. 이 정서를 바탕으로 만들어진 것이 <수세보결>임.
- 70년 경험에서 유용한 것만 발췌하고, <산림경제>와 청강 김영훈의 처방 그리고 <본초강목>의 약재를 병증별로 구성함. 전체적인 목차는 <본초강목>의 '백병주치약'과 유사.
- 약술 처방인 '주류료병방(酒類療病方)'에는 각 약주방의 이름과 조제법, 주치, 효능, 금기 등에 대해 자세히 기술하고 있다. 미주(米酒), 노주(老酒), 춘주(春酒), 도소주(屠蘇酒), 오가주로부터 소주(五加酒로부터 燒酒), 해조주(海藻酒), 포도주(葡萄酒) 등 총 53개의 약술 처방이 실려 있음.
- 양조법 뒤로는 술을 빚고 나서 발효가 잘 되지 않은 술을 잘 익도록 하는 방법(救酒不沸法), 시어버린 술을 맛좋게 고치는 방법(救酸酒法) 등 3개항이 수록됨(<산림경제>와 내용 유사).
- **수록 양조법(58종)** : 미주, 노주, 춘주, 도소주, 오가주, 준순주, 구기주, 지골피주, 백화주, 황정주, 인삼주, 녹두주, 녹용주, 온눌제주, 선령비주, 의이인주, 창포주, 출주, 대마인주, 강주, 인진주, 백엽주, 우방주, 거승주, 화사주, 잠사주, 송액주, 서여주, 도피주, 자주, 두림주, 백양피주, 신국주, 선묘주, 호골주, 복령주, 괴지주, 우슬주, 천문동주, 저이주, 총시주, 홍국주, 축사주, 벽력주, 백부주, 구육주, 국화주, 상심주, 자석주, 소주, 해초주, 포도주, 일일주, 구주불비법, 구산주법, 도화주, 백국화주, 견우주 등.
- **관련 글**

  *안상우(2006), 고의서산책, <수세보결>, 749~751, 민족의학신문.

  https://www.mjmedi.com/news/articleView.html?idxno=31918

酒類

七枝浸酒一粒飲

五加酒　曹王叔牙服此面房室不絕得壽三百歲亦可為散湯茶

米酒成時々飲之亦可煮酒服加遠志牛膝等效使更良　造酒方五加皮與楮皮伊洗水煎汁和麴釀

悶安一鍋內文武火煮安一合米熟為麴以罨麵乾成為末一方五加皮加地榆枳子粗皮各一斤袋盛人好酒二斗浸服其功可盡速一

方去一切風濕痺座壯筋骨填精髓用五加皮煎汁和麴釀米釀成飲之或切碎袋盛浸酒煮飲或常絆牛膝地黃煎汁釀一

遠巡酒　補虛益氣去一切風濕久服黃耆耐老好顏色造法三月三日收桃花二兩三錢五月五日收馬蔺花

五兩五錢六月六日收脂麻花六兩六錢九月九日收黃菊花九兩九錢各陰乾十二月三日取水三斗和麴三斤如常釀酒飲

九枚去尖白麵十斤同前花和作麵紙包四十九日成目瀝腰脚用枸杞子煮爛酒飲一方五加皮煮汁釀人好酒二斗浸藥以罨地黃煮飲

枸杞酒　補虛弱益精髓延年耐老用枸杞根皮生地黃甘菊花各一升搗細計和麴釀酒或以子同生草袋盛浸酒煮飲

地骨皮酒　壯筋骨益精髓變白髮治百病用黃精枸杞各先各四斤枸杞根桑柏葉各五斤天門冬三斤煮汁一石釀十

百花酒　治百病補益老用百草花煎汁如常釀酒飲三盞　桃花酒除百病益顏色

黃精酒　壯筋骨益精髓變白髮治百病用黃精蒼朮各四斤枸杞根桑柏葉各五斤天門冬三斤煮汁一石釀

斤糯米一石如常釀酒飲

人參酒　補中益氣通治諸虛用人參末同麴米釀酒或袋盛浸酒煮飲

二四六

茵陳酒　治風疾筋骨攣急用茵陳蒿蓉夫黃一斤秫米一石麴三斤如常釀酒飲

柏葉酒　治風寒歷節作痛東向側柏葉計同秫米釀酒飲

牛蒡酒　治諸風毒利腰脚用牛蒡根切片浸酒飲之

巨勝酒　治風虛痺腰脚痛用巨勝子二升炒香薏苡仁二升生乾地黃半斤袋盛浸酒煮飲

花蛇酒　治諸風頑痺攣急疼痛用白花蛇肉一條袋盛同麴米釀酒飲或同山茱萸五味子人參末浸酒飲

蠶沙酒　治風緩頑痺諸節不隨腹內宿痛用原蠶沙炒黃袋盛浸酒飲

松液酒　治一切風痺脚氣於大松十下掘坑盛水取其津液一斗五升袋盛糯米五斗釀酒飲

醬預酒　治諸風寒濕痺筋攣用醬預切片袋盛同麴米釀酒飲或同山茱萸五味子人參浸酒煮飲

桃皮酒　治水腫利小便用桃皮煎汁同麴米釀酒飲

紫酒　治卒中風口偏不語反身反張諸風及酒病用黑豆炒焦投酒中待紫色去豆頻飲

豆淋酒　諸病後百病戒風寒風熱及中風角弓反張或炒豆擲酒中以酒五升沃之取一升以上服諸風口喎或煩熱或口不語或身體痺不隨血氣結聚本產後風虛

復合卒汗出身潤即愈又中風諸病用黑大豆炒焦以酒淋之溫服

噎病釀法如上

治噎病釀法如上

二四八

地黃酒　補虛弱壯筋骨通血脈治腹痛變白髮用生肥地黃搗汁同麴米封密器中五七日發之中有綠汁異精英亦先飲之乃益血氣亦更速亦有加藥者

鹿頭酒　治虛勞不足消渴夜夢見鬼用鹿頭煮爛搗泥連汁麴米如常釀酒飲

鹿茸酒　助陽氣益精髓用鹿茸山藥浸酒服又方用嫩鹿角一兩去毛切片山藥末一兩袋盛

膃肭臍酒　壯陽氣益精髓治諸虛用膃肭臍切片同糯米麴釀酒服

仙靈脾酒　去風強筋骨治冷氣大益益丈夫興陽治偏風不隨袋盛浸好酒二斗密封三日遙時飲之

薏苡仁酒　去風濕強筋骨健脾胃用薏苡仁同麴米釀酒或袋盛浸酒飲

菖蒲酒　治三十六風十二痺通血脈治骨立痿黃顏色用菖蒲煎汁或釀或浸並如上法

朮酒　治一切風濕筋骨諸病駐顏色用朮三十斤去皮搗以東流水三石漬三十日取汁露一夜取清釀

大麻仁酒　治骨髓風毒痛不可運動用大麻仁水浸取沉者一大升曝乾炒香袋盛浸酒飲

二四七

酒類　立春清明二節釀造者味美而醇勝夏達生四子一婦年六十已衰憊服此壽至九九尤壽健一人病後不能服壓服此氣壯壽出

一人病痺足不任地者半年服此後能行

米酒　氣味苦辛大熱有毒大寒四節以乳煮爛丸男子遺精女子帶下並加壯鱉一閉一人所

茶傷胃疼腰脚重臒勞筋水腫消渴攣痛之疾得病者難治　主治行藥勢殺百邪逐惡通血厚腸胃

皮膚散濕氣發怒宣言暢意養脾氣扶肝除風下氣解馬肉桐油毒丹石發動諸病熱飲之善

一人飲酒一人噉食一人空腹空腹者病死飽食者次釀此酒鹽丁石勤諸病熱行

醫師醫鍼腰脚就枕熟擁傷心腦傷日夜攻欲酒以發之氣其清明勢其厲其厲停溫生猪食酒氣

之以齋可龜服鱉云過飲厭鹽鱒胃潰癰蒸筋髓勞蒸陰生猪火塗火酒性上鹹醇下也又槳枳棋蕘

花小豆花糯豆粉者寒勝熱也

老酒　鹽月釀造者可經數十年不壞

此華陀方元旦飲之屠蘇一切不正之氣蒼造法用赤小桂心七錢五分防風一兩蜀椒五錢蜀椒桔梗

大黃五錢七分烏頭二錢五分赤朮十四枚以三角蒺藜之除夜懸井底元旦取出囊中煮沸纏家東向側柏葉

火鶴飲之氣濁遷投井中康飲此水一世無病　椒柏酒元旦飲之辟一切瘟疫不正之氣除夕以川椒三七粒東向側柏葉

二四五

屠蘇酒

春酒　清明釀造者亦可經久

二四七

10. 신기천험 身機踐驗

• 원고본. 고려대 아세아문제연구소 소장(육당 최남선 소장본).

• 1866년 최한기가 동서의학을 집성하여 편찬(1866년 영국의사 홉슨이 지은 <전체신론>, <내과신설>, <서의학론>, <부영신설> 등의 내용을 참조함).

• 한문 필사본 5책, 29cm.

• 명남루전집에 포함되어 있음.

• **수록된 양조법**은 장뇌주, 장뇌아편주, 아편주, 반모주, 초주, 아다주, 계피주, 황련주, 애아전주, 치아통주, 대황주, 철주, 신석주, 반모초장주.

『신기천험』은 전 8권 5책으로 구성되어 있으며, 서문과 범례를 제외한 본문의 내용은 대부분 홉슨(Benjamin Hobson, 合信, 1816~1873)이 漢譯한 5종의 西醫書(『全體新論』・『西醫略論』・『婦嬰新說』・『內科新說』・『博物新編』)에 바탕을 두고 있다. 권1, 권2는 『전체신론』, 권3은 『내과신설』을 전제했으며, 권3·4·5·6·7은 『내과신설』과 『서의약론』을 섞어 실었고, 권8은 『박물신편』의 내용을 자신의 견해와 함께 실었고, 권8 속편은 『내과신설』과 『서의약론』의 藥治 관련 내용을 옮긴 것이다.

(중략)

오늘날 『신기천험』에 등장하는 용어들이 몹시 낯설게 느껴지는 것은 우리나라의 서양서 번역이 이미 일본으로부터 너무 큰 영향과 지배를 받았기 때문이다. 이런 까닭으로 『신기천험』의 정확한 번역작업은 우리나라가 일본의 영향을 받기 이전에 구사된 서양 언어의 漢譯과 관련된 문헌을 연구하는 데에 시금석 역할을 할 것으로 여겨진다.

(중략)

책의 내용을 살펴보면, 최한기는 동서의학의 장단점을 다루면서, 두 의학은 각자가 처한 상황에 따라 형성되었고 아직 완전히 발전되지 못한 측면이 있다고 보았다. 서문에서 그는 동서의학을 비교평가하면서 서의는 해부를 잘해서 전체 경락부위를 명확히 관찰하였고 해부학적 위치를 잘 파악했기에 병의 근원, 치법, 치방에 대하여 매우 밝다고 평하였다. 이와 같이 서양의술의 견지에서 동양 의서를 대비해 보면서 신체의 해부에 밝지 않고 오행에 미혹되어 있다고 보았다.

반면 동양의학의 입장에서 서양의 치료 처방[西治]을 논하면서, 寒凉補瀉를 할 때 지역 토질에서 나온 적절한 약재를 사용하였고, 본디 나름의 역사를 가지고 있다고 보았다. 다만 동서의학을 막론하고 神氣가 작용하여 形質이 생겨나고 또한 신기의 運化에 따라 질병이 생기기도 하고 낫기도 하는데, 동서의학 모두 이런 신기의 발명에는 밝지 못하다고 보았다.

*출처 : 민족의학신문(http://www.mjmedi.com)

• **관련 도서**

*최한기 저, 안상우 외 번역(2008), 국역 신기천험 1, 2(전통의학 고전국역총서), 한국한의학연구원.

*최한기, 영인본 <명남루전집> 1~3, 여강출판사, 1990.

*<한국의학대계> 19권과 20권.

• **관련 논문**

*여인석·노재훈(1993), 최한기의 의학사상, 의사학(醫史學) 2-1.

• **관련 글**

*안상우(2008), 고의서산책 399~401, 身機踐驗, 민족의학신문.

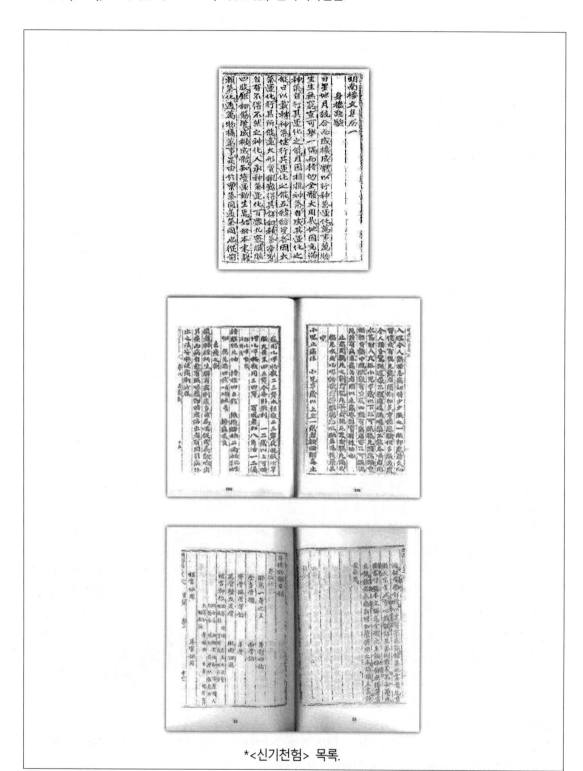

*<신기천험> 목록.

11. 의림촬요

*이성우(1981), <한국식경대전>, 477p. 참조

• 판본과 필사본의 소장처는 다수.

• 8권본과 13권이 있음. 정경선이 짓고 양예수가 교정하여 처음 출판한 책은 명종 ~ 선조 초에 출판(16세기 후반)된 8권본. 이후 <의림촬요속집>이 1608년에 등장하고, 13권본인 규장각본은 1676년, 고려대 소장본은 1635년 출판된 것으로 보고되고 있으나 확실하지 않다. 현재 8권본은 멸실됨.

• 일본 내각문고에 13권 13책본이 있고, 우리나라에는 규장각에 13권 10책, 경희대(8책), 고려대, 한독의학박물관 등에 일부만 남아 있음.

• 규장각 본은 무신자로 인쇄되고 내사기에 강희 15년(1676년)이란 글이 보임.

• 약 121개의 문과 방으로 나누어 설명. 제13권의 '잡방'과 '제법'에 양조법이 수록됨.

• 퇴사옹 양예수(?~1597)는 명종대에서 선조 중기까지 활동. <동의보감>에도 '태의 양예수'라는 이름이 보임. <의림촬요>는 <동의보감>의 선구적 형태를 지난 의방서로 양예수는 <동의보감> 편찬에 참여하고, 정유재란 이후에 세상을 떠남.

• **수록 양조법** : 국화주, 포도주, 무술주, 무술주, 구기자주, 지황주법, 천문동주, 신선고본주, 포도주, 밀주, 계명주, 백화춘, 자주, 작주본, 옥호춘, 조국, 새양능주국, 오향주, 향온법, 백자주, 호도주, 청감주, 하향주, 백하주 양법, 부의주 양법, 오호주 양법, 도인주, 흑두림주, 백화사주 등

• 이들 양조법에 대한 레시피는 김신근 편(1994), <한국의학대계> 8~10권(의림촬요), 여강출판사에 있음.

• **관련 글**
  *안상우(2004. 04), 고의서산책 199, 민족의학신문.

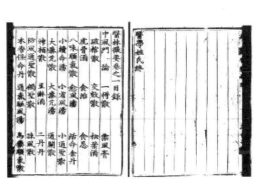

*규장각본 <의림촬요>와 내각문고본 <의림촬요>

12. 의방유취

*이성우(1981), <한국식경대전>, 향문사, 471p. 참조

• 원간본은 일본 궁내성도서관에, 사본은 일본 내각문고 소장.

• 1445년(세종 27)에 완성하고, 1477년(성종 8)에 간행된 조선 최대의 의서로 조선 말기에 다시 간행.

• 266권 264책의 분량으로 간행된 당시 동아시아 최대의 의학서.

고의서산책(안상우) 요약

• 현존하는 최대의 한의방서.

• 초고본은 세종의 명으로 1443년부터 1445년까지 3년에 걸쳐 365권으로 완성.

집현전 학사뿐 아니라, 김수온, 양성지 등의 명신, 의관으로는 노중례와 전순의가 실무 책임자로 참여. 당시 국력을 모두 기울림.

• 세조 때 교정을 거쳐 1477년, 266권 264책으로 간행(이 책에서 중국 의서 150종을 정리하고, 고려 ~ 조선 초까지 우리의 의학적 성과 집약함).

• 1477년, 30여질 인쇄(이중 1질을 임진란 때 가토 기요마사가 약탈, 1598년). 이것이 일본 궁내성 도서관에 있음. 그런데 이 초간본은 264책에서 12책이 없는 252책임. 이와 관련된 전후 사정은 <조선의서지>(오주호 역)에 상세히 설명되어 있음.

• 이 초간본을 1871년 일본인 의사 기카무라가 목활자로 복간하여, 1876년 강화조약에 즈음하여 2질을 우리나라에 선물함.

• 1부는 장서각에 보관되었다가 남북전쟁 때 북한이 가져가고, 다른 한부는 고종의 어의를 지냈던 홍석보에게 하사되었다가 지금은 연대도서관에 있음.

• 이를 1965년 동양의과대학에서 필사 영인(전 11권).

• 이 책을 근거로 1981년 대만에서 영인 간행. 1982년 중국어로 북경 인민위생출판사에서 발행.

• 1990년대 이후 여강출판사에서 국내 보유중인 <의방유취> 영인 보급. 또 북한과학원에서 교정한 의방유취(20권)도 발행.

• 의방유취는 중국의학 문헌에도 없는 책이 35종이나 포함되어 있음.

• 명대 이전 중국에서 사라진 문헌의 복원에 필수적인 자료임.

• <의방유취>의 연구를 통해 현존하지 않는 의서 30여종을 복원하여 <의방유취 채집본>이라는 책도 발간됨.

• 일본과 중국, 대만학자들에 의한 연구 성과가 많음.

• 한국한의학연구원은 일본에서 <의방유취>를 마이크로필름으로 촬영하여 데이터베이스 구축하여 제공 중.

*안상우(2017), 고의서산책 788~794, 민족의학신문을 참조하여 재작성함.

• 세종 때까지의 모든 의서를 정리한 것이어서 수많은 약용주가 수록되어 있음. 그것을 모두 확인하는 것도 쉽지 않음(개인적으로 확인하다가 지침).

• 일단 확인된 양조법은 지황주방, 황정주방, 천문동주방, 구기주방, 석곡주방, 서여주방, 국화주방, 창포주방, 송엽주방, 송지송절주방, 백엽주방, 출주방, 오마자주방, 오가피주방, 도인주방, 단삼주방, 서점자주방, 포도주방, 오지주방, 천료목주방, 상육주방, 삼석침주방, 건강주방, 산강주방, 아위주방, 야타지주방, 타지주방, 안지주방, 서여주방, 거승주방, 괴지주방, 국화주, 두충주, 녹용주, 대두주방, 단삼주방, 당귀주, 창공당귀주, 세간도소주방, 원일도소주방, 도인주, 두충주, 귤자주, 도인주, 석곡주, 오마주방, 종유주, 구기창포주, 호골주, 료주, 소황기주, 황기주, 인우주, 대금아주, 종유주, 진규주, 출고주, 송엽주, 측자주, 밀주, 대두주방, 송고주, 기타 등등….

• 관련 도서
*오주호 역, 미키 사카에 저(2022), <조선의서지>, 1028~1051p.
• 관련 논문
*안상우(2000), 의방유취에 대한 의사학적 연구, 경희대학교 박사학위 논문.
*조정은(2016), 동아시아 『의방유취(醫方類聚)』 연구의 회고와 전망, 경희대 인문과학연구소
• 관련 글
*안상우, 고의서산책 788~794, 민족의학신문.

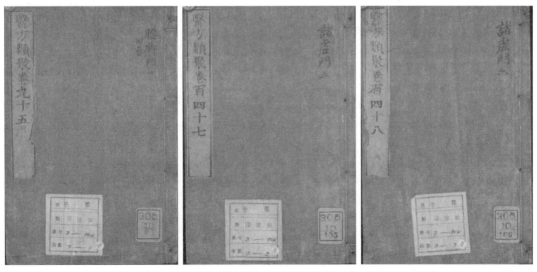

*우리나라에는 원간본이 없고, 조선 후기에 간행된 책이 일부 남아 있음.

13. 의방합편

*이성우(1981), <한국식경대전>, 533p. 참조

- 국립중앙도서관 소장.
- 표지 제목 : 醫方合編(도서관에 수장되는 과정에서 임의로 책명을 붙였을 가능성이 큼. 이는 제목이 각 글자를 출력하여 합성한 글자임에서도 분명).
- 한문 필사본, 2권 3책(술과 관련한 '양주방'과 '잡방'은 3책에 있음), 크기는 34.9×23.2cm.
- 목록 앞부분에 장서인이 있음(李豊熙, 芝谷).
- 저자와 연대를 알 수 없는 책으로 민간의 단방 경험을 널리 수집한 의서.
- 목록의 앞부분에 "三意方 村家救急方 經驗方 雜方 合部第一"이라 함. <삼의방>과 <촌가구급방> 그리고 경험방과 잡방 등을 참조하여 하나의 책으로 만들었다는 의미임. 여기서 <삼의방(三意方)>은 <삼의일험방(三意一驗方)>으로, '李碩幹, 蔡得已, 朴濂' 3명이 쓴 책임. 이들과 허임을 포함한 '경험방'은 <사의경험방(四醫經驗方)>으로 널리 알려진 책임. <의방합편>은 이책들을 기본서로 참조함. <촌가구급방(村家救急方)>은 1538년 김정국이 편한 책으로 "방서에 있는 처방이 약재가 없다면 쉽게 구할 수 있는 약재를 찾아다 치료하는 것이 나으므로 처방이 온전히 기록된 방서들을 다 버리고, 단지 민간에서 쉽게 얻을 수 있는 것들만을 고르고, 아울러 노인들의 경험에서 나온 것으로서 효험이 있는 것들을 모아 한 책으로 엮었다"고 함. 즉 <삼의방> 외에 <촌가구급방>을 참조했다는 것은 <의방합편>의 의서적 특징을 알 수 있는 부분임. 그리고 "其以下, 間書雜方 經驗"이라 하여 두 의서를 기본으로 하되, 그 사이사이에 잡방과 경험을 삽입한 책이 <의방합편>이라는 것.
- 따라서 <의방합편>에는 다른 의서에 없는 많은 양조법이 실려 있는데, 이는 편자의 의도에서 알 수 있듯, 편자가 알고 있던 경험과 잡방을 기록한 것으로 볼 수 있음. 결국 <의방합편>은 민간 단방과 경험의 체계적이고 종합적인 수집이라 할 수 있고 이 과정에서 많은 양조법이 기록된 것임. 즉 <삼의방>에 허임을 포함한 <사의경험방> 그리고 <동의보감>과 <문견방(聞見方)> 등을 참조하고 민간 단방과 경험을 바탕으로 작성한 책임.
- 수록된 양조법은 3권 (양주방/경험)에 녹파주, 벽향주, 부의주, 일일부, 잡곡주, 화향입주방, 오가피주, 무술주, 적선소주, 송순주, 소국주, 백하주(속칭 방문주), 호산춘, 청감주, 향온주, 도소주 등 16종이고, (양주방/삼의)에 주방구주법, 구산주법, 향온법(위 참조), 홍로주, 자주법, 청감주(위 참조), 하향주, 노주소독방, 도화주, 청서주, 과하주, 경면녹파주 등(위 참조 제외하고 10종)으로 술과 관련한 언급이 총 26종에 이름(<동의보감>과 달리 민간의 잡방이 많이 수록됨). 김재형의 '한국술 고문헌 DB'에 모두 실려 있음.

· **참고 논문**

*정창현, 장우창, 김용주(2008), 『의방합편(醫方合編)』에 대한 연구, 대한한의학원전학회 21(1).

· **참고 기사**

*안성우(2004), 고의서산책 194, 醫方合編, 민족의학신문.

https://www.mjmedi.com/news/articleView.html?idxno=3890

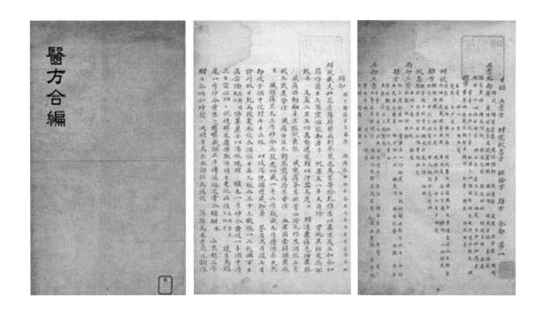

14. 의휘

• 1871년 금리산인(錦里散人)이 간행한 것으로 추정.

• 1권 1책. 필사본. 서울대학교 약학대학 도서관 소장.

• 자신이 소장하고 있던 의서를 분문조목별(分門條目別)로 구분하여 편찬.

• 저술 동기는 노후 시골생활에서 자신과 가족들을 급한 병에서 보호하고자 함과 이웃들에 도움이 될 수 있도록 실용적인 목적에서 출발함.

• 이 책 속의 양조법은 김신근 편(1994), <한국의학대계> 32권(의휘), 여강출판사에 있음.

• **수록 양조법** : 내국향온법, 홍로주, 백자주, 청감주, 하향주, 백하주, 부의주, 도소주, 송엽주방, 도화주, 청서주, 소국주, 과하주, 약산춘, 구주법, 괴화주, 두림주, 백화사주, 고삼주(김재형의 '한국술 고문헌 DB'에 모두 실려 있음).

• **참고 글**
  *안상우, 고의서산책 42, 민족의학신문.

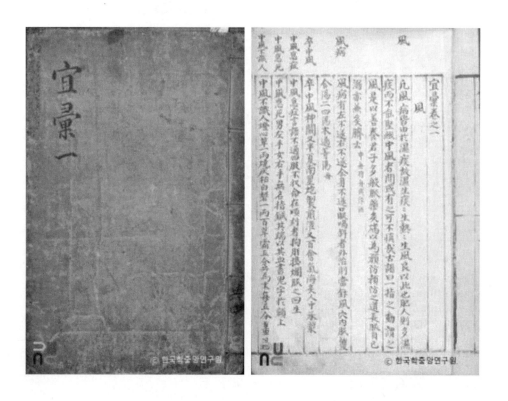

15. 종저보

*이성우(1981), <한국식경대전>, 향문사, 442p. 참조

• 서유구(徐有榘, 1764~1845)가 1834년 전라감사로 재임할 때, 흉년을 겪는 농민의 구황을 위해 쓴 책으로, 필사본·목활자본이 있음.

> *필사본 : 일본 동양문고 소장.
> *목활자본(전주 관영에서 지겟다리획 인서체자로 알려진 목활자로 간행) : 규장각, 중앙도서관, 고려대 신암문고, 종로도서관, 일본 천리대학, 일본 국회도서관 등.

• 목활자본은 표지 포함 28매(내용은 26매). 29.6×18.9cm.
• 상하 단선, 반엽광곽(20.2×13.9cm), 10행, 행당 19자.
• 고구마 보급을 위해, 조선 후기 고구마 재배법을 집대성한 책. 17종의 서적에서 총 97개 항목을 인용하며 그 설명이 미흡하거나 의심되는 부분에 자신의 의견을 첨부함(案).
• 서유구는 서문에서 "고구마는 열매 채소 중 제일 늦어 기근을 구제할 수 있고 메뚜기 등 때문에 농작물에 입는 피해를 막을 수 있는 진실로 기이한 품종이다. 우리나라의 경우 근래 일본으로부터 종자를 구입, 연해 지방에 근근이 전파되었을 정도이며 궁벽한 곳의 사람들은 이것이 어떤 것인지도 알지 못한다. 이는 풍토가 다르기 때문이 아니라 그 재배법이 제대로 알려지지 못한 때문이다. 갑오년(1834)에 내가 호남지방을 순찰할 때 노령남북(蘆嶺南北 : 노령산蘆嶺山은 거대한 산악으로 곧 전라남북도를 통행하는 큰길이다) 중 왕왕 밭두둑에 언덕이 있어 그 지방민에게 물어 보니 기사(1809) 와 갑술(1814)에 기근을 당하여 소작농들이 유망하매 이에 고구마를 심은 것이라고 하는 말을 들었다. 이에 나는 고구마 종자를 여러 고을에 나누어주고 명나라 서광계(徐光啓)의 <감저소(甘藷疏)>, 우리나라 강필리의 <감저보> 및 김장순의 <감저보> 등을 취하여 본서를 편찬하고 인쇄·유포하여 그 재배법을 알리고자 한다."고 함.
• 2종의 고구마 술빚기가 기록됨 : 서현호(徐玄扈, 서광계)가 쓴 <감저소(甘藷疏)>의 술 빚는 법(造酒法) 과 고구마(甘藷)로 소주 빚는 법(造燒酒).

• **관련 서적**
  *김영진(1982), <농림수산 고문헌 비요>, 한국농촌경제연구원.
  *이성우(1981), <한국식경대전>, 향문사.
• **관련 논문**
  *오인택(2015), 조선후기의 고구마 전래와 정착 과정, 역사와 경계 97집.
  *오수경(1995), 조선후기 이용후생학의 전개와 <감저보>의 편찬, 안동문화 16집.

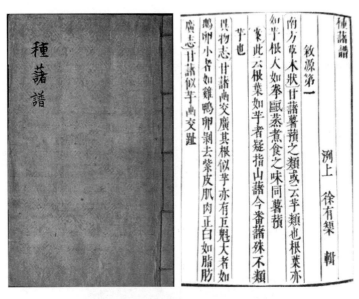

*<종저보>와 <종저보> 속의 술빚기

徐玄扈《甘藷疏》造酒法 藷根不拘多小, 寸截断, 曬晾半乾, 上甑炊熟, 取出揉爛, 入瓿中. 用酒藥研細, 搜和按實, 中間作小坎, 候漿到, 看老嫩, 如法下水. 用絹袋濾過, 或生或煮熟, 任用. 其入缸寒煖, 酒藥分兩, 下水升斗, 或用麯蘗, 或加藥物, 悉與米酒同法.
若造燒酒, 即用藷酒入鍋, 盖以錫兜鏊蒸煮, 滴槽成頭子燒酒. 或用藷糟造, 成常用燒酒.

*번역은 김재형의 <한국술 고문헌 DB>참조할 것.

16. 주촌신방

*이성우(1981), <한국식경대전>, 486p. 참조.

- 신만이 1687년에 쓴 의서(필사본, 1책). 이를 근거로 일부 내용을 삭제하여 1930년 충북 옥천에서 연활자로 간행(3권 2책). 두 종의 책은 편제와 목차는 다르지만 내용에 있어서는 동일한 부분이 많음.
- 필사본은 1책으로 책의 크기는 32.8×21.2cm(반곽 20.2×13.7cm).
- 필사본은 장서각본과 규장각본이 있으며, 연활자본은 2책으로 양조법이 없음.
- 신만(1620~1669)은 호가 주촌으로 송시열의 제자. 병자호란 때 모친과 부인이 수절하다 강화에서 죽은 후, 세상에 나서지 않고 청나라 물건을 가까이 하지 않으며 오직 자녀의 교육에만 전념. 후에 이조판서 주증됨.
- **수록 양조법(11종)** : 송순주법, 호박주법, 적선소주법, 송절주, 당귀주법, 지황주법, 오미주법, 천문동주법, 구기주법, 신선고본주, 신선훈로주.

- **관련 도서**
*신만 저, 한국한의학연구원 역(2007), <(국역총서) 주촌신방>, 한국한의학연구원.
*김신근 편(1994), <한국의학대계> 15권 '주촌신방', 여강출판사.
*김신근(1989), <한의학서고>, 서울대출판부, 329p.
- **관련 글**
*안상우, 고의서산책 118, 민족의학신문.

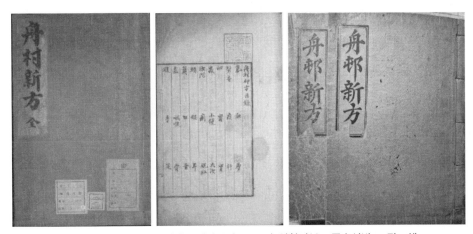

*장서각 소장의 <주촌신방> 필사본과 1930년 연활자본 <주촌신방>(3권 2책)

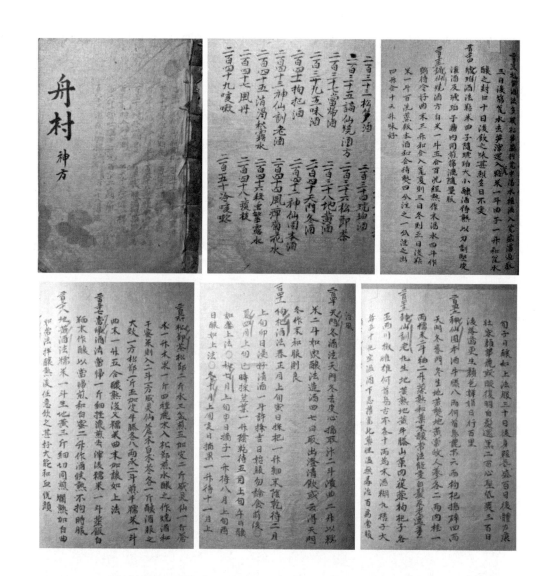

*우리술학교 소장본의 <주촌신방> 필사본(총 11종의 양조법이 필사됨).

3장

<가정보감>류 속의 술

1910년대 이후 <가정보감>류 속의 술

1. 가정보감류란?

1910년대 이후 최근인 2015년에 이르기까지 100여년에 걸쳐 <가정보감> 또는 비슷한 내용을 서술하면서도 전혀 다른 제목을 가진 수많은 책이 출판되었지만, 이의 연구는 거의 이루어지고 있지 않았다. 책의 종류와 소장처 그리고 잔존 여부도 거의 밝혀져 있지 않다 보니, 비교·분석 등에도 어려움이 따른다. 이 글은 노상호(2014), 하정옥(2017) 등의 글을 바탕으로 일부 가정보감류에 수록된 양조법에 대해 거칠게 정리한 글이다.

'가정보감류'(이하 보감이라 칭함)란 어떤 책일까? 흔히 '가정'이란 여성의 영역으로 이해되어, 여성백과사전 또는 여성교육의 성격을 가진 책으로 보기도 한다. 그렇지만 보감류는 성별화된 여성의 역할에만 초점을 둔 책이 아니고, 당대를 살아가는 남녀노소의 일상생활에 필요한 다양한 정보(유서, 범주서, 백과사전, 참고서 등)를 담은 책이다. 즉 일상생활에 필요한 일용유서(日用類書)로서, 조선후기의 유서(산림경제, 임원경제지, 규합총서 등)와 궤를 같이한다. 조선시대 유서는 '산림', '산가', '임원' 등의 용어를 사용하여 선비가 사는 농촌이라는 공간을 전제하고 있다. 그리고 규합(閨閤), 규곤(閨壺), 규방(閨房), 시의(是議) 등의 공간은 여성들의 생활공간을 전제하고 있다. 이에 비해 보감류는 새로운 '가정'이란 용어가 사용된 것이다. 즉 농촌생활의 지침이 되는 유서나 여성이 주로 활동하는 공간의 유서가 아니라, 가정이라는 공간에 꼭 필요한 정보를 모아놓은 유서라는 것이다.

그렇다면 '가정'이란 공간을 왜 새롭게 범주화했을까? 1910년대 이후 딱지본 등 대중적 출판물이 범람하면서, 상업적으로 쉽게 접근이 가능한 '가정'이라는 공간의 필수품이라고 적극적으로 홍보하기 위해 선택한 용어일 수 있다. 당시의 책 제목에는 모든 가정에 반드시 있어야 한다는 의미의 '만가팔비(萬家必備)', '가정필비(家庭必備)' 같은 제목의 책이 있었던 것도 같은 연장선에서 이해된다. 이같은 보감류는 찬자에 따라 내용이 달라질 수는 있지만 주된 독자를 여성으로 국한시키지 않는다는 점에서 공통된다. 그래서 구체적으로 옷을 짓는 방법(여성의 역할)보다, 관혼상제 때는 어떤 옷을 입어야 하는지(남녀노소 누구나 알고 있어야 할 정보)를 설명한다. 즉 일제에 의해 근대화가 진행되면서, 전근대적 정보의 공유는 여성만이 아니라, 온 집안사람이 알아야 할 정보였기 때문이다.

1910년대 이후 백여년동안 출판된 수많은 보감류를 정리하는 것은 기존 연구가 거의 없어 쉽지 않은 일이다. 출판된 판본이 많이 남아있는 것도 아니고, 책들의 소장처가 확인된 것도 별로 없다. 더욱이나 중복 또는 비슷한 내용이 넘치는 대중서였던 탓에 책의 가치가 폄하되어, 국립중앙도서관뿐 아니라 여타의 도서관에도 소장된 책이 많지 않다. 부득이 몇 종의 논문에서 눈에 띄는 책을 여기에 정리했다. 참고용 자료일 뿐이다. 거듭 재판을 찍은 책도 있지만 초판을 기준으로 일제강점기에 발간된 책을 정리한 것으로, 이중에는 출판사끼리 책을 공유해서 간행한 경우도 있어 내용적으로 같은 책도 있을 수 있다.

번호	표지제목	발행년도	저자(찬자)	발행처
1	가정일용보감(家庭日用寶鑑)	1912년	이철주	익동서관
2	증보언문가정보감	1915년	박건회	신구서림
3	가정선문보감	1918년	?	유일서관
4	증보가정선문보감	1918년	강의영	유일서관
5	증보가정보감	1921년	?	회동서관
6	언문일용가정보감	1925년	강의영	영창서관
7	가정선문보감	1925년	?	조선도서(주)
8	(최신일용)가정보감	1925년	?	경성서관
9	가정보감	1926년	?	회동서관/덕흥서림
10	최신언문무쌍가정보감	1926년	강의영	영창서관
11	언문가정보감	1928년		태화서관
12	언문가정보감	1930년		대성서림
13	가정언문보감	1930년		신구서림
14	(사주자해)가정보감	1930년		동양대학당
15	언문보감	?	?	?
16	(최신)언문가정보감	1933년	노익형	박문서관
17	가정백방길흉보감	1926년		광동서국

*출처 : 하정옥(2017), 23p.을 참조하여 재작성함.

이외에도 특이한 것으로 1910년대 <국민보감>이 있고, 서지사항을 알 수 없는 <언문보감>, <가정선문보감>도 있다. 또 보감류와 내용이 유사한 <사주자해 가정보감(四柱自解家庭寶鑑)>, <새가정보감(새家庭寶鑑)>, <가정요람(溫各去是 家庭要鑑)>, <명문가정보감>, <건생필지(健生必知)>, <생활백과>, <만민필독(萬民必讀)>, <인생필지(人生必知)>, <백방길흉기요(百方吉凶紀要)>, <가정백방길흉보감>, <가정비결백방길흉>, <가정백방길흉비결(家庭百方吉凶秘訣)>, <가정백방길흉보감(家庭百方吉凶寶鑑)>, <백방길흉신감(百方吉凶新鑑)> 등도 일상생활의 유서로서 보감류의 범주라 할 수 있다.

보감류는 '명·청대에 유행한 <만보전서>를 우리 실정에 맞게 언해해 놓은 책'이라는 주장도 있다(하정옥, 2017). 19세기 후반에 필사된 <만보전서언해> 등이 그것으로 이 책의 후반부는 보감류와 상당히 유사하다. 특히 <증보만보>(규장각 소장)는 조선 후기에 간행된 것으로 "국문으로 되어 있고 매우 간략하게 내용을 정리하였을 뿐 아니라, 한손에 들어올 정도의 작은 책자로 일반 서민들이 매우 쉽고 간편하게 참조할 수 있도록" 제작되었다. 이 책이 다루는 내용을 보면, "궁합보는 법, 혼인 길일 뽑는 법, 순산법, 난산을 다스리는 법, 태중의 남녀를 알아내는 법, 탯줄 자르는 법, 어린이에게 옷 입히는 법, 부귀해지는 법, 도망간 사람을 찾아내는 법, 뱀 쫓는 법, 범 쫓는 진언 등"으로, 보감류에서 다루는 술수와 태아성별, 그리고 응급처방의 내용과 일치한다.(이동철, 2016) 그렇지만 <증보만보>와 가정보감류가 강조하는 부분은 조금 다르다고 한다.

2. 보감류는 어떤 배경에서 출판되었나?

1919년 삼일운동 이후, '다이쇼(大正) 데모크라시'와 함께 식민지 통치방식이 제한적이지만 문화통치로 변화하고 작은 활동 공간들이 열리면서, 출판과 언론에는 숨통이 터지게 된다. 이 시대적 공간은 전근대적 한국사회가 근대성(모더니티)으로 변화하는 공간이라는 측면과 전통사회의 가치와 경험이 확장되는 공간이라는 양면성을 가졌다. 이런 이중성을 띤 시대적 공간에서 보감류라는 대중서가 유행한 것이다. 근대적 출판물이라는 매체(서적)와 가독성을 가진 여성과 가족 성원(독자)이라는 측면에서 보면 당연히 근대성을 더 지향할 것처럼 보이지만, 실제 내용에 있어서는 근대성 보다 더 많은 부분이 보수적인 정보였다. 보수적이라 함은 이들 보감류가 거의 빠짐없이 척독(다양한 편지 형식), 관혼상제 등 의례 절차, 사주와 간단한 점치는 법이 수록된 술수, 해몽, 태아의 성별, 응급처방, 연호와 각종 서식 등의 내용을 담고 있는데, 그중에서 가장 많은 분량을 차지하는 것은 술수였다는 의미다. 즉 술수에는 오늘날 미신이라 치부할 수 있는 내용이 많아서, 출판 매체는 근대적이지만 그 주된 내용은 전근대적이라 할 수 있다. 일본의 가정보감류와 비교 연구한 바에 따르면, 일본의 경우 군국주의 시대의 한 유행으로 전쟁이 끝난 뒤에는 점차 사라졌지만(이동철, 2016), 근대화가 짧은 시간에 압축적으로 이루어진 우리나라에서는 전근대적 정보를 요구하는 수요가 이어졌던 탓에 21세기까지 지속적으로 출판되었다.

1910년대 보감류에는 여성들이 알아야 할 가정의 정보보다, '미신'적인 내용인 술수가 많은 비중을 차지한다. 이는 이전에는 여성이 직접 만들어 자급자족하던 필수품을 대부분 시장에서 구할 수 있게 되어 관심이 줄어든 탓도 있지만, 보다 분명한 이유는 책의 구독 대상을 여성으로 한정하지 않았기 때문이다. 그래서 여성 중심의 생활백과로 꾸미기 보다, 점이나 길흉 등 술수(術數)가 많이 수록된 가정의 필독서가 된 것이다. 그러다보니 찬자에 따라 다르지만, 술 빚는 법(양조법)을 전혀 서술하지 않은 책에서부터 많은 양을 수록한 경우까지 다양하다. 그렇지만 일반적인 가정생활백과에 비해 상대적으로 관심이 덜한 것은 분명하고, 그것도 후기로 갈수록(현대에 가까워질수록) 산업화와 자가양조의 공간이 축소되면서 '가정보감류 속의 술'은 점차 줄어드는 듯하다.

보감류에는 전근대적 내용이 주를 이룸에도 왜 전근대성을 상징한다고 보여지는 술빚기에 관심이 적었던 것은 어떤 이유일까? 이를 어떻게 해석할 지는 앞으로 연구가 있기를 바랄 뿐이다. 개인적으로는 사회적 분위기와 관계된다고 본다. 보감류가 유행하던 시대는 조리서도 함께 유행하던 시대다. <조선요리제법>이 일제강점기에만 13판 약 26,000여권의 책이 출판되고, <조선무쌍신식요리제법>은 4판이나 거듭 출판되는 가히 조리서의 베스트셀러 시대였다. 조선시대 고조리서의 저술 목적이 접빈객과 봉제사를 염두에 둔 것이라면, 이때 유행한 조리서는 평소의 일상음식 만드는 법에 초점을 두었는데, 이것이 당시 독자들의 요구와 맞물려 폭발적 인기를 누렸다. 이런 측면에서 <조선무쌍신식요리제법>을 제외하고 대부분의 조리서에서 술 빚는 법이 빠진 것은 당대의 시대성을 반영한 것으로 볼 수 있다(<조선요리제법>에서도 1917년과 1918년 판본에서만 일부 술빚기가 수록되어 있고, 이후 판본에서는 이들 내용이 모두 빠진다). 또 술은 이미 자가 양조의 시대가 저물어가고 점차 시장에서 사먹는 것이 시대적 대세가 되었기 때문일 수도 있다. 이런 경향성을 보감류도 궤를 같이한 것으로 보이지만 보다 확실한 연구가 있기를 바랄 뿐이다. 어쨌든 일부 보감류를 제외하고, 대부분의 보감류에서는 술 빚는 법이 없다. 그렇지만 양조법이 수록된 보감류를 정리하고, 이들 보감류가 어떤 배경에서 양조법을 수록하게 되었는지 그리고 그 의미는 무엇인지를 밝히는 연구는 필요해 보인다.

3. 가정보감류 각론

① 이철주(李喆柱)의 <가정일용보감(家庭日用寶鑑>(익동서관, 1912) 등

가정보감류가 처음 등장한 것은 이철주(李喆柱)의 <가정일용보감(家庭日用寶鑑>(익동서관, 1912)이다. 이 책에서 이재극(李載克, 1864~1931)은 한문으로 서문을 썼는데, 이는 책의 독자를 여성 보다 상당한 유식자를 대상으로 하여 저술되었음을 보이는 대목이다. 이처럼 보감류는 처음부터 '여성용 도서가 아니라 남녀 모두를 대상으로 하고 있다. 이러한 점에서 <가정보감>은 당대 일본이나 유럽에서 발간된 가정백과사전이나 식민지 조선에도 소개된 가정학 교과서와 다르다'(하정옥, 2017). 이 책은 보감류의 원형으로서 이후 여성과 남성을 아우르며, 대중성을 확대하는 방향으로 발전해간다. 찬자인 이철주가 어떤 인물인지는 아직도 오리무중이다. 1860년대생으로 추정되는 그의 정확한 생몰연대는 알 수 없다. 단지 신교육을 받아드린 유학자 겸 교육자라 추정할 뿐이다. 그는 원석, 원석산인, 원석산옹 등의 필명으로 대한협회, 기호흥학회, 교남학회, 매일신보 등에서 활동했으며, 1909년 광동서관에서 <서례편고>라는 서양 예법서를 편찬하고, 1910년경에는 벤자민 프랭클린의 일대기를 번역한 <실업소설 부란극림전>을 교열하기도 했다. 고대소설인 <절도백화> 등 출판에도 관여하다가 1912년 <가정일용보감>을 편집한 것이다. 그리고 1945년 <가정일용보감(家庭日用寶鑑)>과 같은 제목의 구황과 벽온서를 저술한 것으로 보인다(같은 분인지 확인이 필요함). 이 책에는 20종의 양조법과 기타 4종의 술 관련 기록이 있다.

이와 유사한 책으로, 술 빚는 법이 기록된 보감류 중에 <가정백과요람(家庭百科要覽)>이 있다. 이 책은 국립중앙도서관에 소장되어 있는데, 1918년 신귀영이 편찬하여 박문서관에서 나왔다(167p., 21cm). 이 책의 제4편에 장, 초, 술의 특제법이 수록되어 있는데 그 내용은 '魚肉醬의 製造法, 醬을 當日製造하는 法, 柹醋의 製造法, 千里醋의 製造法, 三亥酒의 製造法, 桃花酒의 製造法, 葡萄酒의 製造法, 地酒의 製造法, 過夏酒의 製造法, 蜜酒의 製造法, 一白酒의 製法, 三日酒의 製造法, 花香立酒케 하는 法, 酒中에 漬藥하는 法, 酒를 速沸케 하는 法, 酒를 不醉케 하는 法, 不醉하는 法' 등이다. 8종의 양조법과 기타 4종의 술 관련 기록이 있는데, 양조법은 삼해주, 도화주, 포도주, 지주, 과하주, 일일주, 삼일주, 화향입주를 하는 방법, 주중에 지약하는 법, 끓지 않는 술을 빠르게 끓어오르게 하는 법, 산맛의 술을 고치는 법(39p., 이를 酒를 不醉케 하는 법이라 잘못 기재), 술을 마시고도 취하지 않는 법 등이다. 그 내용은 <가정일용보감>(1912)을 거의 그대로 옮긴 것이다.

술 빚는 법을 수록한 보감류는 해방 후에도 출판된다(모든 보감류를 다 살펴본 것은 아니어서 이외에도 양조법이 포함된 보감류는 훨씬 더 많을 것이다). 1953년 대동문화사에서 출판된 <가정백과보감(家庭百科寶鑑)>이 그것이다. 이 책만의 특별한 점은 부록에 수록된 '활명비방(活命秘方)', 즉 목숨을 살리는 비밀스런 방법이다. 부제가 "어떻게 하면 살 수 있을까?"인데, 저자는 "선조들이 남긴 막대한 보배"를 찾아 전국을 헤맸고, 고인의 희귀한 비록과 문집 천여 권을 살펴, 정리된 것을 공개한 것이라 한다. 그 내용 중에는 천금초, 간장 등 발효법 뿐 아니라, 천금주 제조법과 송순주 제조법 등을 설명하고 있다. 부연 설명은 거창했지만 실제 그 내용은 조선시대 구황벽곡방과 큰 차이가 없다. 이어서 '장수방과 보양방'에서 여러 약용주를 소개하는데 창출주, 국화주, 산약주, 지황주, 창포주, 송화주 등이다.

이들 책에 수록된 양조법은 술을 직접 빚던 여성들의 기록이 아니라 편찬자가 <산림경제>나 <규합총서> 등 이전의 기록을 그대로 옮긴 것이 대부분이어서 독특함은 거의 없다. 즉 양조적 측면에서 보면 중요도가 떨어지지만, 이들 기록은 당시의 사회와 문화상을 보여준다. 바로 이 지점에서 연구자의 관심이 필요해 보인다. 이와 관련하여 1962년, 향문사에서 발행된 <새가정보감(새家庭寶鑑)>에는 재미있는 내용이 있다. 양조법 등은 전혀 언급이 없는 책인데, 갑자기 아무 연관도 없이 '신술 고치는 법'(174p.)이 등장한다. "신술 고치는 법 : 먹을 때에 소다를 조금 타서 마시면 신맛이 없어진다". 불쑥 앞뒤와도 어울리지 않는 내용이 등장한 것은 편집자의 실수일 가능성도 있지만, 해석에 따라 시중에서 구입한 막걸리의 신맛이 강하면 이렇게 조치하라는 글로도 읽힌다. 한때 일부 보감류에 실렸던 술 빚는 방법은 점차 사라지고, 구입하여 마시는 술의 맛을 조절하는 법이 그 자리를 대신한 것은 시대적 변화를 반영하는 것으로, 당시의 사회상을 엿볼 수 있다.

② 박건회(朴健會)의 <증보언문가뎡보감>(신구서림, 1915)

출판 역사로 보면 보감류의 두 번째 출판은 박건회(朴健會)의 <증보언문가뎡보감>(신구서림, 1915)이
다. 여느 보감류와 같이 다양한 편지글(척독), 축문이나 제물 차리는 의례, 12부 120군(부·군·현의
행정) 정보, 명심록, 연호, 교통정보, 점치는 법 등 술수와 해몽, 태아성별 구별법 등 일반적인 내용이다.
그런데 이 책은 소장처가 거의 없어 내용을 확인하지는 못했다. 그렇지만 양조법이 없는 것은 분명하다.

출판업자 강의영(姜義永, 1894~1945)이 제작에 관련된 책으로 <가뎡선문보감>(유일서관, 1918)이
있다. 출판사 사장이 편찬자가 된 것은 1909년 법률 제 6호로 출판법이 시행되며, 책에는 저자와
출판사 등을 기록한 판권지를 붙여야 했고, 그러다보니 특정한 저자가 집필한 것이 아니라, 편집한
책은 출판사 사장을 저자나 편자로 적는 경우가 많았기 때문이다. 국립중앙도서관 소장으로 136쪽이다.
내용은 척독, 가족 간의 칭호, 제사에 관한 예법, 에티켓, 의학상식, 여행정보, 운세 보는 법 등.
전통적 지식을 바탕으로 일상생활에 유용한 정보를 수록하고 있는 점에서 다른 보감류와 유사하다.
이같은 내용과 형식은 이후 <언문일용가뎡보감>(1925년 추정)과 『최신언문무쌍가뎡보감』(1926)으로
이어진다. 이는 이들 세 책의 제작에 공통적으로 관여한 출판업자가 바로 강의영이기 때문이다.
그리고 이들 책에는 양조법은 없다는 것도 공통된다.

연대 미상(1925년 추정)의 <언문일용가뎡보감>은 영창서관에서 출판된 작자 미상의 책으로 미국
프린스턴대학 게스트 동아시아도서관이 소장하고 있다. 서지사항을 정확하게 파악하기 힘들지만,
강의영의 작품이라는 점으로 보아, 구성이 『선문보감』, 『최신보감』과 유사하다고 추정할 뿐이다.
이 책의 형식도 근대적 도서이지만 전근대적 내용을 주로 다루고 있는데, 역시 전근대 가정생활에서
중요한 주제였던 술빚기는 누락된다. 이 책의 9장은 '명심록 ― 사람이 알아둘 일'이다. 여기는
모두 80개의 짧은 언문 문장으로 구성되어 있는데, 음식관리법, 미용지식, 위생에 대한 정보 등을
다양하게 포함한다. 예컨대 계란의 자웅판별법, 곱슬머리를 펴는 법, 담배 끊는 법, 목소리를 좋게
하는 법, 머리 빠지지 않게 하는 법, 송이버섯을 집에서 재배하는 법, 집에서 우유 만드는 법, 얼굴을
하얗게 하는 법 등은 당시 여성들의 미용과 음식에 대한 정보 수요를 잘 반영한다. 구전에만 의존하던
기존의 전달 방법에서 벗어나서 강의영을 비롯한 민간출판업자들은 이러한 지식들을 문자화시키고
시장에서 판매할 수 있는 상품으로 만들었다(노상호, 2014). 또 1910년대 보감들은 '요리법'만을
따로 분리해서 싣고 있지 않는데, 이는 가공된 재료를 이용하여 요리만 하는 것이 여성들이 필요한
지식이 아니라, 여러 사람이 협업하여 재료의 손질, 저장, 숙성하는 모든 과정이 요리였기 때문으로 보인다.

<최신언문무쌍가뎡보감(最新諺文)無雙家庭寶鑑>은 1926년 영창서관에서 출판사 사장인 강의영이

편찬한 책으로 국립중앙도서관과 명지대학교에 소장되어 있다. 198쪽의 분량으로 내용은, 기본상식(언문졍식, 밧침법, 륙갑법, 구구법), 각당칭호법, 모범척독, 관혼상제, 친구편지, 삼당의 복닙난법, 십삼도 부군면리 슈일남, 현행 셔식대요, 슌산할 때 방위 보는 법, 양생월남, 궁합 보는 법, 남녀 생긔보와 날 가리는 법, 일홈 푸는 법 등이다. 강의영은 서문에서 "대져 선문보감이라 함은 유일셔관 쥬무가 대소 인민에게 지식을 발달하기 위하야 새로이 편집하노니 … 제반 긴요한 문법의 까다를 일이 만음으로 일홈을 션문보감이라 하얏나니 경향에 드러 안진 부녀던지 외시골 산곡 즁 초동목슈라도 한 법 구람하시면 자연 원근간 셔사왕복이며 일용사물의 긴요한 학문이 몃 십년 졸업생과 일반이 되어 몃 천리 몃 백리에 궁금한 일이 업시 조셕으로 상통하여 거울갓치 알고 안졋실 뿐외라"고 한다. 즉 이 책은 성인 여성과 시골에 있는 하층 남성뿐 아니라. "대소인민" 즉 "남녀노소" 모두를 대상으로 상정하고 출판되었다. 바로 이 점에서 이철주(李喆柱)의 <가정일용보감(家庭日用寶鑑)>(익동서관, 1912)에서 주요 주제였던 술빚기가 이 책에서는 누락된 이유를 유추할 수 있다.

이외에도 특이한 것으로는 1910년대 <국민보감>과 서지사항을 알 수 없는 <언문보감>, <가정선문보감> 등이 있다. <(最新) 언문가정보감>은 1933년, 노익형이 박문서관에서 출판한 책으로 세종대학 도서관에 소장되어 있다. 박건희와 강의영의 "가정보감"과 크게 다르지 않을 것이라고 예상된다. 노익형은 1935년에 가정보감과 그 궤를 같이하는 <가정비결백방길흉(家庭秘訣百方吉凶)>(박문서관?, 호남대학 소장)의 저자이기도 하다. 각종보감류와 조금 성격을 달리하는 것으로서 <가정백방길흉보감>(또는 <가정백방길흉비결>) 등도 있다. 이들 다양한 보감류에 양조법이 얼마나 수록되어 있는지 확인하고 그 배경과 의미를 밝히는 것은 향후 필요한 작업으로 보인다.

도서명	증보 언문가명보감	언문보감	증보가명 션문보감	최신언문 무쌍가명보감	언문일용 가명보감
연도	1916년(4판) (초판 : 1915년)	서지사항 소실	1918년	1926년	1925년(?)
서지사항 및 판형(cm)	저자 : 박건희 발행 : 신구서림 15.0×22.5	15×22.5	강의영 편 발행 : 유일서관 14.0×22.0	저작겸발행자 : 강의영 발행 : 영창서관, 한흥서관, 13.0×19.0	저자 : 강의영 발행 : 영창서관 13.0×19.0
소장사항	개인소장	개인소장	국립중앙도서관	국립중앙도서관	미국 프린스턴대학 소장
가격	-	-	-	60전	-
총면수	184쪽	158쪽	136쪽	198쪽	-

*출처 : 하정옥(2017), 16p.
*증보언문가명보감(1915), 언문보감(간기 없음), 증보가명선문보감(1918),
최신언문무쌍가명보감(1926), 언문일용가명보감(1925?)에는 양조법이 없다.

4. 맺음말

보감류는 여성만이 아닌 남녀노소의 식자층을 대상으로 가정에서 일상적으로 필요한 정보를 정리한 유서(범주서로 일종의 생활백과사전)다. 여성뿐 아니라, 다양한 독자층의 확대를 목표로 '가정'이라는 새로운 공간을 상업화한 책이다. 그러다보니 당연히 그 내용도 일상생활에 필요한 유서로서 구성되었다. 가정보감류는 책이라는 근대적 매체임에도, 점과 궁합 등(술수) 전근대적 정보가 더 많다. 계급사회의 붕괴가 빠르게 진행되고, 전근대적 유산의 청산이 더디게 이루어지면서, 전근대적 정보의 소비와 요구가 지속적으로 있었던 탓으로 보인다.

일부 보감류에는 양조법이 수록되어 있지만, 대부분의 보감류에는 양조법이 없다. 이는 책의 독자를 여성이 아닌 남녀노소 가족 성원으로 한 점에서 이해가 되지만, <조선요리제법> 등 조리서의 초베스트셀러 시대에 일상 유서에서 조리 영역이 분리되고, 자가 양조의 추세적 감소가 반영된 것과 무관할 수는 없다.

그럼에도 1912년 이후 2015년까지, 100년 이상 지속적으로 출판된 보감류에 실린 양조법에 대한 정리는 필요해보인다. 비록 양조를 담당한 여성들의 기록이 아니라, 전시대의 기록물(古方)을 그대로 옮긴 것에 불과하더라도 그 시대적 인식을 바라볼 수 있는 좋은 소재이기 때문이다. 관심을 갖는 연구자가 있기를 기대할 뿐이다.

1. 가정백과 보감 家庭百科寶鑑

- 1953년, 대동문화사 편집부 편.
- 136p., 19cm.
- 1910년대 이후부터 출판되었던 가정보감류가 해방 후에도 비슷한 내용과 형식으로 발행.
- 특별한 것은 부록에 수록된 활명비방(活命秘方). 그 주제는 "어떻게 하면 살 수 있을까?"임. 저자는 전국을 떠돌며, "선조들이 남긴 막대한 보배"를 찾아 해맸고, 고인의 희귀한 비록과 문집 천여 권을 살펴, 정리된 것을 공개한 것이라 함.
- 내용 중에는 천금초, 간장 등 발효법을 설명하며 천금주 제조법, 송순주 제조법을 설명하고 있음. 조선시대 구황벽곡방과 큰 차이가 없음.
- 이어서 '장수방과 보양방'에서 여러 약용주를 소개하는데 창출주, 국화주, 산약주, 지황주, 창포주, 송화주 등.
- 마지막으로 '보양방'과 '수련방', '영사비방'에서는 양생에 촛점을 두고 설명함.

210

국화주(菊花酒)

국화 중에도 감국(甘菊)은 잎이 꽃(單葉)이고 일빛이 녹색(綠色)이고 꽃(花)이 누루(黃)고 열 향(香)으며 기절(氣節)에 마주어서 피는 농이 진정한 감국이다.

一. 제조법 및 용법

1. 감국화(甘菊花) 생지황(生地黃) 구기근피(枸杞根皮) 각 닷되를

2. 물(水) 열말(十斗)에 넛고 이것이 닷말이 될때까지 달인다.

3. 참쌀(糯米) 닷말(五斗)을 쪄눈다.

4. 누룩가루를 곱게(細) 빻는다.

5. 이 모든것을 합하여 술을 빚어서 보통술을 마시드시 장복한다.

二. 약효

근골(筋骨)을 강하게하고 골수(骨髓)를 보(補)하며 장수하다. 백국화(白菊花)가 더욱좋다.

산약주(山藥酒)

一. 제조법 및 용법

1. 연유 한 가락(派 一팝)을 남비 속에서 녹인다.

2. 산약가루를 넣고 같이 한참 끓인다.

3. 술(酒) 한잔 일잔(一盞)을 무어서 잘 것는다.

4. 이것을 공복에 먹는다.

二. 약효

허손(虛損)을 요하고 얼굴빛을 화미하게하고 하초허냉(下焦虛冷)과 소변이 자조 나오는것과 허약해저서 힘이 없는 중세에 효력이 많다.

창출주(蒼朮酒)

一. 제조법

1. 창출 삼십근(三十斤)을 정하게 싫은다음에 절(搗)눈다.

2. 이것을 동쪽으로 흐르는 물 동류수(東流水) 석섬(三石)에 담 마가

3. 전에이는 전저버리고 그 물로 술을 빚이되 방법은 보통 술 빚이는 법과 같이 한다.

二. 용법

보통 술과 같이 수시로 마시고 싶은때에 마신다.

三. 약효

모든병을 물리치고 피무를 윤택케하고 오래먹으면 연년익수한다.

지황주(地黃酒)

一. 제조법 및 용법

1. 찹쌀(糯米) 한 一과을 백번 싫(白度洗)는다.

2. 생지황(生地黃) 두근(二斤)을 가늘게 썬다.

3. 이 두가지를 쉬어서 쪄 가지고

4. 흰누룩(白麴)가루로 술을 빚어 먹으면 불로 장생한다.

창포주(菖蒲酒)

1. 찹쌀 닷말(五斗)로 술밥을 찐다.

2. 창포뿌리 생즙 닷말을 낸다.

3. 가는 누룩가루(細麴末)로 술을빚어 꼭 봉하여 둔다.

4. 이십일일(二十一日) 후에 따뜻하게 먹는다(溫服) 그러면

5. 풍습(風濕)과 뼈저린병(骨痺)을 다스리며 백일 동안 먹으면 좋아지고 이목이 총명해진다. 장복하면 장수한다.

2. 가정백과 요람 家庭百科要覽

• 국립중앙도서관 소장.
• 일제 강점기 실용서 출판이 붐을 이루며, 다양한 보감류가 출판됨. 이 책은 <가정일용보감(1912년)과 1926년 <최신언문무쌍가뎡보감>과 함께 일제 강점기 출판된 대표적인 가정보감류 중 하나.
• 신구영 편, 1918년 박문서관 발행.
• 167p., 21cm.
• 제4편에 장, 초, 술의 특제법이 수록됨.

• 8종의 양조법과 기타 4종의 술 관련 기록. 삼해주, 도화주, 포도주, 지주, 과하주, 일일주, 삼일주, 화향입주를 하는 방법, 주중에 지약하는 법, 끓지 않는 술을 빠르게 끓어오르게 하는 법, 산맛의 술을 고치는 법(39p., 이를 酒를 不醉케 하는 법이라 잘못 기재), 술을 마시고도 취하지 않는 법 등을 기록.
• 내용은 <가정일용보감>(1912)를 거의 그대로 옮김.

3. 가정일용 보감 家庭日用寶鑑

• 익동서관에서 1912년 간행.

• 이철주 저술, 윤상현 교정.

• 연활자본, 21.1×14.3cm, 92쪽.

• 표지 제목 : 家庭 日用寶鑑.

• 최초의 가정보감류로 이재극(李載克, 1864~1931)의 한문 서문에서 보듯 상당한 유식자를 대상으로 하여 저술됨. 이후 다양한 가정보감류를 거치면서 대중성이 확대됨.

이철주

• 정확한 생몰연대는 알 수 없음(1860년대 생으로 추정할 뿐).

• 신교육을 받아드린 유학자 겸 교육자.

• 원석, 원석산인, 원석산옹 등의 필명으로 대한협회, 기호흥학회, 교남학회, 매일신보 등에서 활동.

• 1909년 광동서관에서 <서례편고>라는 서양 예법서 편찬.

• 1910년경 벤자민 프랭클린의 일대기를 번역한 <실업소설 부란극림전> 교열.

• <절도백화>, <실업소설 부란극림전> 등 출판에도 관여.

• 1912년 <가정일용보감> 출판.

• 1945년 <가정일용보감(家庭日用寶鑑)>(동양의학협회 출판부)과 같은 제목의 구황과 벽온서 출판(같은 분인지 확인이 필요함).

• 1912년 가정일용보감, 1918년 <가정백과요람>, 1926년 <최신언문무쌍가명보감>과 함께 일제 강점기 출판된 대표적인 실용서(가정보감류) 중 하나.

• 의학적으로는 통속본 의학서라 할 수 있음.

"일제강점 이후 전통 한의의 활동이 제약을 받고 의료 시혜가 제대로 펼쳐지지 않는 상황에서 기저층 조선인들에게 가정생활에서 필수적인 기초상식과 긴요한 구급의약 지식을 전해주었던 도구로써 유용"(한상우, 2022).

• 20종의 양소법과 기타 4종의 술 관련 기록. 주부본 제법, 백로주, 소국주, 호산춘주, 삼해주, 도화주, 연엽주, 경면녹파주, 벽향주, 하향주, 청서주, 부의주, 청감주, 포도주, 일일주, 삼일주, 지주, 과하주, 밀주, 화향입주방, 주중지약법, 구산불비법, 구산주법, 불취법.

• **관련 논문**

*권두연(2021), 근대 초기 지식의 편집과 중간 유통자에 대한 고찰 ― 이철주(李喆柱)의 『서례편고(西禮便考)』를

중심으로, 반교어문연구 57.

　*하정옥(2017), 일상의 변동, 그리고 전/근대 · 식민/제국의 지식생산과 성별분업 : 식민지기 <언문가정보감>의 출판과 확산, 페미니즘 연구 17(1).

· 관련 글

　*안상우(2022), 고의서산책 1028, 민족의학신문.

4. 여러가지 제조법

- 국립중앙도서관 소장.
- 1947년 2월 박양우가 엮음(교육자료 사연회 발행).
- 역자 박영우는 머리말에서 "우리는 이제부터 자기가 할 수 있는 힘을 길러야 하겠다는 생각에서 간장(아미노산) 만드는 법, 비누 만드는 법 등 여러 문제를 엮어서 보기로 했습니다. 학교에서나 가정에서 소규모로 실험 또는 생산하실 분에게 좋은 참고가 될 것으로 믿고 이 책을 드리는 바입니다"라 언급.
- 쌀누룩(麴) 제조법, 누룩(麴子) 제조법, 약주(藥酒) 제조법, 약주 사입과 주량, 탁주 사입과 주량, 매실주 제조법, 생강주 사입법, 합성 정종주 제법 등이 8페이지에 걸쳐 시록됨.
- 양조업자가 아닌 당대 지식인의 기록으로 그 시대의 제조법을 살필 수 있음.
- 주요 내용을 소개하면 다음과 같음.

215

① 쌀누룩 제조법

국(麴)은 쌀(米), 맥(麥)에 당화력을 가지는 세균을 배양한 것을 말하며 원료에 따라서 쌀누룩, 밀누룩 등이 있음.(정종용 소주용이 있다) A(Aspergillus sp. — 인용자) 이 누룩균(麴菌)은 아스바시기라스 오릿쯔에리라고 하는 일종의 곰팡이이며 균사 중에는 전분을 당화 용해하는 일종의 효소를 가지고 있다.

쌀누룩을 만들자면 먼저 정미를 물로 잘 씻어서 15~16시간 물에 담갔다가 건져서 물을 잘 뺀 후 시루에다 찐다. 찐 쌀을 깨끗한 푸대 위에다 널어서 사람의 체온(섭씨 37, 8도)쯤 되면 종국을 혼합한다.

그 분량은 보통 정미 한석에 40돈(1돈의 무게는 3.75g)의 분량이다. 먼저 종국 20돈을 찐 쌀 조금에다 잘 무쳐서 이것을 찐 쌀 전체에 철포(撒布)하여 혼화한다. 그 다음에 산과 같이 쌓아서 가마니 같은 것을 덮어서 4~5시간 지나면 종국의 나머지 20돈을 다시 잘 혼화하여 다시 산과 같이 쌓아서 잘 덮어서 20시간 지나서 내외를 바꾸어 준다. 그리하여 4~5시간 지나면 쌀 대부분에 백점이 생기는 균의 발육을 볼 수 있다. 그러면 잘 뒤지어서 1되 5합씩 담을 수 있는 상자에다 담아서 쌓는다. 3시간 후에 상자를 서로서로 자리를 바꾸어준다. 이것은 온도를 균일하게 하기 위해서이다. 그후 10시간 되어서 전면이 백점이 된다. 다시 12시간이 되면 담황색이 된다. 이것이 쌀누룩(米麴)이다. 쌀누룩에는 황색과 흑색이 있다. 황색은 정종, 기타에 흑색은 소주용으로 쓰인다. 누룩제조 시간은 처음부터 약 45시간이 필요하며 실내온도는 화씨 70도가 적당하다.(종국은 시판의 것이 좋음)

② 누룩(麴子) 제조

누룩은 국(麴)과 같은 것이며 우리나라 주류 제조의 원료로 많이 쓰이는 것이며 당화작용과 주정발효 작용을 가지고 있음.

누룩 원료는 밀(소맥)을 쓰지만, 대맥, 수수, 옥수수 등도 사용한다. 누룩을 만들자면 뿌셔서 적당한 밀도로 물을 가하여 누룩틀에다 넣고 발로 잘 밟아서 풀(草), 뱃짚 등을 놓으면서 올려 쌓은 다음 가마니 등을 덮어서 두면 (온실에다) 3일경이면 곰팡이가 생기면서 열이 생긴다. 그러면 너무 열이 식지 않을 정도로 차차 건조시킨다. 그러면 일주일 오래 걸려서 80일이 요하면 누룩이 된다.

③ 약주 제조

약주는 우리나라 주류 중 대단히 소중히 보는 주류이다. 가루누룩, 쌀, 물로 만들어진 것에 여러 가지 향료 급 가미물을 가하는 수도 있다. 주정량은 10!~20%이며, 색깔은 황적색이다.

약주 양조에는 보통 주모를 만들지만 그렇게 하지 않는 식도 있다. 주모를 만들자면 쌀은 수시간 물에 뿌려서 사루에다 찐 다음 적당히 식으면 가루누룩, 물로서 사입하여 두면 자연발효가 생겨서 10일간이면 숙성한다. 이것에 찐 쌀과 물, 누룩 조금을 주모에 넣어서 두면 약 10일경이 되면 숙성한다. 이것을 료(醪)라 한다. 료(醪) 중에 원통형의 소쿠리를 넣어서 주액을 떠서 만든다.

*출처 : 박양우 엮음(1947), 25~28p.에서 옮김.

5. 조선부업 보감 朝鮮副業寶鑑

- 국립중앙도서관 소장.
- 저자 김재위, 의주 동아산업사(1927. 02).
- 232p., 19cm.
- 책과 관련된 추가 정보가 별로 없음.
- 밀감주(蜜柑酒)와 보명주(保命酒) 제조법 수록.
- 일본의 대표적인 과일주(귤)와 약용주(16종의 약재)임.

① 밀감주 제조법

밀감주를 제조함에는 바로 설탕과 소주를 적당하게 섞은 다음 주석산과 레몬유를 추가하여 제조하며, 또 청주에 귤껍질을 적당하게 추가하여 증류한 후, 주석산과 설탕을 추가하면 훌륭한 밀감주가 된다. 그러나 그 품질의 양호는 원료의 양호와 가감의 방법과 그 사람의 기술 여하에 막대한 관계가 있을 것이니 특히 주의를 요한다.

② 보명주 제조법

본래 술은 인체 생리에 해되는 알코올 성분이 포함되어 있음으로 마실 때는 신경계를 자극케 하여 흥분을 느끼게 되며, 또한 혈액순환을 조장하는 작용이 있지만, 그와 반대로 다량으로 마실 때는 신경이 혼미하며 종종 중독작용을 일으키는 폐단이 한두가지가 아니다. 그런데 이제 기재하고자 하는 것은 보명주는 어떠한 것인가 생리에 해됨이 보통주 보다 적고 향미와 흥분을 느끼게 되어, 참 생명(命)을 지킬만한 것임에 참고의 자료로 여러 동무님에게 소개한다. 소주 1말 5되, 고주 1말 3되, 계피 1근, 귤껍질 1근, 감초가루 반근, 백설탕 2관(7.5kg). 위와 같이 혼합하여 약 1시간동안 끓여 맑게 되거든 여과한 뒤 사용하면 극상품의 보명주가 된다.

*출처 : 김재위(1927), 116p.에서 인용.

 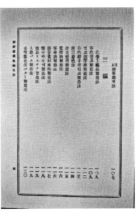 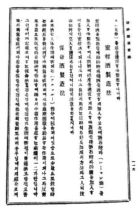

4장

고문서 낱장
속의 술

1. 구선주방문 낱장 : 고문서

• 국립한글박물관 소장.
• 27.4×21.4cm.
• 아홉가지 약재를 넣고 빚는 단양주.
• 구선주방문(九仙酒方文, 낱장, 19세기 후반 이후).
• 이런 낱장짜리 주방문은 전국에 걸쳐 많지만 만들어진 데이터베이스는 많지 않음.
  https://www.emuseum.go.kr/detail?relicId=PS0100203400600102900000

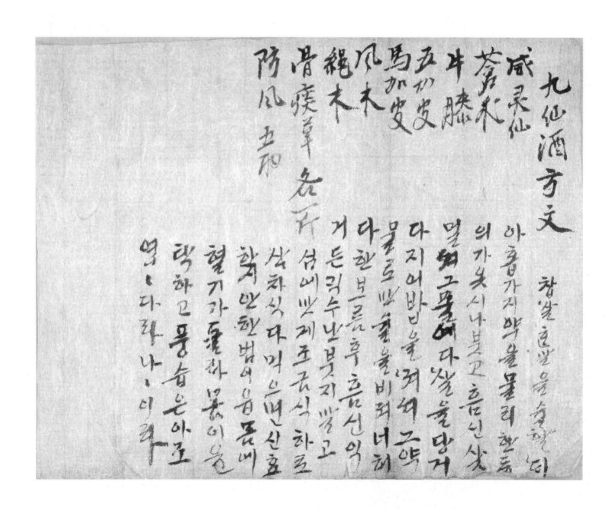

2. 밑술법과 약주 제조법 낱장

- 완주 대한민국술테마박물관 소장.
- 한글 필사본 문서.
- 종이 질과 한글로 보아, 20세기 이후 문서로 보임.
- 조리법을 원고지 낱장 위 필사.
- 밑술법, 약주제조법, 복약법 기록.
- 액자천 위에 배접한 형태.
- 출처 : https://www.emuseum.go.kr/에서 '밋슐법'으로 검색.

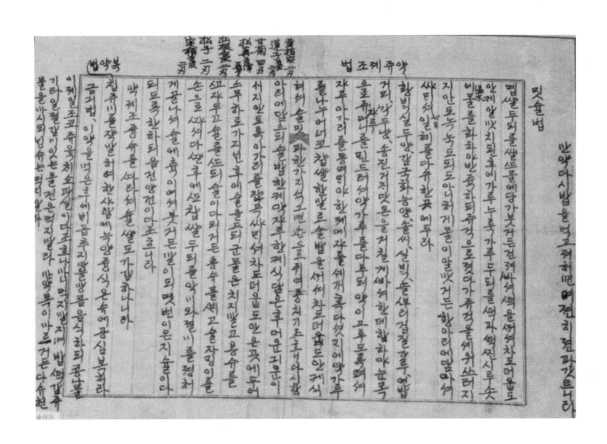

3. 산가집설

• 완주 대한민국술테마박물관 소장.

• 갑인 7월 효주방문('소주 방문'으로 보임).

• 크기는 20.5×19.0cm.

• 자료는 확인하지 못함.

• 효주는 <규중세화>, <하심당가 음식법> 등에서 소주를 가리킴. 즉 <규중세화>에서는 '이퇴백 효주'와 '이적선효주', <하심당가 음식법>에도 '효주 삼해주'와 '이적선 효주법'이 수록됨.

• 박록담은 효주(酵酒)의 특징 및 술 빚는 요령 : 네이버 포스트 (naver.com)에서 '효주'를 전라도 지방에서 '소주'를 가리키는 말(사투리)이라 함. <규중세화>나 <하심당가 음식법> 모두 전라도 조리서 일 가능성이 커서 그 주장은 타당하게 보임.

• 출처 : https://www.emuseum.go.kr/에서 '산가집설'로 검색.

4. 양주법 釀酒法

- 인천근대문학관 소장.
- 한문 필사본 문서(낱장).
- 양조법명을 뒤에 기록(千里酒法). 그 외에 의학적 내용 수록.

5. '오륜가' 뒷부분에 적힌 조리서 김경중댁

- 우리술학교 소장.
- 1958년 작자 미상의 여성이 아들 김경중의 대학입시 시험에 근심이 많아, 시간을 보낼 겸 자신이 알고 있던 내용을 적은 책. 책의 뒷부분에 '무술 정월 이십이일 필서'라는 필사기가 있어 1958년임을 알 수 있음.
- 한글 필사본, 45장, 8~10행, 1행에 12~18자.
- 첫부분은 오륜가, 그 뒤로 띠별 혼인점('자식들이여 혼인 때 잘 보아서 부디 하여라'고 되어 있음. 이 부분이 많은 분량 차지).
- 이후 송순주법, 약식, 약과법, 약과 한말하라면, 부시게 등 조리법이 수록됨.
- 구수한 전라도 사투리와 구어체의 글쓰기가 정겹고, 자신의 술빚기 경험을 잘 정리한 글로 보임.
- **일부 내용 소개** : 이상훈(2014), 우리나라 강화발효주의 전개와 특징 - 배경과 특수성에 대한 일 고찰, 서울벤처대학원대학교 석사논문.

송순주법

쌀 열말을 하려면 백미 두말을 가루내서 (설기)떡을 찌고, 물 사십사발을 끓여 서늘하게 식힌 후, 그 물에 떡을 풀어 식힌 다음 가루누룩 한말을 섞어 알맞은 독에 넣어 봉하여 둔다. 삼일만에 찹쌀 열말을 정하게 물에 담가 거른 뒤 술밥을 쪄서 술밑과 섞은 후 먼저 밥을 한번 덜어내고, 다음에 송순을 한번 덜어내서 켜켜히 넣는다. 칠일이나 십일만에 쌀 한말에 소주 다섯 보시기나 일곱 보시기를 부어 넣고 이칠일 후에 떠서 쓴다. 송순을 많이 넣으면 좋지 않다. 송순은 뼈들만 하거든 꺾어 정히 다듬어서 잠깐 삶은 다음 깨끗이 씻어 한바구니만 넣으라.

구수로 당일 떼 상에 아나고 절ㅅ ...

부시게

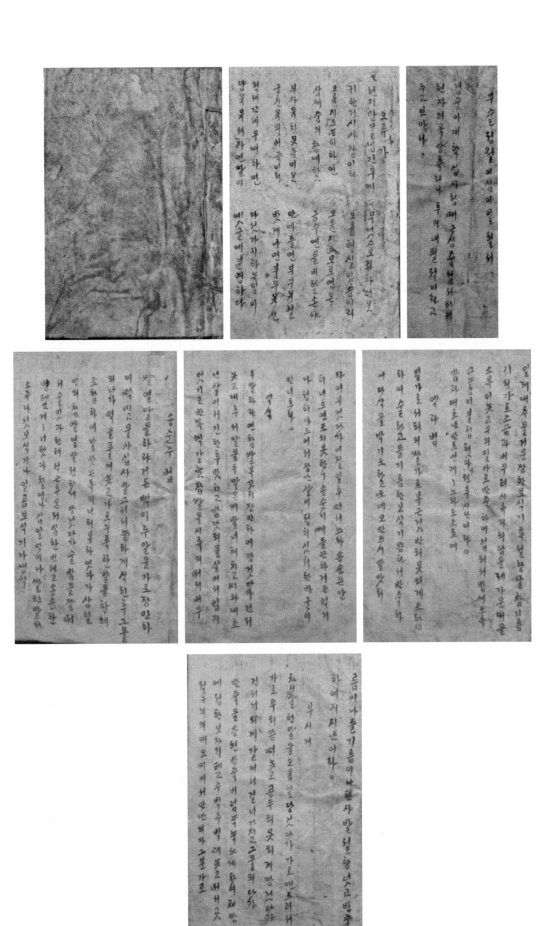

6. 요록 要錄

• 우리술학교 소장.

• 표지서명 <요록(要錄)>.

• 척독(편지)을 모아놓은 1책의 필사본으로, 책 표지 뒷장 1매의 문서(낱장, 두견주방문)를 덧붙임.

• 저자 불명의 일제 강점기 필사본(신유년, 1921년).

• 시흥군 과천면 갈현리 179번지(현재의 과천시 갈현동)에 사는 남유희가 기록한 것으로 추정.

> *처음 군 등의 행정구역은 1895년 을미개혁의 일환으로 등장.
>
> *1914년 현재와 같은 군, 면 등의 지방행정 개편이 이루어짐.
>
> *필사 시기로 추정되는 1921년의 행정구역은 과천면 갈현리가 맞음.

• 그런데 이 주소를 적은 필체와 척독 그리고 주방문과 글씨체가 모두 달라서 추가 검토가 필요함.
또 주소를 맨 뒷장에 추가한 것을 보면, 두견주 등의 주방문을 남유희가 기록한 것으로 보기 어려운
면도 있음.

• 앞부분에 종이를 덧대어 <두견주방문>을 한글로 기록됨.
  <규합총서>의 주방문과 내용 비슷.

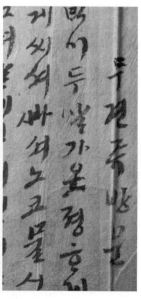

226

두 편 폭 밥 을

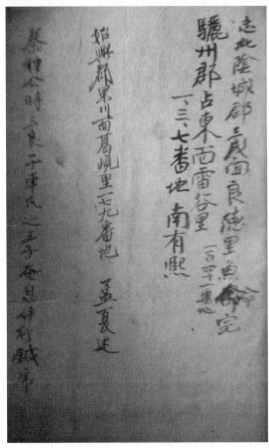

7. 음식방문 전주역사박물관 소장

- 한장짜리 고문서(낱장).
- 크기 : 가로 37㎝, 세로 40㎝.
- 한장의 종이에 4부분으로 구획을 나누어 기록.
- 감양주 방문, 알느리미 방문, 잡장아지 방문, 마늘장아지 방문 등 4종의 음식방문 필사.
- 한글 특성으로 보아 19세기 말 또는 20세기 초 고문서.
- 충청지역이나 전라지방의 기록(음운이나 어휘 등)

- **관련 논문**
*이동석(2012), 전주역사박물관 소장 '한글 음식방문'에 대하여, 민족문화연구 57.
- **관련 글**
*김재형이 자신의 블로그(한국술문헌연구소)에 쓴 관련 글.
https://blog.naver.com/korean・sool/222806990245

감향주(甘香酒) 방문(方文)
점미(粘米) 한 되 백세(白洗)하여 담갔다 작말(作沫)하여 쌀 된 되로 물 서 되 부어 끓이다가【익게 개어】
서늘하게 식거든 가루 누룩 한 되 섞어 놓고 밑술 하는 날 점미(粘米) 일 두(斗) 백세(白洗)하여 담갔다
이튿날 익게 쪄 더운 채 밑술에 고루고루 섞어 묶고 항아리에 넣어 단단이 싸매어 더운 데 엿 끓이듯
묻어 그릇이 식지 않게 싸 두웠다 오일 만에 내면 맛이 좋으나 만일 바람 들면 시다.

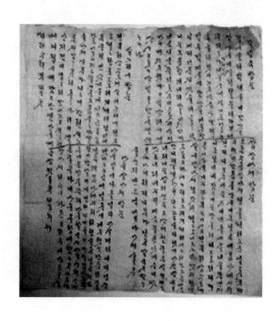

228

8. 의성김씨 천전파 한글 간찰

• 의성 김씨 천전파 문중 정양원 소장.

• 23.0×21.0cm 문서(낱장). 간찰(편지) 사이에 송순주 빚는 법이 수록된 문서가 있음.

• 의성김씨 천전파 문중 소장 간찰은 총 1,129건. 이중 한글 간찰은 약 325건. 상태가 불량하고 파손한 것 제외하고 남은 76건과 며느리인 초계정씨 한글 간찰 46건을 역주한 것이 위의 책임.

• 송순주가 실려 있는 고문서는 '의성김씨 천전파 한글 간찰'에 있음. 며느리인 초계 정씨가 쓴 것이 아님. 이들 간찰은 초계 정씨가 아닌 문중의 누군가가 쓴 편지로 그 사이에 **송순주 빚는 법**이 들어 있는 것임.

• 1989년 한국학중앙연구원이 수집, 정리하여 마이크로필름으로 보관함.

• 편지는 19세기 후반과 20세기 초반에 작성된 것.

• 편지는 사돈, 며느리와 시어머니, 부모 자식, 형제 남매, 부부, 숙질, 주종관계, 의원과 환자 등 여러 관계에 걸쳐 작성된 것.

• **관련 도서**

*조선 후기 한글간찰(언간) 역주 연구 10, 태학사, 2009. (363~364p.).

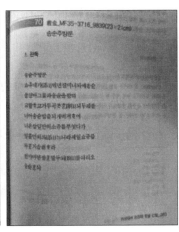

9. 인동장씨 호산춘 낱장 : 호산춘주라

• 진주 진양 하씨 단지 종택 소장.

• 크기 : 28.0×30.3㎝. 한글로 필사한 고문서 낱장 1매.

• 숙종 연간에 진양 하씨(晉陽河氏, 지누 단목 하씨) 하응운(河應運, 1676~1736)의 처 인동 장씨(구미 장우극 딸)가 기록한 것으로 추정되는 술빚기. 인동 장씨 집안에서 가양주로 이어져 내려오고 있던 것을 인동 장씨가 시집와 진양하씨 집안에서 빚음.

• 인동 장씨(仁同張氏) 1600년대 후반.

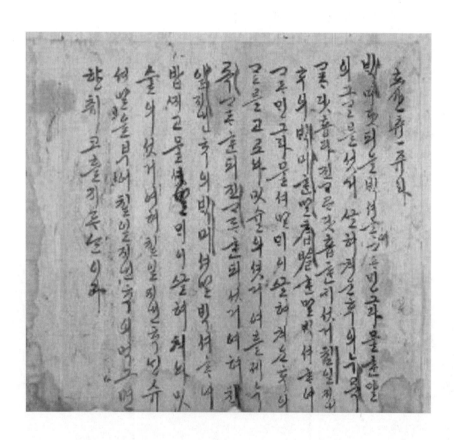

후수 관련 참조

㉠ 동남아의 술빚기
• 쌀이 주식. 찹쌀로 누룩과 고두밥을 지어 고체발효, 술독에 둘러앉아 대나무 관을 꽂고 쌀술을 마시는 흡관주(吸管酒) 문화(籾殼吸管酒)가 있었지만, 지금은 대부분 사라짐.
• 동남아 지역의 흡관주 문화(籾殼吸管酒)는 찹쌀을 고체발효시킴.
• 고체발효란 쌀과 누룩으로만 빚는 술빚기로 고온다습한 기후에서 탄생한 양조법.

㉡ 중국 남부와 우리나라 남부의 반고체발효
• 반고체발효 : 중국 남부와 우리나라 일부의 쌀문화권(상록활엽수지대).
• 동파주경(당, 소식) 속의 반고체발효
• **우리나라 전승 속의 반고체발효** : 해남 진양주, 정걸장군 종가댁 백세주.
• **고조리서속 반고체발효** : 음식보(나주) 진향주, 하심당가 음식법(담양) 청명주 등.
• **후수법은 우리나라 남부 쌀 재배지역에서 많이 보임.**
• '호산춘주라'는 전형적인 후수법은 아니지만, 어떤 호산춘에서도 볼 수 없는 후수라는 과정이 들어있어 관심을 끔. 진주가 온대 남부의 쌀문화권이라는 지역적 특징과 연관되어 주목됨.

) 동파주경

> 即溢之 三日乃投, 九日三投, 通十有五日而後定也, 既定, 乃注以斗水。凡水必熟而冷者也。凡釀与投, 必寒之而後下, 此炎州之令也。
> 가득차면 3일째에 첫번째 덧술을 하고, 9일동안 3번 덧술한다. **일반적으로 15일쯤 지나면 발효도 쇠락해지고, 뒤이어 그 술덧에 1말의 물을 넣는다. 물은 반드시 탕수를 식혀 사용한다.**(일반적으로 첫 ~~사입과 덧술의~~ 蒸米는 충분하게 식혀서 사용하지 않으면 안된다.) 이것은 더운 지방의 술빚기의 규범이다.

- 동파주경은 쌀 3말로 주모를 만들고, 3일마다 쌀 5되로 3단 단금을 함.
- 주모에서 물이 생기지만, 3단 담금 시에 물을 추가하지 않기 때문에 **반고체발효**라 할 수 있음.
- 정주를 얻은 뒤, 남은 쌀로 죽을 끓여 술량을 늘린다

10. 지지당유고

• 규장각, 국립중앙도서관, 연세대 등 소장.

• 국립중앙도서관에서 원문서비스.

• 1705년(숭정기원후 78년) 송흠(1459~1547)의 7대손인 송명현이 편집.

• 1717년 정유에 남명 발문(跋文).

• 목판본 5권 1책(81장).

• 33.0×21.6cm, 사주쌍변, 반곽(21.6×16.0cm), 유계 11행 20자.

• 한글과 한문으로 된 호산춘 주방문이 있음(규장각본에서는 한문을 확인하지 못했고, 중앙도서관본의
데이터서비스에서는 한글을 확인하지 못함).

•관련 도서

*송흠·이일영 편역(1992), (國譯)知止堂遺稿, 효성사.

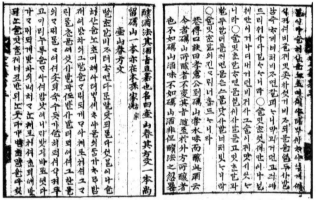

*원문의 해석은 김재형의 '한국술 고문헌 DB'를 참조할 것.
규장각본에서는 한문, 중앙도서관본에서는 한글을 찾을 수 없음.

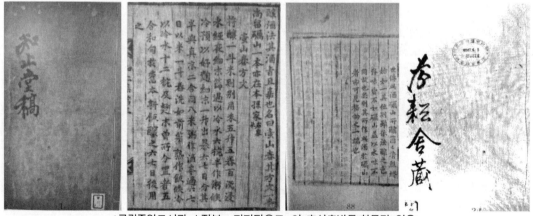

*국립중앙도서관 소장본 <지지당유고>의 호산춘방문(한문만 있음).

11. 해남윤씨편 <고문서집성 3> 오선주방

• 해남 연동 녹우당 소장.

• <고문서집성 3>(1986년)에 수록. <고문서집성 3>(1986년)은 국립중앙도서관에 두 종의 출판물이 있음. 이중 <해남윤씨편 정서본>(1019p.) 중 842p.에 있음.

• 낱장(고문서).

• 五仙酒方

　蒼朮, 桂實, 松節, 竹葉, 五加皮, 麥門冬

　年凶時疾盛行時右六種藥收取作酒 飮之甚好

• 흉년에 질병이 창궐할 때, 창출 등 6가지 약재를 넣고 술을 빚어 마시면 좋다고 함.

• 관련 도서

*한국정신문화연구원 자료조사실(1986), <古文書集成. 3, 海南尹氏篇 正書本>, 한국정신문화연구원.

12. 현풍곽씨 언간

• 대구박물관 소장.

• 1989년 달성군 구지면 도동리 현풍 곽씨 12대 조모인 진주 하씨 묘를 이장하던 중, 남편 곽주(郭澍, 1569~1617, 당시 현풍 소례 마을에 거주)가 쓴 한글 편지가 여러 유품, 미이라와 함께 발견.

• 하씨 부인은 곽주의 둘째부인으로 하준의(1552~?)의 큰딸.

• 발견된 편지는 170매. 이 중 한글로 씌어진 것이 167매, 한문으로 씌어진 것이 5매.

• 편지의 크기는 47.5×40.7㎝에서 32.3×8㎝에 이르기까지 다양.

• 편지는 1602~1646년에 걸쳐 있음.

• 언간 101번에는 술 빚는 법 2종(죽엽주, 보도주)이 수록되어 있음.

• 이 편지에 등장하는 각종 음식 이름과 재료를 통해 당시 음식 생활의 유추가 가능.

• 두 종의 술이 나오는데, 백두현(2019)는 죽엽주와 포도주라 번역. 그러나 포도주가 아닌 것으로 생각함(백두현은 포도주로 봤지만, 제조법상 그렇게 보여지지 않기 때문).

• 죽엽주 만드는 법(듀엽쥬법)

사월에 여뀌를 뜯어 방아에 찧어 물에 섞어 항아리에 넣었다가, 한 달만에 그 물을 체에 받아 그 물에 기울을 섞어 누룩을 디디어 띄워 말린 후에, 찹쌀 한 말을 시루에 쪄서 가루누룩 1되7홉, 찬물 1말 3되에 섞어 빚었다가 사흘만에 괴거든 저어 괴던(=거품이 일며 끓던) 것이 꺼지거든 놓아두었다가 맑아지거든 쓰되 밥을 아주 차게 식혀서 빚으라.

• 보도주법(포도주법?, 보도쥬법?)

멥쌀 1말을 죽엽주를 만드는 방법으로 빚어서, 맑아진 후에 찌꺼기는 받아버리고, 그 맑은 술로써 또 빚되 찹쌀 5되를 시루에 쪄서 식거든 가루누룩 한되를 섞어 그 맑은 술에 빚어 두었다가 맑아지거든 쓰라. 빨리 쓰면 열이틀만에도 쓰거니와 보름만이면 좋으니라.

• **관련 서적**
*백두현(2019), 현풍곽씨 언간 주해, 역락.
• **관련 논문**
*백두현(2002), <현풍곽씨 언간>의 종합적 고찰, 어문논총 36, 경북어문학회.
*백두현(1997), 진주 하씨묘 출토 <현풍곽씨언간> 판독문, 어문논총 31.
• **관련 글**
*김재형이 자신의 블로그(한국술문헌연구소)에 쓴 '현풍곽씨 언간 관련 글
https://blog.naver.com/korean-sool/222934044178

*원문 해석을 보려면 백두현(1997), 진주 하씨묘 출토 <현풍곽씨언간> 판독문 참조

5장

일제강점기 양조서적

■■■

일제강점기 자료는 논문이나 잡지에 소개된
글을 제외하고, 단행본으로 출판된 도서에 한하여 정리했다.
이 기간에 출판된 책 중에서 누락된 것도 많다. 처음
정리했다는 것에 의미를 두고자 한다.
조선총독부 중앙시험소에서 주기적으로 발행된 양조 관련
'보고'는 1920년대 중반 양조부가 해체되기까지 책자 형태로
출판되었는데, 부록으로 수록했다. 오래전부터 개인적으로
구입한 자료가 이게 전부이기도 하다.
조선주 관련 논문이나 잡지는 의외로 많다. 일제강점기에
발행된 다양한 잡지에 조선주 관련 글이 많이 실렸고, 한국에
거주하던 양조시험소의 일본인 기사들이 자신이 접한 조선주의
모습을 1906년에 창간한 <양조협회잡지>와 1915년 명칭을
변경한 <일본양조협회잡지>에 투고한 글이 많기 때문이다. 당시
조선주 관련 기사가 실린 잡지를 몇 가지만 열거하면,
<조선주조협회 잡지>, <주>, <주지조선>, <조선농회보>,
<조선지광> 등 다양하다. 이중 일제강점기를 대표하는
잡지는 <주>와 <주지조선>인데, 이들 잡지는 양조 관련 전문지로
오랫동안 많은 횟수가 발행되었지만, 현재 소장처가 별로 없고,
그 소장된 숫자도 많지 않다. 따라서 이들 자료를 조사하는 것은
앞으로의 일로 넘긴다. 이와 관련하여 '김영미(2021),
식민지기 酒造業 관련 잡지를 통해 본 朝鮮酒造協會의 활동
양상과 성격 ―기관잡지 발행 활동을 중심으로, 한일관계사
연구 71'은 참조할 만하다.
일제강점기 자료는 오늘날 시판되는 누룩과 탁약주를
이해하고 그 기술적 바탕을 살피는 중요한 열쇠다. 그리고 일제의
조선주 연구는 구조적이며 지속적인 식민지 수탈구조
구축을 위한 것이 목표였음은 분명하다.

해제 ⑤   일제 직전·강점기의 조선주 관련서적에 대하여

여기에 소개된 일제강점기 직전부터 일제하의 출판된 양조서적은 빠짐없이 일본인이 저술한 것이다. 통감부 시절 주세법을 만들기 위한 사전 조사사업에서부터, 식민지 지배체계가 공고히 작동되던 시기 조선주의 산업적 안정화를 위한 작업에 이르기까지 일본인 기사들은 자신들의 양조지식을 바탕으로 조선주의 개량(?)을 주도했고, 수십권의 책을 저술했다. 그러다보니 해방 후 비로소 우리나라 사람이 쓴 양조서가 발행된 뒤에도 상당기간 우리 술빚기를 일본식 양조용어로 설명할 수밖에 없었다. 그렇다면 일제강점기 일본인들의 저술은 우리에게 일본식 양조용어만 남겨준 것일까?

일본과 우리술의 가장 큰 차이는 누룩이다. 입국의 술빚기는 누룩 속에 효모가 없기 때문에 효모를 증식하는 과정인 주모 만들기, 주모를 만들기까지 실패하지 않기 위해(腐造) 어떻게 산생능을 촉진할지가 중요하다. 이를 기술적으로 정립시킨 것이 보통원(普通酛), 속양원(速醸酛) 등인데, 일본인 기사들이 보기에 조선주는 이런 과정이 생략되어 있고, 연중 생산과 수율을 높이기 위해서는 그들처럼 주모 만들기 그중에서도 강성주모가 중요하다고 보았다. 그래서 추운 날에는 물량은 늘리고 누룩량은 줄여 술덧의 당화와 발효의 균형을 유도하고, 날씨가 더울 때는 온도에 맞는 미생물과 발효 조건을 연출하고자 했던 가양주적 술빚기는 뒷전으로 밀리고, 오직 강성주모의 제조에 매달렸다. 그러다보니 수율은 높아졌지만 물과 누룩 사용량은 많아지고, 당연히 우리술의 질과 다양성은 사라졌다.

게다가 그들은 자신들의 눈으로 우리술을 보았다. 과하주는 미림의 아류로, 수많은 약용약주는 보명주나 매실주와 같은 정도로 보았다. 또 연출하고자 하는 술에 따라 다양하게 밑술을 빚는 의미도 이해하지 못했다. 이처럼 조선주의 토대를 일본이 전한 양조지식으로 덮어쓴 탓에, 해방 후 우리 술빚기가 입국으로 전환한 것은 너무나 자연스럽다. 그럼에도 조선주를 일본주의 시각에서 바라보고 개량(?)했던 지식과 경험은, 즉 조선주 제조에 접목되었던 일본의 양조기술은 해방 후 입국 사용의 확대와 함께 많은 부분이 묻히거나 사라졌다. 그것도 우리의 자산이라 믿기 때문에, 일본인들의 서술 또한 우리술의 발선에 필요한 양분이라 믿는다. 그래서 가끔 팽(膨)과 용지(湧遲)의 얘기도 한다.

 *일제감점기 대부분의 책은 미국(米麴)을 麴, 재래누룩을 국자(麴子)라 칭함.

1. 개정 주조검사 요결 酒造檢査要訣

- 1944년, 지전군일(池田軍一) 저.
- 조선재무협회 발행.
- 410p.
- 국립중앙도서관, 국회도서관 등에 없음.
- **목차**

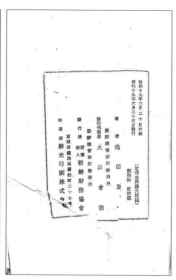

2. 국자제조 강본 麴子製造講本

- 유대식 전 계명대교수 소장(일제 시대 발간된 책임에도 전국 도서관에 재고 없음).
- 대구 조선주주조조합연합회에서 1941년 9월 발행.
- 총 104페이지, 뒤에 5매의 누룩 제조 일지가 추가됨.
- 목차는 누룩의 개념, 미생물, 원료, 원료처리, 성형, 발효, 저장, 품질 감정 등을 서술한 뒤 제조 중 주의사항과 국자(麴子) 제조장의 청결 살균 그리고 누룩 제조 건물의 구조와 부록으로 누룩 띄움 일지가 덧붙여 있음.
- 일제시대 누룩 관련 저술 2종(조선국자제요, 국자제조강본) 중, 나중에 발간된 책으로 기술적으로 잘 정리된 책.
- 오늘날의 누룩 재현에 가장 많은 영향을 미친 책.

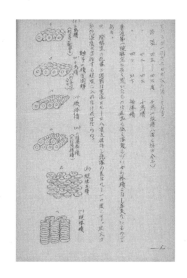

3. 농산제조 農産製造

• 일제강점기 농업 전문교육기관에서 교재로 사용된 것으로 추정되는 등사본. 책의 발행한 곳과 시기 등은 전혀 알 수 없음.

• 일본어로 된 등사본.

• 총 50장(100면). 이중 조선주 관련 설명이 31면에 이름. 내용 중에는 오늘날 우리가 참조할 부분이 많지만, 등사본의 잉크가 휘발된 탓에 해독에 어려움.

• **일부 내용 소개** : 이상훈(2014)

과하주

과하주는 칠하지 않은 병(항아리?)에 사입하는 것이 일반적인데 경성 근교에서 상류사회 및 약주 대용으로 빠질 수 없는 주류의 일종으로 혼성주이다. 또 경부선 김천산은 모두 발효시켜 빚는 것으로 한 해의 제조량은 대략 20여 석에 불과함에도 유명하다.(단 여름에는 저장이 어려워 □□□□ 경제적이지 않다) 지금 그 빚는 법을 보이면 아래와 같다.

區分	경성의 빚는 법 1	경성의 빚는 법 2	金泉의 빚는 법
蒸糯米	.50合	.300	.280
燒酒	1.300合	1.000	
麥芽末	.075	.080	
麯子(粉末)	.015合		.030
水	.150	.200	.040
成酒量	1.520合	1.320	.130

위 표 중 제1의 방법은 찹쌀, 맥아, 누룩의 세 원료를 함께 적당히 물에 가하여 죽처럼 만들어 따뜻한 곳에서 빚어 발효가 끝난 다음 소정의 소주를 가하여 밀봉하여 약 1개월 후 주박을 제거한다. 향기를 위해 소량의 율병, 계피, 용안육, 건강, 대추, 설탕에 조린 생강을 무명 자루에 넣어 침출시킨 다음 음용한다.(감미를 많게 하려면 적당량의 사탕을 추가한다) 그리고 그 찌꺼기에 다시 적당한 량의 원료를 가하면 지난 과하주와 같은 술을 얻는다.

두번째는 찹쌀 증미, 맥아 분말의 두 재료에 적당한 물을 가하여 일주야(만 하루)가 지난 다음, 소정의 소주를 가하여 2~3일이 지난 다음 찌꺼기를 분리하여 앞의 방법과 같이 향미제로 침출하여 판매한다.

김천과하주 제조법은 찹쌀로 고두밥을 찐 다음, 곧바로 찧어 떡처럼 만들지 않고, 누룩을 찧어 섞은 다음 물은 미리 살균수를 사용하고 손에 묻는 물도 살균수를 사용하며 물엿처럼 뻑뻑하게 하여 항아리에 담은 뒤 밀봉하여 놓고 약 20여일로 발효를 마치고 숙성을 하여 용수를 이용하여 걸러 판매한다.

혼성주

조선에 지금까지 있는 혼성주로서는 과하주에 속하는 것과 松露酒, 桂香酒, 甘紅露가 있다. 松露酒는 약주에 소량의 소주를 첨가하고 또 계피류의 향미를 넣는다. 桂香酒는 소주에 사탕을 섞고 또 계피를 침출하며, 甘紅露는 소주에 소량의 사탕과 구연산을 첨가하고 착색제로서 홍국(중국 수입품)으로 소량을 침출시킨 것도 있지만 근래 일본인이 제조하는 甘紅露는 주정 2□말, 시럽 1말 5되, 물 8말 5되, 구연산 백돈과 레몬 또는 파이엔 □□□ 엔센스에 다량을 혼합하고 착색제로서 아린 색소 보르도 □□□를 사용하여 제조하는 것도 있다. 소주는 주정 1말에 1말 5되~2말의 물을 넣고 그대로 판매하는 것도 있지만 대부분 조선 소주를 가하여 조선 소주와 탁주의 향미를 갖도록 한다. 또 이상의 혼화액에 소량의 홍국을 침출하여 눈에 띄게 판매하는 것도 많다.

· 내용 중 **양조 분야의 목차**

조선장유제조법(朝鮮醬油製造法)
  1. 국(麴)의 제조
  2. 조제
조선주 양조법 개요
  제1류 양성주(釀成酒)
  제2류 증류주 : 소주
  제3류 혼성주 : 과하주, 송로주, 계향주, 감홍로 소주
  각론 : 국자(麴子), 약주, 탁주, 소주, 과하주, 혼성주

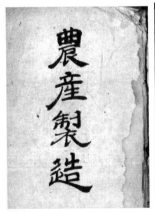

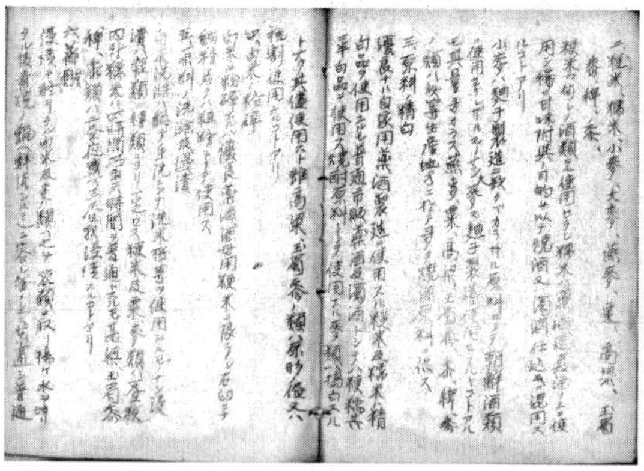

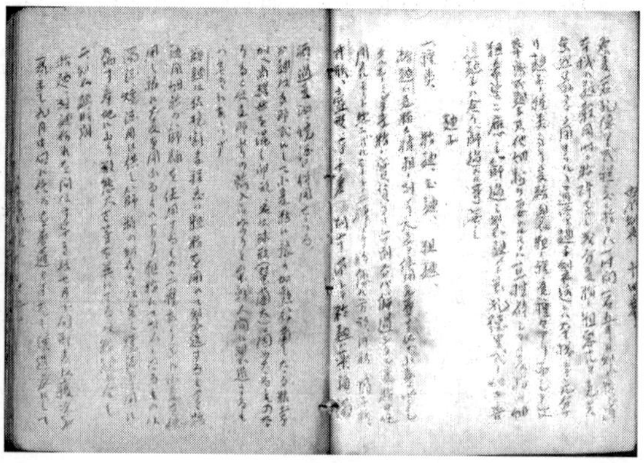

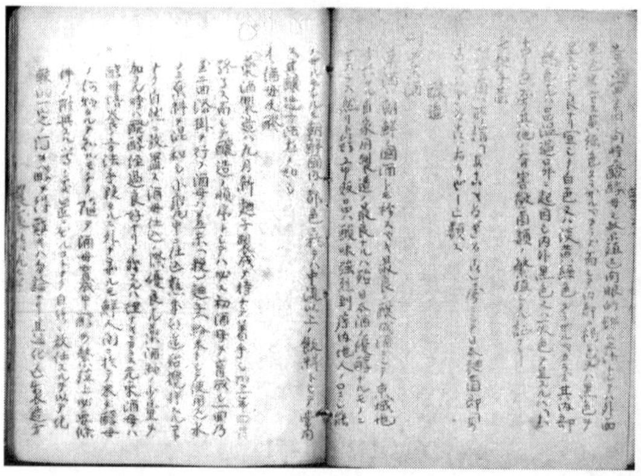

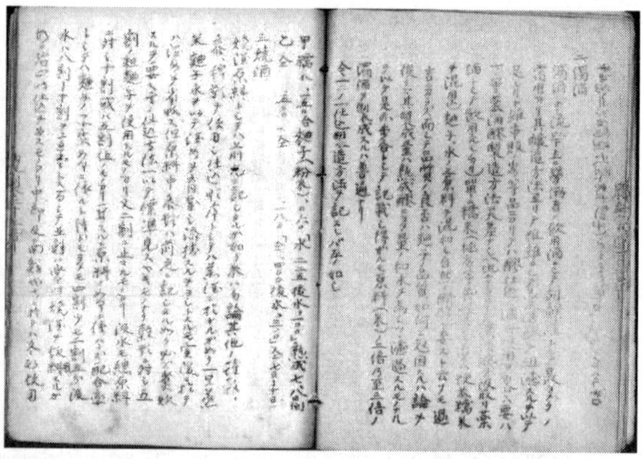

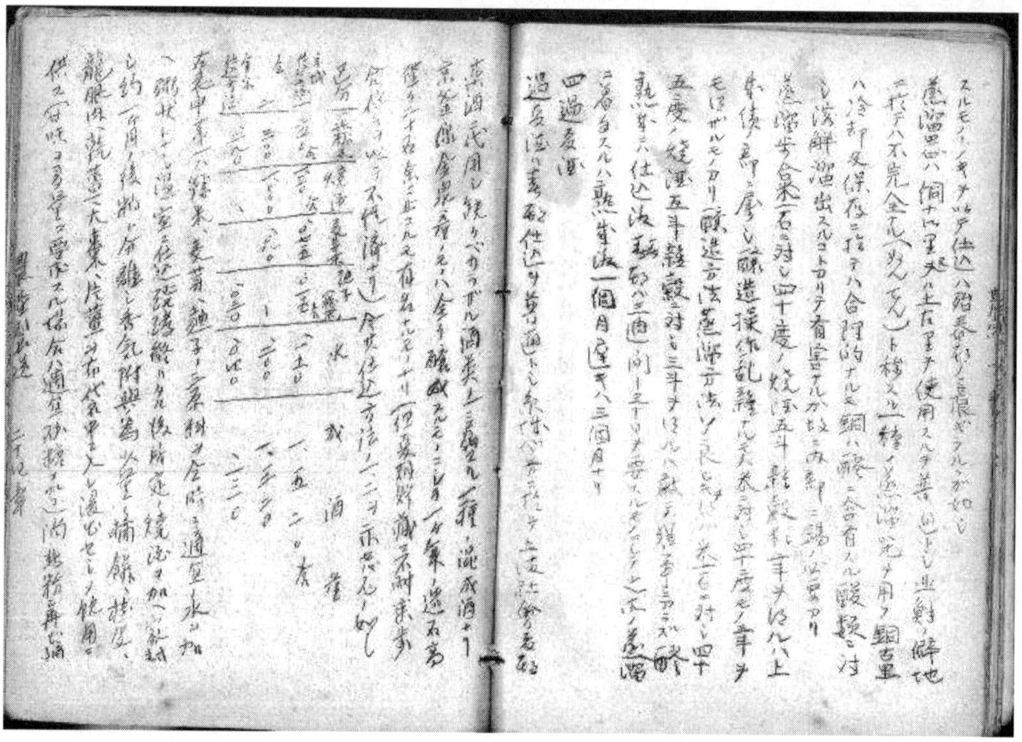

4. 농산제조편 農産製造編 全

- 표제, 저자사항 : 農産製造編 全, 普成館 번역부.
- 1909년(융희 3년), 京城 普成館(일본서적의 번역).
- 주정제조법, 일본주양조법, 맥주양조법, 포도주 양조법 등이 수록되어 있지만 우리술 양조법은 없음.

245

5. 동제주 시험성적 보고 凍製酒試驗成績報告

• 규장각 소장본.

• 표지 서명 : 동제주 시험성적 보고(凍製酒試驗成績報告).

• 편저자 : 양조시험소(釀造試驗所).

• 1책 20장(40면), 26.5×18.9cm.

• **1904年(光武 8) 대한제국 양조시험소(大韓帝國 釀造試驗所)에서 새로운 양조기법을 개발하기 위해 환경에 따른 청주의 성분변화를 시험한 결과보고서.**

• 일본 기술자가 당시 양조기술을 이용하여 우리술을 개량화하려는 의도를 가지고 시도한 실험 보고.

• 판본 사항 : 일본어로 된 등사본(謄寫本)으로 잉크가 휘발하여 읽기가 아주 어려움.

• **원문** : 규장각에서 '동제주시험성적 보고'로 검색. (https://kyudb.snu.ac.kr/book/view.do_)

6. 만주에서의 고량주 양조업 滿洲に於ける高梁酒 釀造業

• 1930년, 남만주철도에서 발행.

• 2021년 남산도서관 소장자료를 국립중앙도서관에서 전자자료로 구축.

• 국립중앙도서관에서 **원본보기** 가능.

• 만주의 고량주 양조업은 평안남북도와 함경남북도의 양조업을 이해하는데 도움이 됨.

• **목차**

제1편 총설

제2편 원료편 : 고량/ 대맥과 소두/ 국자(麴子; 누룩 제조법과 감정법 서술)/ 원료의 구입과 저장/ 용수

제3편 양조편

제4편 생산편 : 요양지방/ 봉천지방/ 개원지방/ 송주령지방/ 장춘지방/ 무순지방/ 안동과 봉황성지방/ 도남지방

제5편 수이출편

제6편 경영편

제7편 주박에 함유된 젖산의 연구편

제8편 결언

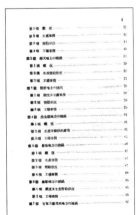

7. 분미식 주모육성법에 대하여 粉米式酒母育成法に就て

- 1938년 조선주조협회 경성지부에서 발행.
- 저자는 좌전길위(佐田吉衛).
- 22p., 23cm.
- 목차

粉米式酒母育成法に就て

8. 양조법 강화 醸造法講話

- 제목이 같지만 발행년도가 다른 책이 국립중앙도서관에 있음.
- 1910년, 조선주조조합중앙회 발행, 渡邊八郎 저.
  (1938년 조선주조조합중앙회 편과 다른 책임).
- 1책 40p.
- 국립중앙도서관 마이크로필름 공개(완주군 대한민국술테마박물관 소장자료를 국립중앙도서관에서 전자자료로 구축).
- 국립중앙도서관에서 **원본보기** 가능.

9. 양조법 강화 釀造法講話

- 1938년 조선주조조합중앙회 편.
- 332p., 삽화(挿畵), 23cm.
- 국립중앙도서관 소장(**원문보기** 가능).
- **일부 내용 소개** : 이상훈(2014).

과하주

味淋 형태의 甘味酒로서 그 제법은 원료에 소주를 사용하는 再製法에 의한 것과 소주를 사용하지 않고 완전히 釀造法에 의한 것으로 구별이 된다. 전자는 알코올분 30% 내외로 하여 여름철에 많이 음용되고, 후자는 알코올분 13~14%로 소위 고등음료로서 맛있는 것이다. 경북 김천산은 후자로서 유명하다.

제법 실례

1. 누룩가루(麴子粉) 4홉, 엿기름가루(麥芽粉) 4홉과 찐 찹쌀(1되 5홉)과 소주(4되)를 함께 항아리에 사입하여 충분히 교반한 뒤, 덮개를 덮어 놓아두면, 20일 내외로 숙성이 되기 때문에, 용수를 넣어 그 안의 술을 떠낸다. 또 남은 주박에 소주(1~2되)를 추가하여 교반하여, 2~3일 경과하여 다시 용수를 삽입하고 남은 술을 걸러 전자와 합쳐 음용한다.
2. 찹쌀 1말을 찌고 이것에 소맥분만으로 만든 우량 粉麴(약 1말)을 섞어 절구에 찧어 혼합하여 떡모양으로 만들어 항아리에 사입하여 밀봉 방치해서 약 1개월쯤 지나 숙성이 되기 때문에 용수를 넣어 술을 얻는다.

- **목차**

10. 양조시험소 연혁지 釀造試驗所沿革誌

- 1929년 양조시험소 편.
- 388p., 삽화(揷畵), 23cm.
- 국립중앙도서관 소장(**원문보기** 가능).
- **목차**

11. 양조업 지도사적 병 청주 품위조사 성적 釀造業 指導事績 並 淸酒 品位調査 成績

• <양조업 지도사적 및 청주 품위 조사 성적>.

• 1924년, 조선총독부 재무국.

• 국립중앙도서관 소장(**원문보기** 가능).

• 일본어, 114p.

• **목차**

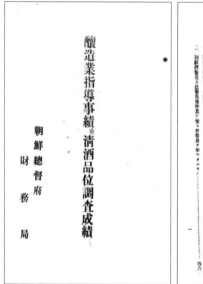
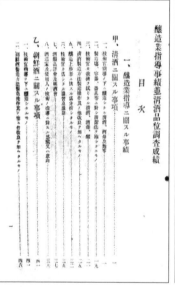

12. 재상전서 裁桑全書 附 葡萄栽培法

- 광무 9년(1905년) 박문사에서 발행.
- 저자는 일본인 長沼辨次郞과 福羽逸人으로 이를 현공렴(玄公廉, 현채의 子)이 번역하여 출판.
- 44p., 세로 22.5cm.
- 부록으로 포도재배와 그 양조법 기술.

13. 조선고유색 사전 朝鮮固有色辭典

*이성우(1981년), <란국식경대전>, p732 참조

- 1932년, 북천좌인(北川左人) 編.
- 靑壺發行所.
- 578p., 1책 20cm.
- 1932년.
- **주(酒)** : 곡자(麯子), 酒<감홍로/ 황소주/ 계당주/ 홍주예/ 모주/ 후주/ 이강주/ 송순주/ 송엽주/ 연엽주/ 상심주/ 귤주/ 구기주/ 도화주/ 매괴(해당화)주>, 삼해주, 약주, 탁주, 소주, 백주, 과하주<소국주/ 두견주/ 도화주/ 송순주>, 도소주, 감주 등.
- 일부 내용 소개.

> **과하주**
> 술을 파는 가게에서 과하주라 하여 여름을 지내도 맛이 변하지 않는 술을 판매한다. 그 술의 이름은 小麯酒 두견주, 도화주, 송순주 등이다. 이상에서 알 수 있는 것은 봄철에 빚은 술이다.

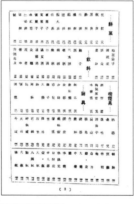

14. 조선국자 제요

*이성우(1981), <한국식경대전>, 386p. 참조

- 1935년, 총독부 양조기술 책임자인 清水의 서문과 당시 누룩 전문가였던 森木의 저서.
- 일제 강점기 단행본으로 출간된 2종의 누룩책 중 하나로, 조선총독부의 누룩 표준화를 위한 거의 공식적인 연구 기록. 다른 하나의 누룩책은 <국자제조강본(麴子製造講本)>으로 1941년 대구에서 발간.

참조 : 이상훈의 예전 기록

누룩은 조선 후기 자본주의 맹아기에 가내수공업으로 발전했다. 영조시대 금주령을 거치면서도 사그라들지 않던 누룩의 수공업적 생산은 정조대에 이르러 커다란 사회적 세력으로 성장한다. 이런 초기 산업화는 연중 생산이 요구되고, 이윤 추구를 위한 가격경쟁에 내몰리면서, 재료나 제법이 점차 조밀화·단순화되어 품질의 하향과 다양성이 훼손된다.

조선시대 문헌에는 여름날 개방된 공간에서 누룩을 매달아 띄우는 것이 일반적이었지만, 후기로 갈수록 수공업적 생산이 확대되면서 습도와 온도 관리가 용이한 온돌방에서 다량의 제국이 이루어지고, 누룩의 크기는 축소되며, 수분율도 낮아졌다. 그 결과 두과류나 부재료의 투입이 감소되고, 하국(여름누룩)보다 추국(가을누룩)에 더 관심을 갖게 된다.

산업적 관점에서 보면 진보의 측면도 있지만 지역적으로 다양했던 이전의 누룩 제법은 점차 사라지고 맛은 평준화되어 갔다. 이런 경향성을 더욱 촉진한 것이 일제다. 일제는 우리 누룩을 확대·재편하여 국자회사를 만들고 전국적인 균일화·단일화를 위해 노력한다.

이렇게 탄생한 것이 개량누룩이다(오늘날의 개량누룩은 종국이다). 이런 일제 강점기 정착된 누룩 제조법은 오늘날 누룩 공장으로 이어진다. 그리고 일본인이 우리 누룩을 산업화시키고자 했던 내용을 엿볼 수 있는 책이 바로 이것이다. 이 책을 통해 오늘날 누룩 공장의 탄생 과정을 살피고, 우리 누룩의 미래를 고민하며, 그 발전을 모색할 수 있는 출발점이 될 수 있다.

15. 조선물산 안내 朝鮮物産案內 1-3

*이성우(1981), <한국식경대전>, 656p. 참조

- 조선급만주사(朝鮮及滿洲社) 편.
- 경성 조선급만주사 발행.
- 1935~1940년, 3책, 삽화 19cm.
- 식료품공업 : 청주, 조선주<약주/ 탁주/ 소주/ 조선백주/ 과하주/ 감홍로>, 맥주, 포도주 등.
- 국립중앙도서관에서 **원문보기** 가능.
- 술 관련 일부 내용 소개.

> **과하주**
> 味淋형태의 甘味酒로 밀누룩가루, 맥아가루, 증자한 찹쌀과 소주를 원료로 만든다. 주정분 30% 내외의 것은 여름철만의 음료이다. 증자한 찹쌀과 좋은 가루누룩을 원료로 하여 주정분 13~14%의 것은 고급음료이다.

- 목차

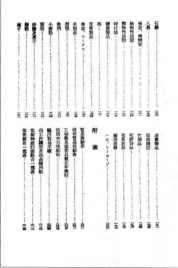
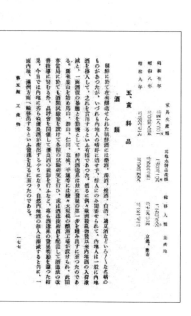

16. 조선산업지 朝鮮産業誌 상·중·하

· 1910~1911년, 동경 보문관(東京, 寶文館) 발행.

· 산구정(山口精) 편.

· 3책, 삽화, 23cm.

· 국립중앙도서관에서 **원본보기** 가능.

· 韓國酒類調査書(1908년 3월)을 그대로 옮긴 것으로 내용이 모두 같음.

17. 조선상업 총람 朝鮮商業總覽

- 1915년, 內外商品新報社편.
- 경성 내외상품신문사 발행.
- 98p., 도판, 22cm.
- 일부 내용 소개.

과하주

소맥국, 맥아, 찹쌀, 소주를 처리 양성한 것이니 일본의 味淋酒과 비슷하고 주정의 함량은 100중 10~18이다.

18. 조선소주 양조법 朝鮮燒酒釀造法

*이성우(1981), <한국식경대전>, 382p. 참조

- 1925년 대우마차(黛右馬次) 저.
- 협판문선당(脇坂文鮮堂) 발행.
- 1책, 20cm.
- 국립중앙도서관 **원문보기** 가능.
- **목차**
  제1장 총론
  제2장 미생물
  제3장 주조관계 이화학 대의
  제4장 물
  제5장 국자(麴子) : 소맥의 선정, 소맥의 분쇄, 국자 제조조작, 시험 제국성적, 국자 원료에 두류 배합, 제국상
  　　　 일반 주의, 국자실, 국자의 감정, 국자저장법, 죽자 사용상 주의
  제6장 당미(糖米) 및 소미(小米)
  제7장 료(醪)
  제8장 소주
  제9장 청결법
  제10장 잡(雜)
  부록(주세령, 주세령 시행규칙)

19. 조선에서 주조업과 그 설비 朝鮮に於ける酒造業と其の設備

*이성우(1981), <한국식경대전>, 383p. 참조

- 1928년, 좌전길위(佐田吉衛) 저.
- 186p., 작원장조(柞原章助) 발행. 십촌상점(辻村商店)의 대표.
- 국립중앙도서관 소장(**원문보기** 가능).
- **목차**

20. 조선인의 의식주 朝鮮人の衣食住

*이성우(1981), <한국식경대전>, 680p. 참조

- 1916년 경성 圖書出版 部 출판.
- 저자 : 촌상유길(村上唯吉)편.
- 137p.
- 기호품 : **酒.** 탁주/ 소주/ 모주/ 감주/ 과하주.
- 일부 내용 소개.

과하주는 일본의 味淋과 비슷한데 찹쌀밥, 맥아, 누룩, 소주 등을 처리하여 만든 것이다.

- **목차**

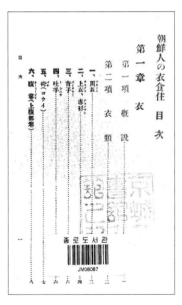
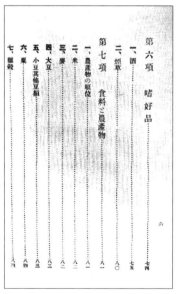

21. [조선주] 괘매장 掛賣帳

· 1929년, 이름을 알 수 없는 어느 양조장 외상 장부.
· 완주군 대한민국술테마박물관 소장자료를 국립중앙도서관에서 전자자료로 구축(**원문보기** 가능)
· 116p.

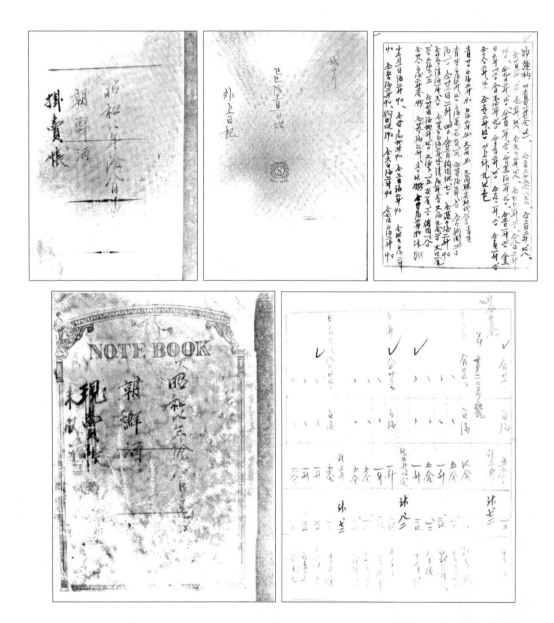

22. 조선주 시험양조 성적 朝鮮酒試驗釀造成績

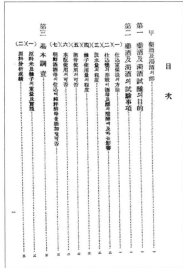

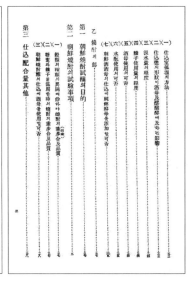

- 1927년 9월, 경기도 소주제조조합 발행.
- 52p.
- 목차

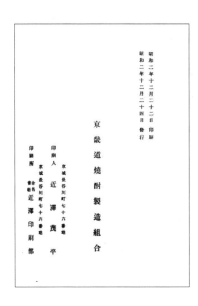

263

23. 조선주 제조 강의록 조선주 제조방법

*이성우(1981), <한국식경대전>, 385p. 참조

- 소장처가 거의 없는 듯.
- 1934년 조선주조협회 대구지부 발행.
- 1933년 경상북도 조선주주조조합연합회가 발행한 <조선주제조방법>과 내용이 거의 같음.
- 일본어 연활자본.
- **목차**
  제1장 총론
  제2장 원료품
  제3장 주모 또는 원(酛, 모도)
  제4장 료(醪)
  제5장 약주의 저장방법과 내구(耐久)
  제6장 이화학대의
  제7장 분석법
  제8장 변미주 교정법

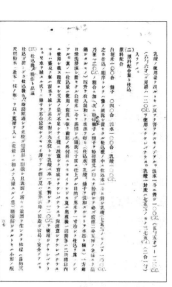

24. 조선주 개량독본 전편 朝鮮酒改良讀本 前編

*이성우(1981), <한국식경대전>, 382p. 참조

- 1926년 천정정영(淺井正英) 저, 윤원혁·정락필 공역.
- 서울(경성) 辻村榮助 友店 발행.
- 1책, 252p., 19cm.
- 국립중앙도서관 소장(**원문보기** 가능).
- **목차**

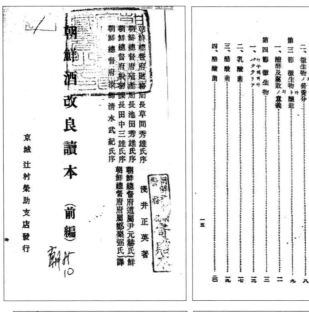

朝鮮總督府財務局長　草間秀雄氏序
朝鮮總督府殖産局長　池田秀雄氏序
朝鮮總督府殖産局　朝鮮總督府稅務課長　田中三雄氏序
朝鮮總督府囑託　柳淸水武紀氏序

朝鮮總督府道屬尹元赫氏鮮
朝鮮總督府屬鄭榮弼氏譯

淺井正英　著

朝鮮酒改良讀本（前編）

京城　辻村榮助支店發行

目次

一五

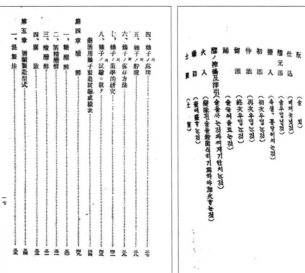

一七

25. 조선주 개량독본 후편 朝鮮酒改良讀本 後編

- 1927년 천정정영(淺井正英) 저, 윤원혁·정락필 공역.
- 서울(경성) 辻村榮助友店 발행.
- 1책, 269p., 삽도, 19cm.
- 국립중앙도서관 소장(**원문보기** 가능).
- **목차**

26. 조선주 양조법 개념 朝鮮酒釀造法槪念

- 1936년 마산조선주주조조합 편.
- 1책, 20cm.
- 국립중앙도서관 소장(**원문보기** 가능).

- **목차**

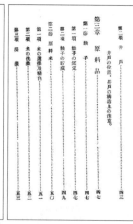

27. 조선주 양조법 요결 朝鮮酒釀造法要訣

- 1932년, 초도상춘(草道常春) 저.
- 십촌영조(辻村榮助) 경성지점 간행.
- 156p., 부록 54p 별도(총 210p.).
- **목차**

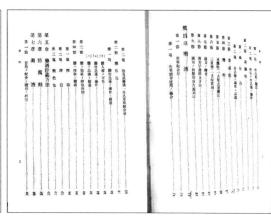

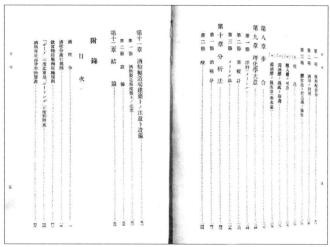

28. 조선주에 대하여 朝鮮酒に就いて

*이성우(1981), <한국식경대전>, 382p. 참조

• 같은 제목이 2종임(조선식산조성재단 : 1928년, 조선총독부 재무국 : 1922년),
• 1922년, 조선총독부 재무국 편.
• 1책 76p.
• 조선총독부 비상(非上) 세무과장의 강연과 시설사항을 등재한 것.
• 완주군 대한민국술테마박물관 소장자료를 국립중앙도서관에서 전자자료로 구축.
  (국립중앙도서관 **원문보기** 가능).
• **목차**
  1. 주세 특히 조선주에 대하여
  1. 조선주 제조용 용기의 취체(取締)에 관한 취의(趣意) 및 방법
  1. 조선주조 석수 기본조사에 관한 취의(趣意) 및 방법
  1. 도 주세 사무담당자 타합회(打合會) 결정사항
  1. 조선주 제조용 용기의 한정에 대하여

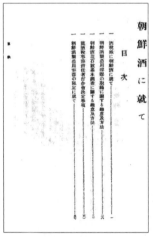

29. 조선주에 대하여 朝鮮酒に就いて

- 같은 제목이 2종임(조선식산조성재단 : 1928년, 조선총독부 재무국 : 1923년)
- 1928년, 조선식산조성재단(朝鮮殖産助成財團) 편.
- 1책 38p., トッレフンパ成功産殖 第9輯.
- 완주군 대한민국술테마박물관 소장자료를 국립중앙도서관에서 전자자료로 구축.
  (국립중앙도서관 **원문보기** 가능).
- **목차**

30. 조선주 제조 강의록 朝鮮酒製造講義錄

- 1934년, 조선주조협회 대구지부 간행.
- 72p.(일부 내용 탈락, 판권지 탈락).
- 목차

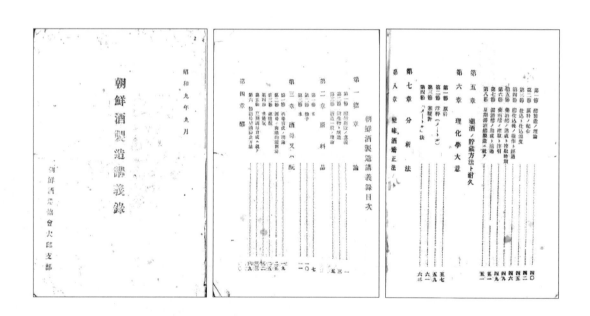

31. 조선주 제조법 朝鮮酒製造法

*이성우(1981), <한국식경대전>, 384p. 참조

- 국립중앙도서관 소장
- 전라북도 조선주 주조조합연합회 편, 총독부 촉탁인 木村重次 저술.
- 1929년 출판, 39p., 23cm.
- **목차**

  제1장 총론

  제2장 원료

  제3장 국자(麴子)

  제4장 주모

  제5장 료(醪)

  제6장 저장

- **관련 도서**

  *1992년 민속원에서 <조선주 제조법 · 주류조사서>로 발행.

32. 조선주조사 朝鮮酒造史

*이성우(1981), <한국식경대전>, 388p. 참조

- 1935년 조선주조협회 발행.
- 1책, 삽화(插畵), 27cm.
- 국립중앙도서관 소장(**원문보기** 가능).
- **일부 내용 소개** : 이상훈(2014).

과하주

미림 형태의 甘味朝鮮酒로서 주정분 30도 내외에서 여름철 음료인 것과 주정분 13~14도로 소위 고급음료라 하는 것의 두 가지가 있다. 경북 김천산은 후자로서 유명하다.

그 제법

전자는 누룩가루(麴子粉), 엿기름가루(麥芽粉) 및 증자한 찹쌀을 소주와 같이 옹기에 사입하여 충분히 휘저은 후 뚜껑을 덮어 방치하면 20일 내외에 숙성한다. 그 술덧 속에 용수를 넣고 그 안에 고인 술을 떠내는 것이다.

미림 형태의 감미를 내는 조선주로서 주정분 30% 내외의 여름철 음료와 주정분 13~14%로 소위 고급음료로 하는 것 등 두 가지가 있다. 경북 김천산은 후자로서 유명하다.

후자는 찹쌀을 찐 것과 좋은 粉麴과 동량을 혼합하여 절구에 찧어서 떡과 같은 상태로 만들어 독속에 사입하여 밀봉 방치하여 약 1개월간 숙성시킨다. 그 속에 용수를 넣어 괸 술을 떠내면 조선의 고급음료가 된다.

송순주/송로주(松筍酒/松露酒)

소위 약주의 일종으로 조선인 사이에 존중하는 솔향을 띠는 甘味酒精飲料다. 그 제법은 일정하지 않지만, 대체로 다음과 같다. 주모는 멥쌀과 누룩을 보통의 방법에 의해 만들고, 덧술은 찹쌀을 사용하고 소나무의 어린 순을 섞어 물 대신에 소주를 사용하여 사입한다. 이렇게 10일 내외를 경과하여 반숙성이 되면 술덧 가운데 용수를 넣고 걸러진 술을 떠내는 것이다. 더욱 여러 가지 한약, 조선 인삼 등을 넣어서 만들기도 한다.

- **목차**

제7장 술과 관련한 법령. 주세법(통감부 시대/ 합병 이후 주세법 시행시대)/ 주세령의 반포/ 주세령의 개정(주세령 반포 후 대정시대/ 소화시대/ 징세방법의 변천/ 세액 : 주류별 누년비교, 다른 조세와의 비교) 주류의 관세/ 위생상의 관리)

제8장 재단법인 조선주조협회. 연혁/ 일반적인 기부행위 업무처리 세칙/ 임원 및 회원/ 사업

제9장 주조의 장래에 관한 명사의 의견

제10장 특수관계자의 약력

제11장 주요한 양조장 개황

· 관련 서적

*배상면 역(2007), <조선주조사>, 우곡출판사.

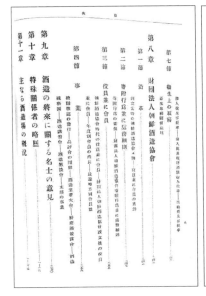

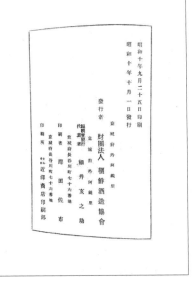

1935년 조선주조협회(朝鮮酒造協會)가 한국술의 역사와 현황을 총정리하여 발간한 책이다. 각종 술의 제조방법에서 주조장의 정보까지 술에 관한 거의 모든 부문을 다루고 있다.

이 책은 크게 10개 장으로 구성되어 있다. 먼저 1장에서는 인류 역사상 술의 역사와 한국술의 변천과정을 설명하고 있다. 2장에서는 청주·'조선 약주'·'조선 탁주'·'조선 합주'·'맥주'·'포도주' 등 한국에서 생산·유통되는 온갖 술의 종류와 제조법을 소개하고 있다. 그리고 3장에서는 술의 생산 및 소비상황을, 4장에서는 주류의 거래상황과 주류판매점의 분포현황 등을 알려주고 있다. 5장에서는 주조업의 '개선을 도모'한다는 명목으로 조직된 각종 주조단체와 품평회·강습회 상황을 다루고 있다. 6장에서는 통감부와 조선총독부가 시행한 '주조법'의 변천과정과 시대별 '조선주' 제조변화를 다루고 있으며, 7장에서는 주세법·주세령의 내용을 구체적으로 알려주고 있다. 8, 9장에서는 이 책을 발행한 재단법인 '조선주조협회(朝鮮酒造協會)'를 소개하고 주조의 장래에 관한 '명사'들의 의견을 제시하고 있다. 한편 이 책은 1930년대 중반 전국 주조장의 현황을 자세히 알려주고 있다. 지역별 주조장의 위차·사주(社主)·연간 술생산량·판매상황 등 각종 정보를 제공하고 있다.

1910년 이전 한국의 주류제조자는 전국 호구수의 1/7에 달했다. 그만큼 술을 빚는 것은 산업이라기보다 의식주에 가까웠다. 그러나 한국 고유의 술문화는 일제 침략으로 크게 훼손되었다. 일제는 전통적으로 술에 과세를 하지 않던 한국의 실정을 이용하여 이에 주세를 부과하고, 다양한 술 제조법을 조사하여 활용하였다. 이러한 일제의 '술 통제'는 1909년 공포한 '주세법(酒稅法)'과 1916년의 '주세령(酒稅令)'을 통해 잘 알 수 있다. 주세법을 통해 한국통감부는 주류 제조에 면허를 발급하면서 통제를 가하기 시작하고, 제조량당 주세를 부과하기 시작했다. 또한 1916년 7월 조선총독부는 주세령을 통해 '조선주' 이외 주류의 자가용주 제조를 금지하고, '조선주'의 자가용주 제조수량 또한 제한하기 시작했다. 심지어 정월이나 추수기 술을 빚어 나누어 먹던 풍습까지 제재하였다.

일제가 '주세령' 등을 공포하면서, 그 이유로 든 것은 술의 '공업화'였다. 한국의 술 제조형태는 점차 대형화됐으며, 생산도 증가하여 1930년대 생산량 연간 40만㎘, 생산액 1억원에 이르고 있었다. 이렇듯 주조업의 대규모화·공업화를 추진한 이유는 술 생산 및 소비의 완벽한 통제와 세수의 증가를 위해서였다. 갈수록 '공업화'된 주조업은 1929년 전체 공산액의 17%를 점할 만큼 '성장'했으며, 높은 세율이 적용되어 일제의 막대한 재원이 되었다. 1920년대 주세의 조세 비중은 1927년 25.9%, 1934년 29.5%로 갈수록 급증하여, 전체 재정의 1/3을 차지하게 되었다.

'술의 공업화'는 민간의 양조(釀造)를 무너뜨리는 것이기도 했다. 일제는 계속하여 민간의 자가용 면허를 제한하였고, 이에 따라 자가용 면허자수는 강점 초기 366,700명이던 것이 급격히 줄어들었다. 1926년 131,700여 명, 1928년 34,800명, 1929년 265명으로 줄어든 자가용 면허자는 1932년 결국 한 명만이 남게 되었고, 자가용 면허업제는 1934년 폐지되었다. 이는 결국 '조선주'의 제조법이 점차 사라지게 되었음을 의미하는 것이었다.

이 책은 일제강점기 한국의 '술 문화'와 '주조업'의 변천을 알려주는 매우 중요한 자료이다. 한편으로 일제 침략으로 사라져간 한국 고유의 술 제조를 거꾸로 찾아볼 수 있는 자료이기도 하다. 이 책은 『조선주조사』라는 이름으로 번역되어 1997년 출판되었다. (황선익)

33. 조선주조 요체 朝鮮酒造要諦

*이성우(1981), <한국식경대전>, 386p. 참조

- 1935년, 조선주조협회 발행.
- 192p., 삽화(揷畵), 23cm.
- 국립중앙도서관 소장(**원문보기** 가능).
- **목차**

국립중앙도서관 도서 해제

1935년 조선주조협회(朝鮮酒造協會)에서 발행한 책으로, 술의 제조법과 원리를 설명하고 있다. 주조업자들의 조합적 성격을 띤 조선주조협회는 조선총독부의 지원을 받으며, 한국 주조업계를 좌지우지했다.

조선주조협회의 성립은 1916년 주세령 시행 이후 민간 주조가 통제되고 주조소가 날로 대형화되어 가는 가운데 그들의 이익을 대변할 동업단체의 설립에서 비롯되었다. 주조의 집중화가 가속화되면서 조합의 수는 급증하여 1928년 129개에 달하였다. 전국적 단체결성을 꾀하던 주조업자들은 1929년 4월 조선주조협회를 설립하였다. 조선주조협회는 조선총독부 세무과 분실(稅務課 分室) 내에 사무실을 두고, '주조 개량발전'을 위한 연구와 『술(酒)』과 같은 잡지 발행 등을 하였다. 회의 운영은 회비와 기부 및 출연 등으로 이루어졌으며, 주로 주류품평회·주조업자대회·강습회 및 간담회 등의 활동을 하였다. 또한 경회루(慶會樓)에서 '조선주 피로회'를 개최하기도 하였다.

이 책은 "술 빚는 원리와 실제의 대요(大要)를 알려주기 위한 목적"에서 발행되었다고 한다. 조선주조협회는 "조선 주조의 업태가 진전의 과도기에 있다"며 '과학적'인 주조 방법을 소개하고 있다. 이 책은 이화학대의(理化學大意)·공장설비·원료 및 원료처리·주모(酒母)·막걸리(醪)·그외 주류·분석법 등 크게 7개 장으로 구성되어 있다. 술을 구성하는 요소의 이화학적 구분과 화학적 작용 등을 '과학적'으로 설명하고 있으며, 개량화되어가는 주조장의 각종 설비와 물·쌀·소맥·보리·누룩과 같은 주원료의 처리방법을 알려주고 있다. 또한 대표적 한국 술인 소주와 막걸리 등의 제조방법을 자세히 알려주고 있다. '분석법'에서는 주조를 위한 각종 시험방법과

당분 등 원료들의 '정량' 측정방법 등을 소개하고 있다.

'주세법' 시행 이후 민간에서 빚어지던 한국 술의 제조법은 갈수록 자리를 잃어갔다. 그리고 이 책에서 보여지듯이 술의 제조 또한 보다 '과학적'이고 '산업적'인 측면에서 다뤄졌다. 이 책은 '진전의 과도기'가 아닌 '한국 술의 생존 과도기'에 놓인 한국 술의 현실을 살펴볼 수 있는 자료이다. (황선익)

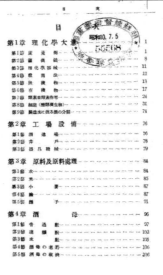

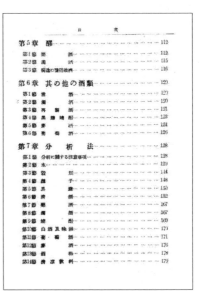

278

34. 주세령의 개요(세정 팜플렛 제1집) 酒稅令の槪要(稅政 パンフレット 第1輯)

*이성우(1981) <한국식경대전>, 384p. 참조

- 1928년 안전경순(安田慶淳) 저.
- 조선재무협회.
- 목차

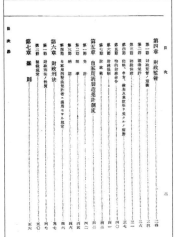

35. 주조대요 酒造大要

- 1926년 청수무기(淸水武記) 저.
- 조선재무협회 발행.
- 267p., 19cm.
- 국립중앙도서관 소장(**원문보기** 가능).
- **일부 내용 소개** : 이상훈(2014).

과하주

味淋 형태의 甘味酒로서 그 제법에는 원료에 소주를 사용하는 再製法에 의한 것과 소주를 사용하지 않고 완전히 釀造法에 의한 것으로 나뉜다. 전자는 알코올분 30% 내외로 하여 여름철 음료이고, 후자는 알코올분 13~14%로 소위 고등음료로서 칭찬받는 것이다. 경북 김천산은 후자로서 유명하다.

제법의 실례

1. 누룩가루(麴子粉) 4홉, 엿기름가루(麥芽粉) 4홉과 찹쌀 1되 5홉을 찐 것을 소주 4되와 함께 항아리에 사입하여 충분히 교반한 뒤, 덮개를 덮어 20일 내외로 숙성이 되면, 용수를 넣어 그 안의 술을 떠낸다. 또 남은 주박에 소주 1~2되를 추가하여 교반하여, 2~3일 경과하면 다시 용수를 삽입하여 남을 술을 걸러 전자와 합쳐 음용한다.
2. 찹쌀 1말을 찌고 이것에 소맥분만으로 만든 우량 粉麴 약 1말을 섞어 절구에 찧어 혼합하여 떡모양으로 만들어 항아리에 사입하여 밀봉 방치해서 약 1개월쯤 지나 숙성이 되면 용수를 넣어 술을 얻는다.

송순주/송로주(松筍酒/松露酒)

소위 약주의 일종으로 조선인 사이에 존중하는 솔향을 띠는 甘味酒精飮料다. 그 제법은 일정하지 않지만, 대체로 다음과 같다.

주모는 멥쌀과 누룩을 보통의 방법에 의해 만들고, 덧술은 찹쌀을 사용하고 소나무의 어린 순을 섞어 물 대신에 소주를 사용하여 사입한다. 이렇게 10일 내외를 경과하여 반숙성이 되면 술덧 가운데 용수를 넣고 걸러진 술을 떠내는데 그 한 예는 다음과 같다.

원료	밑술	덧술	술덧(醪)	제성주	비고
멥쌀	100홉				
찹쌀		300홉			술덧(醪)에 송순 적당량을 소주와 함께 넣는다
粗麴	40홉				
소주		70홉	460홉	150~200홉	
물	40홉				

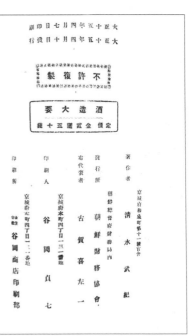

281

36. 주조독본 酒造讀本

- 1938년 조선주조협회 경성지부. 좌전길위(佐田吉衛) 편.
- 朝鮮酒造協會 京城支部 발행.
- 1책, 23cm.
- 국립중앙도서관 소장(**원문보기** 가능).
- **일부 내용 소개** : 이상훈(2014).

> **과하주**
> 과하주는 백일주와 함께 조선에서 생산하는 아주 뛰어난 주류로 고급음료로서 맛있고 주정분 13~14%를 함유한다. 예부터 경북 김천산 과하주가 가장 유명하다.
> 그 제법은 찹쌀 1말을 찌고, 냉각시킨 뒤 粉麴 약 1말을 섞고 절구에서 찧어 혼합하여 떡 모양으로 항아리 내에 사입하여 밀봉 방치하여 두면, 약 1개월이 지나 숙성이 되면 용수를 넣고 그 술을 떠내는 것이다. 그 외에 소주를 첨가하여 만드는 소위 再製酒에 속하는 과하주가 있다.

- **목차**

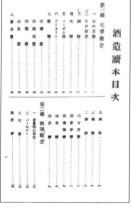
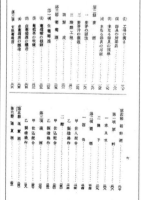

37. 평안남도 급 황해도 양조업 시찰보고 平安南道及黃海道釀造業視察報告

*이성우(1981), <한국식경대전>, 381p. 참조

- <평안남도 및 황해도 양조업 시찰보고>.
- 1908년 탁지부 등곡작차랑(藤谷作次郎) 저.
- 국립중앙도서관 소장(**원문보기** 가능).
- 재무주보 51호 부록(財務週報 第51號 附錄).
- 53p., 23cm.

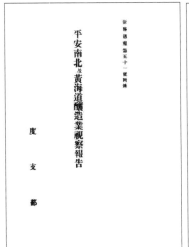

38. 한국 국자균학 당 조사보고 韓國 麴子菌學 當 調査報告

*이성우(1981), <한국식경대전>, 382p. 참조

- 1908년, 탁지부, 송전건언·중도영차(松田健彦, 中島榮次) 공저.
- 탁지부 사세국 발행, 92p., 23cm.
- 국립중앙도서관 소장(**원문보기** 가능).

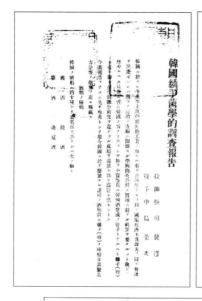

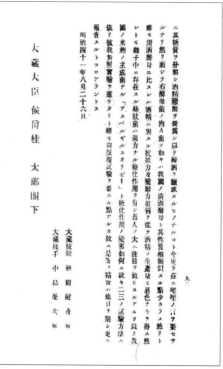

39. 한국주류 조사서 韓國酒類調査書

*이성우(1981), <한국식경대전>, 381p. 참조

- 국립중앙도서관 소장.
- 1908년 탁지부 사세국에서 일본어로 발행.
- 24cm. 표지 제외 본문 60p.
- 재무휘보 제10호 부록, 저자 鳥居嚴次郎.
- <재무휘보>는 度支部에서 1908년 10월 제1호부터 1910년 11월까지 총 49호로 간행된 것. 부록은 「韓國經濟月報」로 17권이 발행됨. 일제(통감부)가 식민 지배를 위해 가장 중요하게 준비한 것이 제정 및 세원 발굴이었는데, 이를 위해 일본인 재정 고문을 임명하고, 주세(酒稅)·연초세(煙草稅)·가옥세 (家屋稅, 부동산 관련 세금 포함) 뿐 아니라, 중요한 이권이었던 인삼 관련 조사가 이루어짐. 그 결과 1907년에 <韓國酒類調査書>가 이루어짐.
- 주세법 시행을 앞두고 집무에 참조하기 위해 일본인 기사가 저술.
- 비록 일제가 세원 발굴을 위해 조사한 것이지만, 가장 이른 시기에 이루어진 조선주 제조법에 대한 정부 차원의 조사로, 당시 조선주를 이해하는 데 많은 도움이 되는 책.
- 이 조사서는 소화 4년(1929년 11월) '전라북도 조선주주조조합연합회'에서 재발행함. 조사된 내용이 20세기 초반 우리나라의 술에 대한 조사였기 때문.
- 탁주제조방법(28~29p.), 약주제조방법(29~31p.), 합주의 제조법(31~32p.), 과하주의 제조법 (32~33p.), 소주제조법(33~46p.)이 잘 설명되어 있음.
- 특히 과하주의 제조법은 '김천 과하주 제조법'과 '경성 부근의 과하주 제조법'으로 나누어 설명하고 있는데, 김천 과하주 제조법은 현재 무형유산과 그 제법이 차이남.
- 소주 제조법은 더 눈여겨 볼 부분이 있음. 발효 중 관리법, 증류기 등을 설명한 뒤 지역적인 소주제조법을 설명하고 있음. 송화, 영변, 정주, 황주, 평양, 진남포, 경성, 원산 등의 여러 지역의 소주제조법을 다양하게 설명함.
- **일부 내용 소개** : 이상훈(2014).

과하주의 제조법
과하주는 2종류가 있다. 하나는 김천산이고 다른 하나는 서울 부근에서 만든다. 전자(甲)는 單製法으로 하여 정상적으로 만든 釀成酒이고, 후자는 일본의 味淋酒와 같이 소주와 누룩과 찹쌀을 합쳐 제조하는 複成法으로 만든 다른 釀成酒이다.

금천과하주 제조법
이 과하주에 사용되는 누룩은 다른 것과 달리 밀기울(麩皮)을 제거한 소맥분만으로 만든 것이고, 형

태는 <u>圓盤型</u> 또는 <u>方型</u>을 이루며, 한 개는 소맥분 5되(대략 1관 200돈을 가진다고 한다. 약 4.5kg)로 만든 것으로 대개 980돈(약 3.675kg)을 가진다. 과하주의 빚는 법은 위의 누룩 2개에 찹쌀 6되(지방의 되 12杯는 도항형의 방법에 의해 7되 2홉이 될 수 있다)의 비율로 하여 사입수는 사용하지 않는 방법이다. 이것을 만들려면 찹쌀을 하룻밤 물에 침지한 후, 충분히 쪄서 나무판에서 따뜻할 때 미리 가루낸 누룩을 혼화하여 물을 뿌리면서 떡메로 쳐서 연하게 만든 것을 독속에 옮겨 발효한다. 숙성은 대개 봄철에는 1개월이 필요하고, 보통 한번 빚어넣는 데에 의하여 약 1말 6되의 술을 제성한다. 그리하여 술의 제성은 용해하고 증류하여 괴인 것을 퍼낸 것이다. 또 따로 하는 일 없다. 금천 과하주는 강점미의 술로서 알코올 함량은 많지 않다. 이것을 빚는 데 물을 사용하지 않음과 누룩량이 많으므로 당화작용만이 크게 진행되는 주정발효가 장해되는 데 의한다.

경성 부근의 과하주 제조법
보통의 분국과 찹쌀에 소주를 섞어 만드는 것으로 숙성일 수는 20일 내지 30일 내외가 대부분이다.

• 목차

술의 정의, 국자(麴子)균의 성질, 양성주와 증류주 그리고 혼성주의 구분, 한국의 주류 및 제조 계절, 제조자와 판매자의 종류 그리고 그 집산 상황, 주류의 가격과 취인 관례, 주류제조 방법, 국자(麴子)의 종류와 그 제조방법, 주류제조용 기구, 탁주 제조방법, 약주 제조방법, 합주와 백주의 제조방법, 과하주의 제조법, 소주 제조법.

• 관련 도서

*1992년 민속원에서 <조선주 제조법 · 주류조사서>라는 하드커버책(94쪽)으로 재발행됨.

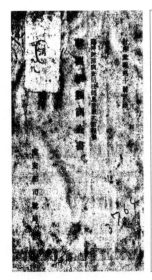

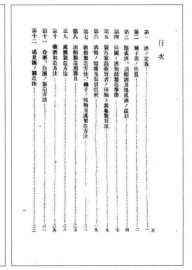

40. 한국주조업 조사보고 韓國酒造業調査報告

*이성우(1981), <한국식경대전>, 380p. 참조

- 국립중앙도서관 소장.
- 통감부 재정감사청(統監府財政監査廳)에서 일본어로 편.
- 1907년 8월, 재무주보(財務週報) 20호 부록으로 발행.
- 63p., 19cm.
- **목차** : 경성부근(京城附近ノ部)과 남한지방(南韓地方ノ部)으로 나누어 서술.
- **일부 내용 소개** : 이상훈(2014).

과하주

과하주는 5~6월경부터 9~10월경까지 음용하는 것으로 대개 상류층의 음료이다. 그 제법은 누룩가루 4홉, 맥아가루 4홉, 찹쌀 1되 5홉, 소주 3~4되를 독 속에 넣어 방치하면 5~6일쯤에서 숙성된다. 숙성되면 용수를 박아 용수속에 고인 술을 퍼내어 다시 찌꺼기에 소주를 넣어 휘저어 다시 용수를 박아 괸 술을 퍼내어 전자와 합친다. 곧 과하주로서 5되 정도를 보통 얻는다. 찌꺼기는 술로 삼는 일이 있다. 또 다시 짜서 과하주에 혼용하는 일이 있다. 찌꺼기 그대로 식용하는 일이 있다고 한다.
*구영조 외(1992), 「쌀을 이용한 명주 개발 연구」, 한국식품개발연구원, 198p.

국립중앙도서관 해제

1907년 8월 한국통감부 재정감사청(財政監査廳)이 한국주조업의 현황을 조사한 후 작성한 보고서로, 『재무주보(財務週報)』 제20호 부록으로 수록되었다. 보고서는 크게 서울[京城] 부근과 '남한지방' 조사로 나뉘어 있다. 조사는 시미즈 치호겐(清水千穗彦)이 맡았다. 그는 1908년 탁지부 임시재원조사국 기수(技手)로 임명되어 한국 내 재원(財源)으로 '술'을 주로 조사하였다. 그러나 그는 탁지부에 자리하기 전부터 이미 한국 술에 대한 꾸준한 조사를 진행하고 있었다. 서울의 경우, 1906년 12월에 조사를 진행하였으며, '남한'지역 조사는 계속적으로 시행하여 1907년 7월 보고서를 작성하였다. 조사의 목적은 '주세법(酒稅法)' 시행 전 이에 바탕이 될 '한국 술[朝鮮酒]'의 생산현황 자료를 수집하기 위해서였다.

먼저 '서울지역' 보고서에서는, 서울에서 제조·판매하는 대표적인 '조선 주류'로서 약주·백주·탁주·소주·과하주(過夏酒) 등을 다루고 있다. 이들 주류에 대한 제조법을 비롯하여 주류 판매방법·제조장의 수와 제조량·술 수입량·주류제조에 소요되는 경비 및 기구를 파악하고, 이에 따라 발생하는 각 제조장의 이익분을 산출하고 있다. 마지막으로 시미즈는 '과세 및 단속[取締] 의견'으로 "소주는 전국 평균 1석(石)에 45~60원 가량으로 싸게 하더라도 1할을 적용하여 4원 50전을 부과하고, 약주·백주·탁주 등은 1석당 14~20원이므로 1원 50전을 부과할 것" 등을 제안하고 있다. 이외에도 그는 각 술의 등급별 과세 의견과 술 '단속법'의 내용을 제안하고 있다.

'남한지역' 보고서 또한 충청도·전라도·경상도의 주요 술 제조법과 생산·판매·수익 상황 등을 다루고 있다. 다만 '제조 개량에 관한 의견'에서 제조법 및 기구의 개량, 대형 제조소의 필요성을 제기하고

있는 점에서 차이를 보이고 있다. 1909년 공포된 주세법은 이제까지 세금이 부과되지 않던 술에 과세를 하고, 일반 가정의 술 제조 등을 제한하는 것이었다. 이 보고서는 한국 술을 본격적으로 통제하기 시작한 주세법의 기초자료로 쓰인 것으로, 일제의 '한국 술' 통제의 배경과 방향을 이해하는 데 큰 도움을 준다. (황선익)

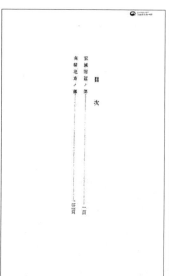

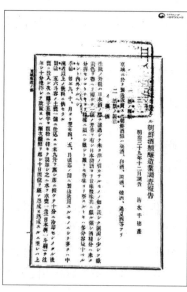

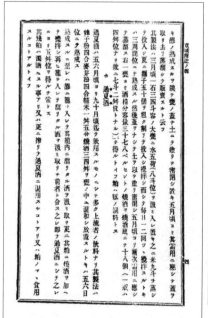

41. 한국총람 韓國總覽

- 1907년, 동경 박문관(博文館) 발행.
- 저자 : 덕영훈미(德永勳美), 신연활자본.
- 1,489p., 삽화, 23cm.
- 목차

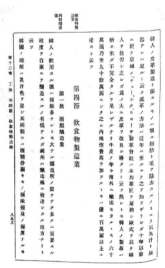

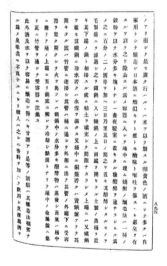

42. 흑국을 원료로 한 소주의 제조 黑麴を原料とした燒酎の製造

*이성우(1981), <한국식경대전>, 384p. 참조

- 1928년, 경기도소주제조조합 편.
- 완주군 대한민국술테마박물관 자료를 국립중앙도서관이 전자책으로 구축.
  (중앙도서관에서 **원문보기** 가능).
- **목차**

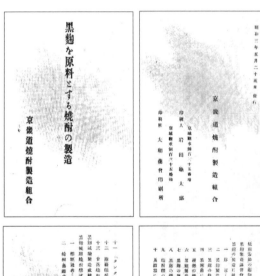

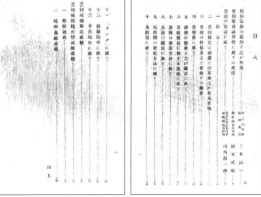

내용을 확인하지 못한 일제강점기 양조서적

개인적으로 일제강점기 양조서적은 오랫동안 손때를 묻혀가며 보던 책이다. 특히 누룩에 대한 기록은 거의 빠짐없이 몇 번씩 보았다. 그런데 앞서 해제한 양조서적과 달리, 그 내용을 전혀 본 적이 없는, 제목만 들어본 양조서적에 대해 목록을 별도로 올린다. 양조서들의 구체적인 내용은 알 수 없다.

1. 조선에서의 주조업의 추이(朝鮮における酒造業の推移)
- 1929년, 조선주류품평회

2. 조선의 주(朝鮮の酒)
- 이성우(1981), <한국식경대전> 384p. 참조
- 1929년, 전선주류품평회(全鮮酒類品評會)

3. 조선주 양조법 강본(朝鮮酒 釀造法 講本)
- 1942년, 대구 조선주주조조합 발행
- 19~106p., 23cm(18p.까지 낙장)
- 연세대학교 도서관 소장

4. 조선주 제조방법
- 1933년, 경상북도 조선주주조조합연합회

5. 조선주류 품평회 회칙
- 1929년, 조선주류품평회

6. 조선주에 관한 시설(朝鮮酒に關する施設)
- 1924년, 조선총독부 재무국 편
- 359p., 19cm
- 저자 : Chōsen sōtokufu. Zaimukyoku

7. 조선주조공업경영(朝鮮酒造 工業經營)
- 좌전길위(佐田吉衛) 저

8. 주조업자 명부
- 1930년, 조선총독부 재무국

조선총독부 중앙시험소 보고

조선총독부 중앙시험소에 대하여

일제강점기 조선주(朝鮮酒) 관련 연구는 조선총독부 중앙시험소 양조부가 중심이었는데, '중앙시험소 보고'는 바로 이 기관의 연구기록이다. 중앙시험소는 옛 탁지부 소관의 양조 시험업무와 옛 농상공부 소관의 공업시험, 분석 등의 업무를 계승하여 1912년 3월 출발하였다. 그리고 그 업무의 다수는 농업과 관련한 가내수공업의 개량 연구에 초점을 둔 것으로 공업적 기반 구축보다, 식민 지배의 안정화를 우선했다.

중앙시험소는 유일한 공업 시험연구기관으로 공업원료를 분석, 시험, 감정을 하거나 현장지도와 강습 등을 전개했는데, 출발 초기의 업무 중 가장 많았던 것이 광물 분석이고 후기에는 유지원료 연구 등이 중심이 되었다. 존립하는 동안 양조 관련 보고서를 포함하여 약 200여 편을 출간했다.

중앙시험소의 연구활동이 왕성했던 시기는 초기이고, 1920년대 중반을 거치며 점차 축소되는데, 이때 양조부 등이 폐지된다(이 때문에 양조 관련 보고는 20년대 후반 거의 사라진다). 그리고 1930년대 초반에는 중앙시험소 폐지가 논의되다가 1932년 철회되는데, 그만큼 조선 사회에서 공업이 차지하는 비중이 미미했던 것이 가장 큰 이유다. 그러다 제국주의적 세계질서가 블록화되고, 자원의 접근이 점차 어려워지면서 자원조사연구의 중요성이 대두되면서 1930년대 후반 부흥기를 맞이한다. 이때 요업원료, 공업용수, 유지원료 등의 조사와 연구가 활발하게 이루어진다. 이때 유지원료는 그 확보가 국가적인 현안이 되어, 강유(糠油)·송실유(松實油)·오수유유(莫茱萸油) 등의 연구가 이루어졌지만 양조 관련 연구는 거의 없다. 국가적 요구가 변화되었기 때문이다.

• 참조문헌
*국세청(2009), 국세청기술연구소 100년사, 국세청기술연구소.
*이태희(2009), 1930년대 조선총독부 중앙시험소의 위상변화, 한국과학사학회 31(1).
*이태희(2013), 1910년대 식민지 조선의 공업화 전략 : 조선총독부 중앙시험소의 기술관료를 중심으로, 문화사학회 25호.

1. 조선총독부 중앙시험소 보고 제1회

• 조선총독부 중앙시험소 간행(1915년).

• 국립중앙도서관 소장.

• 2권으로 되어 있음.

• **목차**

청주양조시험성적(清酒釀造試驗成績)

-1915년, 조선총독부 중앙시험소 편.

-97p.

-완주군 대한민국술테마박물관 소장자료를 국립중앙도서관에서 전자자료로 구축(국립중앙도서관에서 원문보기 가능)

-목차 :

清酒釀造試驗成績

清酒釀造ト朝鮮ノ氣候

原料米

原料米分析成績

釀造用水

釀造用水分析成績

製麴溫度表

大正二年度酒母一仕込製造方法

大正二年度酒精一仕込製造方法

大正二年度第一號清酒酒母至第三十號清酒酒母仕込經過表

大正二年度第一號清酒醪至第十五號清酒醪仕込經過表

大正二年度清酒垂步合表

大正二年度清酒酒母分析及細菌調查表

大正二年度清酒醪分析表

大正四年三月

清酒釀造試驗成績

朝鮮總督府中央試驗所

*위 사진처럼 리플렛으로 만들어진 기록은 중앙시험소 보고 제1회에 포함되어 있음.

中央試驗所報告 第一回

一滿洲紙業視察報告 ……………… 二八七頁
一本質試驗報告 …………………… 三一一頁
　　附錄
一試驗規程 ………………………… 三二七頁

釀造試驗報告

囑託　仲田績三
分析擔當　技手　酒澤友次

（三）清酒釀造ノ實驗

（四）萬酒分析試驗

三、越幾斯 ………………………… 四〇六〇
四、糖分蒸發ノ有無 ……………… 四〇九三
五、酒精 …………………………… 〇七四五
六、グリセリン …………………… 二一一四
七、揮發體酸度 …………………… 〇六三一八
八、不揮發體酸度 ………………… 〇五九二〇

大正十二年七月三十一日印刷
大正十二年八月一日發行　（非賣品）

朝鮮總督府中央試驗所

印刷所　株式會社　大海堂
京城府本町通二丁目一番地

294

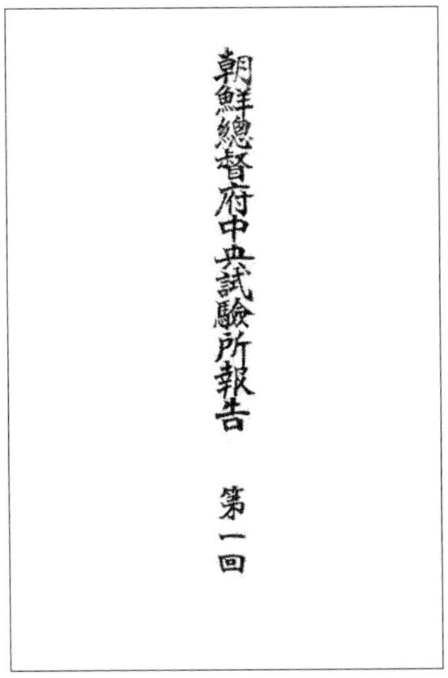

朝鮮總督府中央試驗所報告　第一回

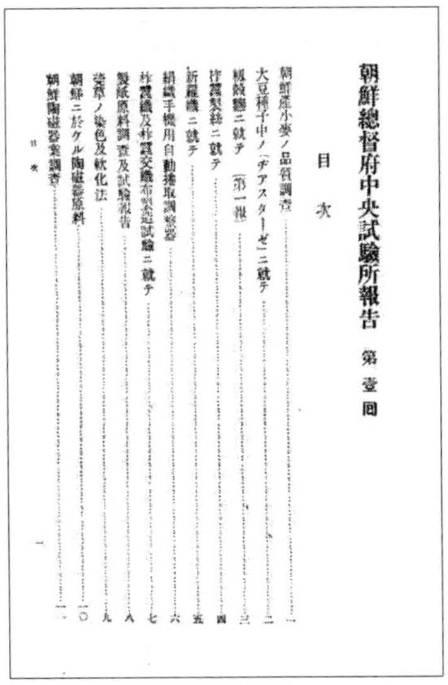

朝鮮總督府中央試驗所報告

第壹回

目次

清酒醸造試驗成績

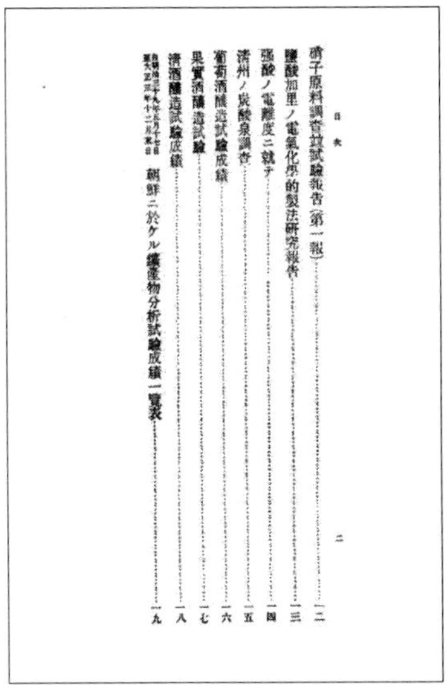

技手　荒瀨常春

清酒醸造ト朝鮮ノ氣候

葡萄酒醸造試驗成績

技師農學士　色川三郎

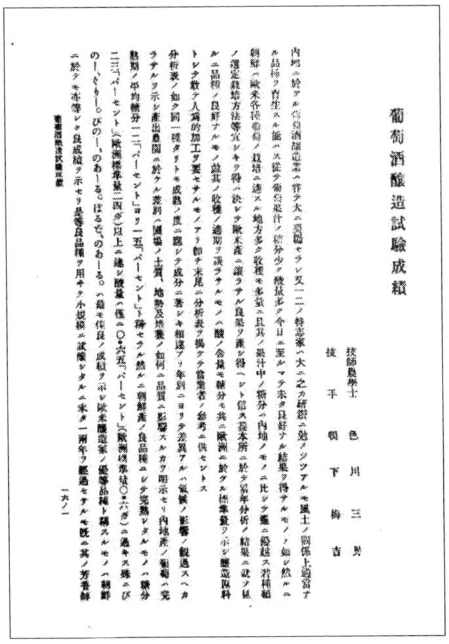

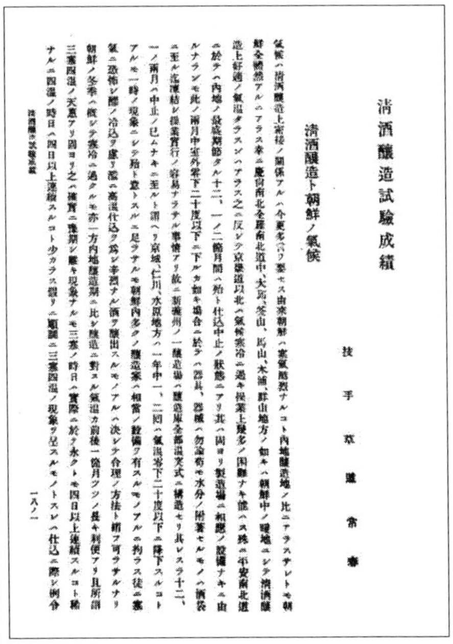

技手　鍋下梅吉

2. 조선총독부 중앙시험소 보고 제2회

• 적포도주 개방식 양조시험(赤葡萄酒開放式釀造試驗).
(조선총독부 중앙시험소 보고 제2회 191~199p.에 수록).

• 1917년, 조선총독부 중앙시험소 편.

• 완주군 대한민국술테마박물관 소장자료를 국립중앙도서관에서 전자자료로 구축.
(국립중앙도서관에서 **원문보기** 가능).

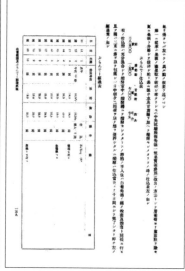

3. 조선총독부 중앙시험소 보고 제3회

- 조선총독부 중앙시험소 간행(1919년).
- 국회도서관 소장.
- 133~142p.까지 백포도주 및 브랜디 양조 시험보고.

4. 조선총독부 중앙시험소 보고 제4회 제1호

- 조선총독부 중앙시험소 간행(1921년).
- 개인 소장.
- **목차**

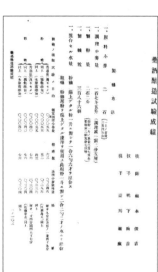
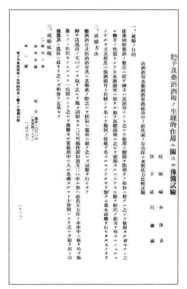

5. 조선총독부 중앙시험소 보고 제4회 제2호

• 조선총독부 중앙시험소 간행(1921년).

• 개인 소장.

• **목차**

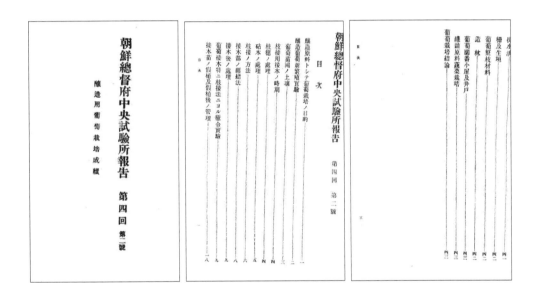

6. 조선총독부 중앙시험소 보고 제5회 제3호

- 조선총독부 중앙시험소 간행(1922년).
- 개인 소장.
- **목차**

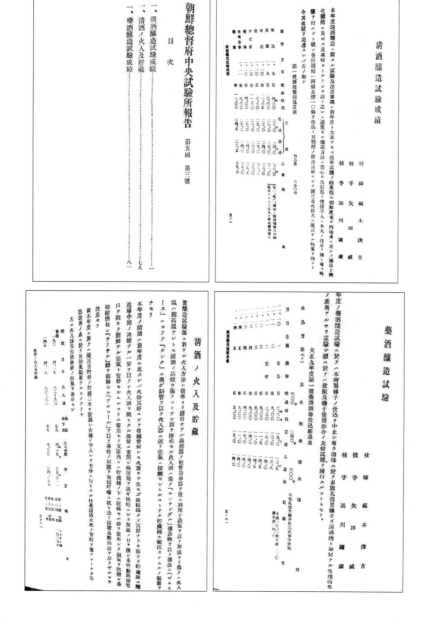

7. 조선총독부 중앙시험소 보고 제6회

• 포도주 양조업 급 농산공업에 관한 보고서(葡萄酒釀造業及農産工業ニ關スル報告書).
  <포도주 양조업 및 농산공업에 관한 보고서>.
• 1923년 6월, 조선총독부 중앙시험소 보고 제6회.
• 조선총독부 중앙시험소 기사 복본준길(福本俊吉)의 유럽 출장 복명서임.
• 국립중앙도서관 소장(**원문보기** 가능).
• 일본어(150p., 26cm).
• **목차**

大正十二年六月

葡萄酒釀造業及農産工業ニ關スル報告書

朝鮮總督府中央試驗所

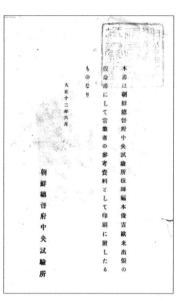

大正十二年六月

ものなり

本書は朝鮮總督府中央試驗所技師藤本俊吉歐米出張の復命書にして當業者の參考資料として印刷に附したる

朝鮮總督府中央試驗所

目次

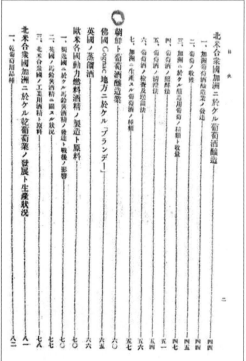

大正十二年七月三十一日印刷

大正十二年八月一日發行　（非賣品）

朝鮮總督府中央試驗所

印刷所　京城府太平通二丁目一番地　株式會社大海堂

8. 조선총독부 중앙시험소 보고 제7회 제1호

- 1921년과 1922년 양조 관련 시험성적 보고(1924년 발행).
- 167p., 조선총독부 중앙시험소 간행.
- 목차

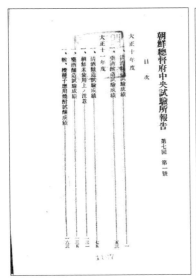

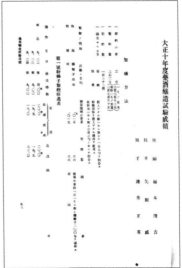

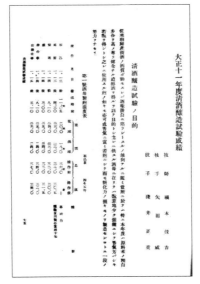

- 조선총독부 중앙시험소 간행(1924년).
- 국립중앙도서관 소장.
- 29면(32p.).
- 국립중앙도서관 소장(**원문보기** 가능).
- **부제목 : 포도재배 급 과실주 양조시험 성적(葡萄栽培及果實酒釀造試驗成績).**
  <포도재배와 과실주 양조시험 성적>
- **목록**
  포도재배
  올해 기후와 포도나무 생육과의 관계
  포도의 주요 병해충
  포도종류의 도태
  재배상의 주요 시험
  1922년 과실주 양조실험
  적 생포도주(중략)
  각 종류 혼합 발효실험
  브랜디 양조실험
  행실주(杏實酒, 발효주) 실험
  라스푸베리 리쿠르
  포도액 제조실험

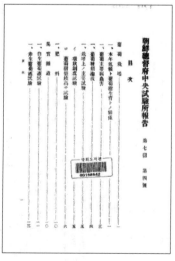
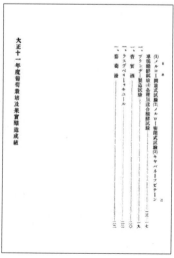

10. 조선총독부 중앙시험소 보고 제9회

- 조선총독부 중앙시험소 간행(1927년 5월).
- 국립중앙도서관 소장.
- 목차

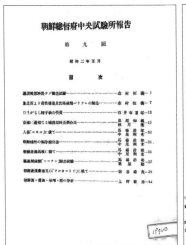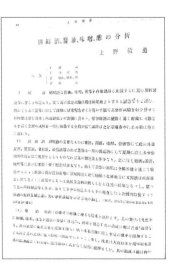

11. 조선총독부 중앙시험소 보고 제16회 제5호

• 조선총독부 중앙시험소 간행(1937년).

• 개인 소장.

• **목차**

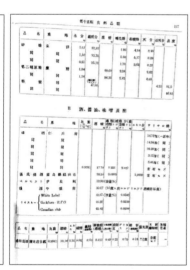

12. 조선총독부 중앙시험소 보고 제17회 제4호

- 조선총독부 중앙시험소 간행(1937년 4월).
- 국립중앙도서관 소장(**원문보기** 가능).
- **목차**

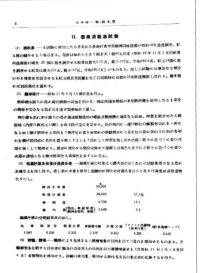

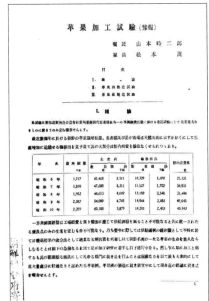

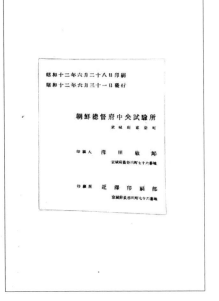

해방 후 양조서적

1. 새로운 주조기술 酒造技術

• 임병종 저, 고시원 발행(1971년).
• 머릿말(일부) :
"옛날에는 가정에서도 누구나 손쉽게 만들던 약탁주도 점차 대단위 공장기업의 형태로 바뀌어 가는 오늘날, 아직도 이 방면에 대한 체계적인 전문서적이 없어 적지 않은 불편을 느끼고 있는 실정으로 편의상 재래의 방법을 답습하고 있는 것이 현실이다. 이에 필자가 오랫동안 일선 기술 실무에 종사하면서 이 방면에 체계있는 기술서가 없어 겪는 애로와 당혹 속에 많은 시간고 정력의 낭비를 요하게 되었던 것이다."(이하 생략)

2. 양조법 요강 탁약주편

- 거의 소장처가 없음.
- 1950년 4월(6.25 직전에 발행) 삼양문화사 발행(총 155p., 표지와 내지 제외).
- 서울 사세청 화학사 이성범의 저술.
- 재무부 양조시험소장 손동혁 교열, 서울 사세청장 김무엽 추천, 조선양조조합중앙회 추천 등.
- 저자는 머리말에서 "차(此) 책자는 약탁주편으로서 현대에 맞지 않고 또 늦인 감이 유하나마 해방 후 양조에 관계 서적의 출판

*해방후 첫 주세법 : 1949년 10월(누룩으로만 탁약주를 빚도록 법이 제정)
*<주조업의 지도와 검사> : 1948년 11월(대구사세청 간세과장)

> 과거 왜정시대에는 정책적으로 (우리술) 발전을 억제하기 위하여 소위 일본주에만 사용케 하고, 조선주에는 사용을 금지하였던 미국(米麴)을 해방후 조선주에도 미국의 일부 사용을 법적으로 용인하게 됨에 따라 약주와 탁주 제조공장 역시 제국실의 설비가 필요하게 될 것이다"(p6)

*<양조법요강> : 1950년 5월(서울사세청 화학사)

이 없어 유감케 생각든 바, 실제 경험도 미숙한 저로서 분에 넘치는 것이지만, 다만 이 책자로서 양조업계에 촌분이라도 도움이 될까 하야 용감이 이 책자를 던진 것이다"고 함. 즉 해방 후 양조 관련 서적이 없어 용기를 내서 이 책을 쓴다고 함.

- 주요 내용은 제1장 미생물, 제2장 발효, 제3장 원료수, 제4장 麴子, 제5장 원료처리, 제6장 주모, 제7장 탁주, 제8장 약주, 제9장 살균, 제10장 공장건축, 제11장 기구기계, 제12장 약탁주 시험성적, 제13장 주조상 참고로 될 표 등임.

- 이 책은 발효제로서 누룩을 중심에 두고 설명함. 양조사에서 시장생산용 탁약주 제조에 누룩을 중심으로 설명하는 마지막 책이라고 생각함. 그리고 당시 시장에서 판매되는 누룩은 분국, 1호 조국(10% 내외의 밀기울을 추가하고 제조), 2호 조국(20% 내외의 밀기울을 추가하여 제조한 것으로 탁주 제조용으로 가장 좋은 누룩이라 함), 3호 조국(30% 내외의 밀기울을 추가하여 제조)이 있었다고 함.

- 제6장 주모 항목에서, 주모 제조방법으로 전통적인 왼쌀(丸米) 사입법 외에 일제감정기 우리나라에 도입된 보통완(酛), 속양완(酛), 속양보통중간완(酛) 등을 설명하고 있음. 이 책은 당시 시장생산용 탁약주 제조에 있어 입국을 이용한 주모 제조보다, 누룩을 이용한 주모를 먼저 설명하고 있다는 점에서 주목됨.

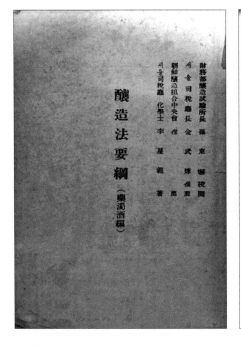

財務部釀造試驗所長　孫東鏞　校閲
서울司稅廳長　金武燁　謹呈
朝鮮釀造組合中央會　崔　　閲
서울司稅廳　化學士　李星範　著

釀造法要綱 （藥濁酒編）

前記의 粗麥粉의 容量으로 約一割程度의 물을넣어 골고루 저어混合하여 製麴室의 棚에담는다。一窯七百個乃至平個程度을 담아서경의 普通이며 製麴室은 大體로 幅이 一間牛長이 二閣乃至三間程度로 左右에 數段의 선반（棚）을 만들고 여기에 麴子를 陳列 一晝夜間 一窯를 담고 며 날마다 後부터 溫度로 四十度 以上으로되며 三日程度이면 大體로 室內水分도 거의되고 漸次 內部水 製麴室內 두는目字는 경우에 따라 工 溫度에 맞쳐 올린다 大體로 一升型이며 七日乃至九日로 二升型이며 分로 濕散하야 진다

二一五日程度이다
製麴室에서나 麴子는 이를 乾燥室에 넣어 둔다 여기서는 數室分의 麴子를 一定한 場所에다 十數
日주別 大體로 內部까지 乾燥하여 온다
이것을 꺼내어 一升型을 二十個을 一升型을 十個을 一束에 包裝하야 製品會庫에서 두어서 一梱
大體로 製造 有하면 六十日 以上
月以上으로 酒造에 使用할수있다 그 麴子 自熟가 程度와 經路의 進行이 如何
는 小麥의 個人 機外와 經濟關係서 이와같이 지지 않으로도 經常로 經路의 進行이 如何

二一

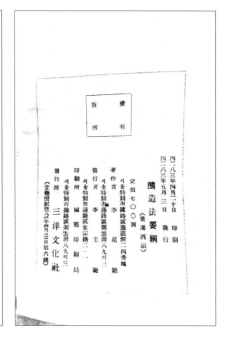

版權所有
著作權所有

四二八三年四月二十日　印刷
四二八三年五月　三日　發行

釀造法要綱 （藥濁酒編）
定價　七〇〇圜

著作者　서울特別市鐘路區通義洞一四番地　李星範

發行者　서울特別市漢路區雲洞八九의三　李星範

印刷所　서울特別市鐘路區敦義洞宗路二一　國都印刷局

發行所　三洋文化社
（登錄檀紀四二八年四月二三日第六號）

3. 양조법의 지도와 검사

• 거의 소장처가 없음.

• 1948년 11월, 경상북도 주조조합연합회 발행.

• 총 160p., 별지의 표와 표지, 내지 제외.

• 저자 전학수는 대구 사세청 간세과장.

• 저자는 저서에서 "본서는 주조업을 경영하는 사람은 물론이고 평소 이 사업에 대하여 지도를 하여야 하며, 검사를 하여야 할 입장에 있는 세무 관리로서도 어느 정도 주조에 대한 예비지식을 상비하여야 한다는 것은 자타가 공인하는 사실임에 직장을 통하여 과거 반평생을 이러한 입장에서 소일하여 온 저자의 체험으로서 절실히 느낀 바의 몇 가지를 즉 적어도 이러한 정도만은 알어두어야 하겠다는 단순한 의도에서 집필한 것인만큼 내용 편성에 미흠한 점이 있음을 스스로 두려워하는 바이다"고 함. 즉 이 책은 자신의 반평생을 세무 업무를 담당한 공무원으로 알고 있어야 할 정보를 정리한 것이라 할 수 있음.

• 주요 내용은

　제1장 주조장 설비와 정돈

　제2장 주조원료 처리

　제3장 주조장부 정리

　제4장 검사 등.

• 세무서 직원이라는 업무적 관점이 크게 반영되었음. 특히 제4장 검사와 관련하여 주모검사, 료(醪)검사, 제국검사, 제성검사, 주박검사, 기타 각종 검사에 대해 설명하고 있음. 이 책에서 제국이라 함은 입국을 가리킴. "제국실은 흑국, 백국, 황국 등 종국으로서 세균을 배양하야 국을 제조하는 곳인 바 소주 또는 주정 제조공장은 물론이고 **과거 왜정시대에는 정책적으로 그 발전을 억제하기 위하야 소위 일본주에만 사용케하고 조선주에는 사용을 금하였든 미국(米麴)을 해방 후 조선주에도 미국의 일부 사용을 법적으로 용인하게 됨에 따라**, 약주와 탁주 제조공장 역시 제국실의 설비가 필요하게 될 것이다."

• 일제감점기에는 조선주 발전을 억제하기 위해 입국 사용을 금했지만, 해방 후에는 그런 금제가 사라졌으니, 입국 사용을 준비해야 한다는 그의 주장은 미래를 보는 혜안이 있음. 또 양조 용어나 기술도 일제 잔재의 흔적이 눈에 띔. 예를 들어 타뇌(打瀨)가 무슨 과정인지 이해가 어려운데 이를 '우다새'라고 설명한다든지, 난기(暖氣)를 넣었다 휴준(休樽)하는 것을 일명 비부휴(沸付休)라고 함. 오늘날 일본에서도 잘 쓰지 않는 비부휴(沸付休), 용부휴(湧付休) 등의 용어 사용에서 보듯 해방 후, 양조업계는 일제 잔재가 많이 남아 있었음을 알 수 있음.

酒造業의指導와檢查

大邱司稅廳
開發課長　田　學秀　著

慶尙北道酒造組合聯合會發行

酒造業의指導와檢查

目錄

檀紀四二八一年十月十日印刷
檀紀四二八一年十一月十日發行
檀紀四二八一年十一月十日出版屆出

　　　　酒造業의指導와檢查
　　　　　　　　　　（定價三〇〇圓）

著作者　田　學秀

印刷所　大邱府東仁洞三二四의六
　　　　慶尙北道酒造組合聯合會印刷部

發行所　大邱府東仁洞三二四의六
　　　　慶尙北道酒造組合聯合會

振替口座　釜山五〇〇七番　電話　三二〇〇番

第三節　製麴室

二、室內는每日淸掃整頓하야恒常乾燥케할것。

一〇、室內에는仕込甕以外의雜物을藏匱않을것。

九、仕込室의各窓에는鐵線網을附하야　鼠、鼬類의小動物이侵入치않게할것。

八、室內의地面에는小溝線을設하야排水에便利케할것。

內門은簡便하게設置할것。

製麴室은黑麴、白麴、黃麴等種麴으로서細菌을培養하야釀造하는것인바　燒酎 又는酒製造工場은勿論이고　過去倭政時代에는政府의으로　그發展을抑制하기爲하야　朝鮮酒에는使用을禁止하엿든　米麴을解放后朝鮮酒에 야所謂日本酒에만使用케하고

4. 양조주 개론 釀造酒槪論

- 1958년, 저자 손동혁.
- 대동당 발행, 252p., 표, 21cm.
- 국립중앙도서관 소장(**원문보기** 가능).
- 서론 :

"채식을 주로 하고 있는 우리 겨레에 가장 적합한 양조주인 청주는 쌀의 미국(米麴)을 원료로 제조하는 술로서 제조기술자(杜氏)는 과학적으로 제조작업에 종사하여야 일익진보 발전함은 췌언(贅言)을 요하지 아니한다. 우리나라 양조기술자의 다대수는 과학적 지식이 미비하고 종전의 제조방법을 맹목적으로 추종하는 실태를 탈각치 못하고 있음으로 우수한 제품을 제득하기 곤란할 뿐 아니라 장래기술의 향상 발전을 기대할 수 없으며, 또 약주 탁주는 청주와 동일한 재료로서 미국(米麴)에 대신하여 국자(麴子)를 혼입하여 양조하는 것이 청주와 청주와 어느 정도 비등하며 방향순향한 제품을 생산하여야 당연한 일일 것이다. 그러나 역시 청주 제조기술자와 달리 제조기술자의 과학적 지식의 결핍과 종래의 고식적인 방식을 맹종하고 있으므로 인하여, 품질이 조악하며 상품의 가치가 없는 제품을 생산함은 천만 유감된 바로, 저자는 이 사정을 동찰(洞察)하고 제조경영자, 제조기술자(杜氏) 등의 사업(斯業)종사 또는 주세행정 담당자의 주조 검정사무 등의 연구자료 및 참고사항이 되어 주조기술이 향상 발전됨을 열망하고 본서의 졸고를 기하니 사업(斯業)관계 제현이 반려가 되며 다소라도 공헌됨이 유하면 다행으로 사료하는 바이다."

- 목차

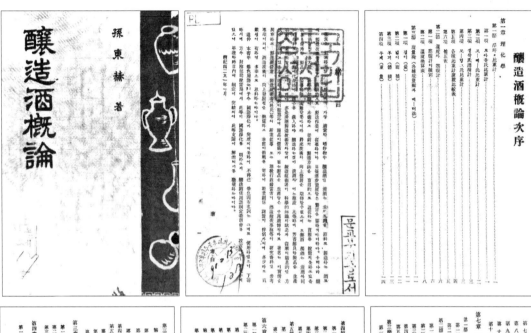

釀造酒槪論

孫東赫 著

5. 양조학 강본 釀造學講本

- 발행년도 미상(해방 후로 추정), 국세청 발간.
- 전주 전통술박물관 소장.
- 18.0×25.0cm.
- 국세청은 1966년 2월 사세국에서 승격되었으므로, 이후 이 책이 제작된 것으로 보임.

6. 양조학 3 釀造學

- 1964년, 재무부공무원교육원 편.
- 99p., 삽화, 21cm.
- 국립중앙도서관 소장(1964年度 3은 **원문보기** 가능).
- 서 :

"이 교재는 양조학에 대한 개괄적인 이해를 얻기 위한 것을 목적으로 한다. 따라서 이 교재는 실무면에 긍(亘)한 모든 사항을 총망라해서 설명하고 있지는 않고 다만 기본적인 것, 원칙적인 것만을 다루고 있다. 그러므로 실제 학습에 있어서는 이것을 더욱 보충하고 상세하게 설명할 것이다. 그러나 수강생 여러분들은 학습지도를 통하여 이 교재를 십분 이해하고 이것을 실무에 부딪쳐 실제로 활용할 수 있도록 노력해주기 바란다. 그리고 학습에 있어서 항상 다음 사항에 유의하기 바란다.

유의사항

1. 법령과 통첩(通牒, 관청을 가리킴)이 의도하고 있는 취지와 내용을 올바르게 이해하도록 힘쓸 것이며, 항상 법령조문과 병독 학습할 것.
2. 학습하고 있는 일들이 장차 실무에 어떻게 적용될 곳인자를 염두에 두고 학습할 것."

- **목차**

釀 造 學

1964 年度

3

財務部公務員敎育院

序

이 敎材는 釀造學에 對한 體系的인 理解를 얻기 爲한 것을 目的으로 삼다

따라서 이 敎材는 實務面에 따른 모든 事項을 細洞羅列하여 說明하고 있지는 않고 다만 基本的인 것 原則的인 것만을 다루고 있다. 그러므로 實際 學習에 있어서는 이것을 더욱 補充하고 詳細하게 說明할 것이다

그러나 受講生 여러분들은 學習過程을 通하여 이 敎材를 十分 理解하고 이것을 實務에 부디 參考로 活用할 수 있도록 努力해 주기 바란다. 그리고 學習에 있어서 細密 다음 事項에 留意하기 바란다.

留意事項

1. 本含과 通謀이 商異하고있는 無料와 凹客을 含가쓴가 理解的으로 읽은 것으되 相當 法令條文으로 採索學習할것

2. 學習하고 있는 임들이 辭次 實務에 어떻게 適用되 있는가를 全體的 두고 學習할 것

1964年 月 日

財務部公務員敎育院

573-15-1-3

~5~

~87~

---

7. 음료백과 : 술 · 술안주 · 술상

• <여원>, 1966년 9월호 부록.

• **목차**

1) 우리나라 술의 역사
   경주의 법주/ 고유의 약주/ 송순주, 송엽주, 인삼주/ 담사주, 홍유동 막걸리/ 소주/ 감홍로주, 용안육주, 매실주/ 과하주, 국화주/ 술과 정화수
2) 래주와 과일주
   송순주/ 백로주/ 삼해주/ 이화주/ 도화주/ 연엽양/ 호산춘/ 경액춘/ 동정춘/ 봉래춘/ 송화주/ 죽엽춘/ 죽통주/ 집성향/ 석탄향/ 하삼청/ 청서주/ 자주/ 매화주/ 연화주/ 유자주/ 포도주/ 두견주/ 과하주/ 도원주/ 송자주/ 칠일주/ 백로주/ 부의주/ 잡곡주/ 삼일주/ 혼돈주/ 청주/ 탁주/ 합주/ 모주/ 감주/ 능금술/ 생강주/ 법주/ 계피주/ 소주/ 국화주/ 매실주/ 구기주/ 소엽주/ 향인주/ 마늘주/ 모과주/ 앵두주/ 살구주/ 봉숭아주/ 아가위주/ 산딸기주/ 딸기주/ 밀감주/ 자두주/ 오디주/ 머루주
3) 양주의 역사
4) 양주의 종류
5) 칵텔의 기본지식
6) 칵텔 만드는 기구와 소재
7) 칵텔 만드는 법
8) 맥주 이야기
   (이하 생략)

• 일부 내용 소개

① **호산춘**

재료

1. 흰쌀 1.5말, 냉수 7되, 끓인 물 1.8말, 말가루 2되, 누룩가루 2되
2. 흰쌀 2.5말, 끓는 물 2.5말
3. 흰쌀 5말, 끓는 물 5말, 누룩가루 2되, 밀가루 1되

만드는 법

초하룻날에 흰쌀 1.5말을 깨끗이 씻어 고운 가루를 만들어 냉수 7되를 넣고 골고루 저은 후, 다시 끓는 물 1.8말을 넣고 잘 서으면 풀같이 됩니다. 여기에 누룩가루와 밀가루를 넣고 13일쯤 지나면 다시 흰쌀 2.5말을 곱게 가루로 만들어 넓은 그릇에 담고 끓는 물 2.5말을 붓고 섞어 식은 후, 누룩을 넣지 않고 먼저 만든 밑과 한데 섞어 독에 넣어 두번째 술밑을 만들어 또 13일쯤 지난 다음 흰쌀 5말을 씻어 밥을 지어 끓는 물 5말을 붓고, 휘저어 넓은 그릇에 펴놓고 식힌 다음, 누룩가루와 밀가루를 넣고 춥지도 덥지도 않는 곳에 두고 뚜껑을 덮지 않고 2~3달만 두면 익습니다.

② 과하주

재료
멥쌀 1되, 누룩가루 5홉, 찹쌀 1말

만드는 법
봄이나 여름 사이에 멥쌀가루를 만들어 범벅을 개어 쪄서 식은 후 누룩을 넣어 두었다가 쓰게 되면 찹쌀 한 말을 쪄서 식혀 술 밑에 버무려 두었다가 맛이 쓰거든 소주 10그릇을 부었다가 일주일 후에 먹습니다. 또 다른 방법은 소주 2말에 찹쌀과 멥쌀 각 1되를 불려 가루를 만들고 누룩가루 9되와 끓는 물 8되를 섞어 빚어서 밑을 만들어 3일 후에 찹쌀 2말을 불려서 밥을 지어 식거든 밑과 함께 빚어 일주일 정도 지나면 익습니다.

  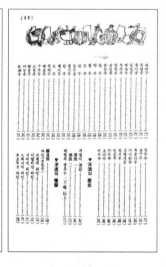

8. 종합 주조강본 酒造講本

- 1961년, 대한양조기술협회 간행.
- 등사하여 만든 책(미화사 인쇄), 879p.
- 출판 간기가 없음.
- 국립중앙도서관이나 국회도서관에는 없는 책.
- 각 편마다 페이지를 매김.
- 순서

  미생물편(69p.)
  입국 제조편(113p.)
  청주 제조편(140p.)
  약탁주 제조편(116p.)
  소주 제조편(156p.)
  주정 제조편(139p.)
  맥주 제조편(55p.)
  잡주 제조편(91p.)
  주류 일반 분석법(67p.)

9. 주조강록 酒造講錄

- 완주 대한민국술테마박물관 소장.
- 김성범 감수.
- 주조공업협회중앙회 발행.
- 24.5×17.5cm.
- 등사본.

10. 주조강본 酒造講本

*청주증양법, 주류일반 분석법

- 재무부 양조시험소 발행.
- 17.5×24.5cm.
- 등사본.
- 재무부 양조시험소는 1949년 6월 재무부 소속하에 설치됨.
- 주요 활동은 주류와 기타 양조품의 시험연구와 분석 및 감정, 대용원료의 시험, 양조공업의 지도 및 강습에 관한 업무를 관할함.

11. 한국의 명주 韓國의 銘酒

• 유태종 저.

• 1964년(1976년?), 중앙일보 : 동양방송 발행(중앙신서 3).

• 185p., 삽도, 17cm.

• 서문 : 잃어버린 우리의 술.

"우리나라를 대표하는 술이 무엇인가? 이 물음에 선뜻 대답하기가 어려워졌다. 식량사정이 급박해지고 보니 우리 고유의 술이라던 막걸리가 질이 떨어지고 그 소비도 줄어들고 있어 우리의 대표적인 술이 막걸리라고 말하기가 어려워졌다. 막걸리를 농주라 해왔으나 반드시 농민만이 마시던 술은 아니었고, 일반 대중에게 가장 친숙했던 술이었다.

그러나 세태가 변하다보니 막걸리도 여러번 수난을 겪고 그 맛도 완전히 달라지고 말았다. 입안 가득히 퍼지는 찹쌀 막걸리는 확실히 별미였다. 찹쌀은 고사하고 멥쌀마저도 못쓰게 통제를 받고 1961년 이후 미국에서 들여온 밀가루를 써서 막걸리가 선을 보였다. 이어서 옥수수, 고구마, 보리쌀 등 숱한 변천을 거쳐 오늘에 이르고 있다.

옛날 쌀로 빚던 막걸리는 맛이 좋을 뿐 아니라, 술잔에 따라 놓으면 뿌연 유백색이 오래 유지되었다. 그런데 요즈음의 막걸리는 술잔에 따라 놓으면 위는 맑아지고 밑에 앙금이 생기는 볼품 없는 막걸리가 되고 말았다. 더욱이 양주의 침투로 우리 고유의 술을 차차 잃어가고 있다. 약주나 혼성주는 차차 그 존재가치를 잃고 있으며 왕년의 김천 과하주, 안동소주, 면천 두견주, 김포 백일주, 경주 법주 등도 이젠 주당들의 추억 속에서 자취를 감추려 하고 있다.

이러한 우리의 명주를 되살려 육성할 길은 없을까? 우리 민족의 술이 아쉽기 그지없다. 우리의 자랑스러운 술을 되살리고 닦아 세계에 떳떳이 내놓을 수 있는 길은 없을는지, 모든 것이 발전하고 있는 이 마당에 주질만은 후퇴를 하고 있으니 딱한 일이 아닐 수 없다. 흘러간 한국의 명주들을 되새기며 앞으로의 길잡이가 되었으면 하는 마음 간절하다."

• **일부 내용 소개** : 이상훈(2014).

> **混成酒類**
>
> 이조 초기 이후부터 서울을 중심으로 유행했던 술 중에는 소주도 아니고 약주도 아닌 중간형의 술이 있었다. 아마도 이것은 소주의 유행에 따라 酒毒으로 많은 생명을 잃게 되었기 때문에 그렇지 않은 술을 고안해 냈는지도 모를 일이다. 아니면 청주류의 저장성을 소주로 보강할 목적으로 이루어졌는지도 모르겠다. 청주로 빚어서 숙성시킨 다음 소주를 다시 넣어서 숙성시켜 내는 술이 차차 유행한 것이다. 이러한 술로는 過夏酒와 松筍酒 등이 알려져 있다.
>
> **過夏酒**

이조 초기부터 서울에서 유행했던 술인데, 이름 그대로 여름을 날 수 있다는 뜻에서 나온 술이름이다. 우리나라 혼성주 중에서 가장 대표적인 것이다. 이조 초기 이후의 처방을 보면 다음과 같다. "누룩 두되에 끓인 물 한 병을 식혀서 붓소 하룻밤 재운다. 윗물을 따라내고 주물러 체에 받치는데 식힌 물을 더 부어 거른다. 찌꺼기는 버리고 찹쌀 한말을 깨끗이 씻어 지에밥을 찐다. 지에밥이 식으면 거기에 누룩물을 섞어 넣고 사흘쯤 후에 좋은 소주를 열네 국자 부어두면 독하고 달다. 이레 후에 사용한다."

● 법 I
▲ 첫밑술 = 춘하절에 백미 두되를 가루내어 끓는 물로 범벅처럼 개서 차게 식힌 다음 가루누룩 다섯 홉을 섞어 약주 밑으로 넣는다.
▲ 중밑술 = 밑술이 맛이 나면 찹쌀 한 말로 지에밥을 쪄서 속속들이 식히도록 한다. 이것을 밑술에 버무려 둔다.
▲ 덧술 = 맛이 쓰게 되면 소주 스무 복자를 붓는다. 7일만에 떠 보면 가야미가 뜨고 맛이 매우 좋은 술이 된다.

● 법 II
찹쌀 한 말을 잘 씻어 물에 담갔다가 지에밥을 찌되 끓인 물 7~8복자를 뿌린다. 누룩가루 다섯 홉을 끓여 식힌 물 한 병에 하룻밤 담갔다가 식힌 지에밥과 섞어 항아리에 넣는다. 사흘만에 소주 열 복자를 부어 다시 봉해 두었다가 사흘만에 소주 세 복자를 다시 섞어 두면 7일만에 밥알이 뜨는 맑은 술이 된다.

● 법 III
경상도 金泉에서는 고유한 과하주를 양조해왔다. 이것은 다른 과하주와는 달리 소주를 넣지 않고 색다른 양조법으로 담그는 것이다. 즉 다른 과하주들은 청주에 소주를 섞어서 여름에 마시는 술로 되어 있으나 이 법은 5월에 빚어 9~10월까지 둘 수 있어 여름을 난다고(過夏) 붙인 이름 같다. 그 제조법을 보면 다음과 같다.
찹쌀 두말을 잘 씻어 물에 담가 불렸다가 푹 쪄낸 다음, 끓인 물로 버무려 차게 식혀서 여기에 누룩가루 다섯홉과 밀가루 다섯홉을 한데 섞어 넣는다. 이레만에 가운데를 헤쳐 보면 좋은 향기가 코를 찌르는데, 이 때는 단맛이 많고 쓴 맛은 별로 없다. 3~7일이 더 지나야만 술맛이 좋아진다. 5월에 빚어 9~10월까지 두어도 변치 않는데 그 비법은 처음 지에밥을 식힐 때 썩 차게 하면 틀림없이 잘된다.

송순주(松筍酒)
소나무의 새순을 넣고 빚은 술인데 술맛이 기가 막히게 좋은 것으로 알려져 있다. 그 제조법을 보면 다음과 같다.
▲ 밑술 = 찹쌀 한 말을 희게 씻어 하룻밤 물에 담가 불렸다가 가루내어 율무처럼 되게 쑤어 차게 식히고 누룩가루 아홉 홉과 함께 빚어 넣는데 술항아리는 마루에 두어 둔다.
▲ 덧술 = 송순이 막 돋아날 때, 따거나 깨끗이 다듬어서 숨이 죽을 만큼 삶아서 서늘하게 식힌다. 찹쌀 네 말을 희게 씻어 하룻밤 물에 담가 불렸다가 지에밥을 쪄서 식힌 후, 밑술에 송순 삶은 것과 같이 버무려 넣는다. 달고 쓴맛이 들면 소주를 찰랑하게 부었다가 술맛이 어울리게 되면 마시도록 한다. 술맛이 달고도 매우며(독한 것) 기가 막히게 좋다. 술을 뜨고 나서도 진하면 소주를 더 넣어도 좋다. 송순의 양은 밥에 나물을 넣고 비비는 정도로 섞어 넣으면 된다. 물을 뜰 때는 용수를 박아 넣지 말고 살살 헤쳐서 뜨도록 한다.

• 목차

<한국식경대전>에 소개된 술 관련 자료 목록

1981년 고 이성우 교수님이 저술한 <한국식경대전>은 "한국식생활사 연구의 기초작업으로서 옛 조상들의 식생활 관계 문헌을 하나하나 찾아 카드를 작성하여"(<한국식경대전> 머리말) 3년 반 동안 작업한 결과물로서 한 세기에나 볼 수 있는 명저 중의 명저다. 이중 양조 관련 양조법이 수록된 문헌을 아래와 같이 목록만 첨부한다. <고식문헌집성>은 고 이성우 교수님이 <한국식경대전>을 정리하며 발굴한 옛 문헌들을 하나하나 복사하여 7권으로 만든 자료집이다.

두 책을 비교하면, <한국식경대전>은 1981년에, <고식문헌집성>은 1992년에 발행되어 약 11년의 시간차가 있다. 그러다보니 <고식문헌집성>에 추가된 조리서가 여럿이지만, 자료 특성상 복사가 어려운 것도 있어 <고식문헌집성>에서 빠진 자료도 있다. 이번 <한국식경대전> 이후의 술 관련 자료는 1981년 이후 보고된 자료의 해제다.

두 책 모두 절판이 되어 쉽게 구할 수 없지만, <우리나라 술의 기록>을 정리하면서 두 책에 수록된 자료 목록을 부록으로 첨부한다. 이 두 책에 수록된 자료를 보려면, 국립중앙도서관 사이트에 들어가 도서검색을 하면 '원문보기'를 통해 마이크로필름으로 올려진 자료를 볼 수 있다. '원문보기'는 중앙도서관을 방문하거나 지역에 있는 협력 도서관에서 열람과 출력이 가능하다.

번호	<한국식경대전>의 자료명	<한국식경대전>의 페이지(p)	<한국고식문헌집성> 페이지(p)
1	지봉유설	27	
2	치생요람	28	311
3	산림경제	31	321
4	산림경제보	41	-
5	증보산림경제	42	404
6	산림경제초	53	-
7	산림경제촬요	54	1230
8	민천집설	56	381
9	규합총서	58	578
10	간본규합총서	69	1353
11	고대규합총서	-	795
12	부인필지	71	1526
13	고사촬요	72	221
14	고사신서	74	378
15	고사십이집	76	353
16	임원십육지	85	642
17	방서	134	1351
18	사시찬요초	149	188
19	농가집성	154	-
20	색경(연세대본)	163	279
21	해동농서	173	545
22	진연·진찬·진작의궤	281	-
23	도문대작	293	212
24	수운잡방	-	198
25	음식디미방	297	236
26	(하생원)주방문	302	299
27	요록	306	282
28	옹희잡지(실)	318	-
29	군학회등	319	1255
30	온주법	-	512
31	역주방문	322	1291
32	김승지댁 주방문	323	1341
33	술 빚는 법	324	1408
34	술 만드는 법	324	500

35	시의전서	325	1447
36	고려대 규곤요람	329	534
37	연세대 규곤요람	330	1437
38	요리제법(방신영)	331	1546
39	조선무쌍신식요리제법	355	1636
40	음식유취	370	-
41	세종대왕 계주교서	375	-
42	어제 계주윤음	377	-
43	양주방	377	-
44	술방문	378	-
45	주정	379	-
46	주방	-	922
47	주찬	-	1176
48	정일당잡지	-	1200
49	음식책	-	1209
50	음식방문	-	1238
51	윤씨음식법(찬법)	-	1308
52	이씨음식법	-	1423
53	조선주조업 조사보고	380	
54	평안남북도 및 황해도 양조업 시찰보고	381	
55	한국주류 조사서	381	
56	한국 국자균학적 조사서	382	
57	朝鮮酒に就いて	382	
58	조선소주 양조법	382	
59	조선주 개량독본	382	
60	朝鮮に於ける 酒造業ど其の設備	383	
61	黑麴を原料とした燒酎の製造	384	
62	주세령の개요	384	
63	조선주 제조법	384	
64	朝鮮の酒	384	
65	조선주 제조방법	385	
66	조선주조요체	386	
67	조선국자제요	386	
68	조선주조사	388	
69	충주구황절요	401	

70	구황촬요	404	
71	충주판 구황촬요	407	
72	신간구황촬요	408	
73	수황필지·구황법	413	
74	찬송방	414	
75	감저종식법	430	398
76	강씨감저설	432	
77	김씨감저보	434	
78	종저보(서유구)	442	
79	향약집성방	461	
80	의방유취	471	
81	의림촬요	477	
82	동의보감	478	210
83	주촌신방	486	
84	광제비급	490	
85	제중신편	492	
86	본초휘영	498	
87	본초부방합편	498	
88	본초정화	515	
89	의방합편	533	
90	간이벽온방	544	
91	신찬벽온방	547	
92	달생비서	564	
93	활인심방	568	140
94	수양총서류집	575	
95	김두종본 양생서(가제)	579	
96	만국사물기원역사	621	
97	해동죽지	624	
98	경도잡지	633	
99	열양세시기	634	
100	동국세시기	634	
101	세시풍속	637	
102	조선세시기	638	
103	朝鮮の特産どこに何があゅか	644	
104	조선상업 총람	654	

105	조선물산 안내	657	
106	삼국지 위지동이전	664	
107	선화봉사 고려도경	666	
108	조선부	668	
109	조선국기	670	
110	조선기행	670	
111	조선교회사 서론	671	
112	朝鮮人の衣食住	680	
113	朝鮮の生活と文化	680	
114	조선총람	682	
115	태상지	707	1364
116	유원총보	715	
117	오주연문장전산고	723	1006
118	송남잡지	730	
119	조선고유색사전	732	
120	조선 상식문답 및 동 속편	735	
121	고금석림	742	
122	재물보	743	
123	군도목	751	
124	朝鮮名數	752	
125	음식보	792	315
126	학음잡록	793	1283
127	농정회요	798	933